企业 IPO 财务规范指南

毛 晨 杜 娜 著

·杭州·

图书在版编目（CIP）数据

企业 IPO 财务规范指南 / 毛晨，杜娜著. -- 杭州：浙江工商大学出版社，2024. 12. -- ISBN 978-7-5178-6282-6

Ⅰ. F276.6-62

中国国家版本馆 CIP 数据核字第 2024FR5485 号

企业 IPO 财务规范指南
QIYE IPO CAIWU GUIFAN ZHINAN

毛 晨 杜 娜 著

责任编辑	黄拉拉
责任校对	李远东
封面设计	朱嘉怡
责任印制	祝希茜
出版发行	浙江工商大学出版社
	（杭州市教工路 198 号 邮政编码 310012）
	（E-mail:zjgsupress@163.com）
	（网址:http://www.zjgsupress.com）
	电话:0571-88904980,88831806（传真）
排　　版	杭州朝曦图文设计有限公司
印　　刷	杭州高腾印务有限公司
开　　本	710mm×1000mm　1/16
印　　张	19.5
字　　数	346 千
版 印 次	2024 年 12 月第 1 版　2024 年 12 月第 1 次印刷
书　　号	ISBN 978-7-5178-6282-6
定　　价	69.00 元

版权所有　侵权必究

如发现印装质量问题，影响阅读，请和营销发行中心联系调换
联系电话　0571-88904970

前　言

首次公开募股，也即IPO（Initial Public Offering），是指公司首次将它的股份向社会公众出售。除具有利用二级资本市场进行资金融通的核心功能外，IPO对企业管理体系的完善、人力资源的优化、企业品牌的建设均具有重要意义。

上市工作任重而道远，财务工作的准备可谓其中最关键的环节之一。财务数据与信息作为公司和外部沟通的"语言"，在股份制改制、IPO报会、成功上市后的各阶段均为各方主体的关注重点。纵览IPO市场的成功与失败案例，财务体系是否健全，财务运作是否规范，财务核算基础是否扎实，直接决定了企业能否成功上市。

基于信息披露的要求，处于IPO阶段的企业所受的监管问询及内容回复均公开可查，市面上亦不乏各类IPO合规指引，以及成功上市或被否企业之案例分析，日益丰富的可查询渠道拓宽了企业对自身合规性进行对照的视野。就现状而言，由于庞杂的信息来源，部分内容在一定程度上存在逻辑未畅、主旨模糊、"拼盘式"整合、只讲合规不重实操、缺乏财务视角等缺陷。基于此，本书旨在结合IPO的各个阶段进程，针对拟IPO企业的财务规范化需求，从企业会计准则、现阶段监管风向趋势、市场案例经验、注册会计师审计工作要求等多个维度出发，有重点地进行说明与分享。我们不进行贪大求全、走马观花式的内容展示，不侧重对非普适、非典型情况的深挖或枚举，但求基于A股各板块上市工作中多年的财务规范实操经验，把握各循环模块、各业务专题下财务工作的重点环节，有的放矢地重塑企业财务核算与规范的骨架，确保所述之合规内容可落地、有实效。

本书主要面向亟待完成财务各模块规范化梳理的企业管理人员，亦面向引导申报企业完成合规化变革任务的中介机构人员。唯有双方明确需求、精诚合作，方能勠力同心，让IPO上市之钟成功鸣响。

目录
Contents

第一章　IPO流程中的财务工作 ………………………………………… 001
　一、IPO简述 ……………………………………………………… 001
　二、IPO关键阶段节点及工作概述 ……………………………… 004
　三、各阶段财务工作重点 ………………………………………… 007
　四、财务工作理念的转变与自我迭代 …………………………… 009

第二章　财务工作分模块规范化指引 …………………………………… 016
　一、资金循环模块 ………………………………………………… 016
　二、收入循环模块 ………………………………………………… 034
　三、成本循环模块 ………………………………………………… 066
　四、工薪循环模块 ………………………………………………… 089
　五、费用循环模块 ………………………………………………… 112
　六、长期资产循环模块 …………………………………………… 132
　七、非经常性项目循环模块 ……………………………………… 148

第三章　公共性专题说明 ………………………………………………… 159
　一、财务流程性规范 ……………………………………………… 159
　二、历史沿革中的财务视角 ……………………………………… 163
　三、关联方及关注点 ……………………………………………… 168
　四、股份支付 ……………………………………………………… 179
　五、企业各业务模块内控的要求 ………………………………… 187
　六、函证流程及要求 ……………………………………………… 199

七、走访流程及要求 …………………………………………… 207
　　八、募集资金置换与使用 ……………………………………… 213

第四章　上市后财务信息披露相关实务流程指引 ……………… 221
　　一、财务信息披露流程概览 …………………………………… 222
　　二、前置工作准备及注意事项 ………………………………… 222
　　三、各环节实务处理指引 ……………………………………… 224
　　四、总结与目标 ………………………………………………… 258

第五章　知己知彼、战线统一——审计工作介绍及财务端需求 … 260
　　一、项目进场前准备阶段 ……………………………………… 260
　　二、进场后工作开展阶段 ……………………………………… 265
　　三、离场时工作汇总阶段 ……………………………………… 276
　　四、项目后期整理阶段 ………………………………………… 276

结　语 …………………………………………………………………… 279

附　录 …………………………………………………………………… 280
　　一、相关指导文件汇总 ………………………………………… 280
　　二、公开信息平台 ……………………………………………… 297
　　三、本指南配套台账模板及文档 ……………………………… 299

业务交流及拓展 ………………………………………………………… 301

免责声明 ………………………………………………………………… 302

第一章　IPO 流程中的财务工作

一、IPO 简述

(一)A 股市场 IPO 的发展现状

我国股票市场由 A 股、B 股、H 股组成,以上市地点及所面向投资群体的不同而区分。具体如表 1-1 所示。

表 1-1　我国股票市场类型及说明

类型	说明
A 股	人民币普通股票,是指由中国境内注册的公司于境内发行,以人民币标值供境内机构、组织或个人[①]认购与交易的普通股股票。A 股市场于 1990 年上海证券交易所成立时形成,就标的公司数量、体量与市值而言,其为我国股票市场最主要的组成部分
B 股	人民币特种股票,是指由中国境内注册的公司于境内(上交所、深交所)发行,以人民币标值供境内外投资者以外币认购与交易的股票。作为吸引外资的举措,B 股市场于 1992 年登陆上交所、深交所,2001 年 2 月前仅限境外投资者认购交易,尔后对境内投资者开放
H 股	国企股[②]。由中国境内注册的公司于香港(香港联交所)发行,以港币标值供境内外投资者认购与交易的股票,实行 T+0 交易机制,不设涨跌幅限制

优质企业通过 IPO 登陆 A 股市场,这是 A 股市场纳新、发展的重要手段。现阶段我国 A 股市场的 IPO 发展现状具体如表 1-2 所示。

---

① 2013 年 4 月 1 日起,境内居住的港澳台居民可开立 A 股账号。
② 中资控股或主要业务在境内的企业,如在中国境外注册、香港上市,则称为红筹股。

表 1-2　我国 A 股市场 IPO 发展现状

项目	说明
监管机构与审核机制	2023 年 2 月 17 日，全面实行股票发行注册制。在注册制的审核机制下，交易所(上交所、深交所、北交所)负责对各板块下申报企业是否符合发行条件、上市条件和信息披露要求进行全面核查，中国证监会基于交易所的审核意见依法做出是否同意注册的决定
市场容量与IPO 企业数量[①]	截至 2023 年年末，A 股上市企业数量共计 5,335 家(其中：沪主板 1,692 家、深主板 1,505 家、创业板 1,333 家、科创板 566 家、北交所 239 家)；IPO 申报在审企业[②]数量共计 653 家(其中：沪主板 130 家、深主板 90 家、创业板 235 家、科创板 99 家、北交所 99 家)
发行节奏与速率	根据政策及市场条件的变化，IPO 审核与发行的节奏会有所加快或放缓，基于注册制改革等一系列完善市场生态、优化市场体系的举措及制度的出台，IPO 审核效率不断提高。具体到各拟上市主体的审核及发行周期，则视市场热度、申请公司排队数量而定
"负面行业"清单	● 创业板 ——限制类。原则上不支持：农林牧渔业；采矿业；酒、饮料和精制茶制造业；纺织业；黑色金属冶炼和压延加工业；电力、热力、燃气及水生产和供应业；建筑业；交通运输、仓储和邮政业；住宿和餐饮业；金融业；房地产业；居民服务、修理和其他服务业。(与互联网、大数据、云计算、自动化、人工智能、新能源等新技术、新产业、新业态、新模式深度融合的创新创业企业除外) ——禁止类。包括产能过剩行业；《产业结构调整指导目录》(2023 年 12 月修订)中的淘汰类行业；学前教育行业；学科类培训行业；金融业务类行业 ● 科创板 拟于科创板上市的企业应当符合科创属性[③]、处于相关行业领域[④] ——限制类。包括金融科技、模式创新企业 ——禁止类。包括房地产和主要从事金融、投资类业务的企业 ● 北交所 ——限制类。发行人属于金融业、房地产业企业的，不支持其申报在本所发行上市 ——禁止类。发行人不得属于产能过剩行业(产能过剩行业的认定以国务院主管部门的规定为准)、《产业结构调整指导目录》(2023 年 12 月修订)中规定的淘汰类行业，以及从事学前教育、学科类培训等业务的企业

---

① 数据来源：wind。
② 尚未注册生效。
③ 参照《科创属性评价指引(试行)》(2022 年 12 月修订)。
④ 参照《上海证券交易所科创板企业发行上市申报及推荐暂行规定(2022 年 12 月修订)》第四条。

第一章　IPO 流程中的财务工作

（二）不同板块的定位与差异

沪深市主板、沪市科创板、深市创业板和北京证券交易所（以下简称"北交所"）系我国股票市场中的不同板块和平台。根据上交所、深交所《就全面实行股票发行注册制配套业务规则公开征求意见答记者问》（2023 年 2 月）、证监会《坚持错位发展、突出特色建设北京证券交易所更好服务创新型中小企业高质量发展》（2021 年 9 月）等，可知不同板块在定位和特点上的差异如下：

沪深市主板突出"大盘蓝筹"特色，服务于成熟期大型企业，重点支持业务模式成熟、经营业绩稳定、规模较大、具有行业代表性的优质企业。

沪市科创板制定了清晰明确的科创属性评价体系，发挥资本市场改革"试验田"作用。全面实行注册制后，上交所进一步坚守科创板定位，聚焦科创板"支持和鼓励'硬科技'企业上市"的核心目标，专注于服务"硬科技"。

深市创业板以服务成长型创新创业企业为特色，聚焦国家创新驱动发展战略，着重支持优质创新创业企业发行上市。同时，支持符合条件的尚未盈利企业在创业板上市，已取消关于红筹企业、特殊股权结构企业申请在创业板上市需满足"最近一年净利润为正"的要求。

北交所脱胎于新三板精选层，坚持服务创新型中小企业的市场定位，重点支持先进制造业和现代服务业等领域的企业，推动传统产业转型升级，培育一批专精特新[①]中小企业，坚持与沪深交易所、区域性股权市场错位发展与互联互通，并发挥转板上市作用。

（三）发行上市条件

发行上市条件系企业上市应满足的硬性要求，一般分为主体资格、独立性、公司治理、发行人及其董监高（董事、监事和高级管理人员的简称）等相关合规性、市值与财务指标、股本及发行比例等多个维度。各板块的发行上市条件因板块定位的不同存在一定差异，且随政策的修订、发布而变化与更新。拟上市企业需对政策情况保持实时关注，通过证监会、各交易所官方渠道进行相关条件的获取、对照、把握。

---

① 根据工业和信息化部 2013 年 7 月发布的《关于促进中小企业"专精特新"发展的指导意见》（工信部企业〔2013〕264 号），"专精特新"是指企业具备"专业化、精细化、特色化、新颖化"的特征。

二、IPO 关键阶段节点及工作概述

通常而言，IPO 上市过程可分为如图 1-1 所示的七个阶段。本书根据实务经验，针对不同阶段的工作内容、侧重点进行逐项说明。

① 尽职调查接洽 → ② 上市启动 → ③ 股份制改制 → ④ 申报前辅导 → ⑤ 辅导验收与正式报会 → ⑥ 在会审核 → ⑦ 公开发行

图 1-1　IPO 上市过程

（一）尽职调查接洽阶段

尽职调查是指尽最大努力以审慎、慎重的态度，对一家公司的信息进行审查和调查。落点到 IPO 阶段，它具体是指业务接洽、项目启动前，由会计师、保荐机构、律师三方对公司进行财务、业务、法律维度的核查。其以全面性为特点、以问题暴露为目标（问题解决是长期且系统的工作，需多阶段实施推进），比照 IPO 标准尽可能地识别公司各方面存在的问题，以便各机构对公司经营情况、管理水平、规范状况进行探底，从而决定是否对项目进行承接、后续需规范整改的时限、拟纳入申报期间的报表年度等。

如决定进行项目承接，此阶段首要解决的问题是厘清公司业务逻辑、股权逻辑，确定作为上市主体的公司后，则进行相关联公司的收购与合并报表、剥离、注销等架构性调整，以确保上市主体主业清晰、结构清爽。

（二）上市启动阶段

企业在上市启动前已与会计师、保荐机构、律师三大 IPO 服务机构达成合作意向，同时基于尽职调查工作，已基本启动或完成公司架构的相关调整。上市启动本身是一项动员工作，系 IPO 节点中的一面旗帜，通过举起这面旗帜，向主要管理层、业务骨干和全体员工传达公司向资本化市场迈进的目标，传递公司在自身发力与中介机构助力下应着力开拓业务做出业绩，同时提高规范化经营水平以满足监管要求的积极信号。

（三）股份制改制阶段

《中华人民共和国公司法》（以下简称《公司法》）（2023 年 12 月修订）第一百三十四条规定："本法所称上市公司，是指其股票在证券交易所上市交易的股份

第一章　IPO流程中的财务工作

有限公司。"拟IPO主体多为有限责任公司,故启动上市后第一个计划即完成公司股份制改制。具体而言,公司股份制改制可分为以下四个阶段:

一是准备阶段,主要包括清查及理顺公司历史沿革、全面识别资产债务等财务状况、推荐及筛选潜在投资者,以及确定改制模式。

二是启动阶段,主要包括确定股改基准日/审计基准日、制定改制实施方案及各方工作进度表,以及确定投资者。

三是实施阶段,主要包括根据改制方案逐步落实、完成改制相关财务数据审计工作并进行股改基准日的净资产评估,以及投资者投入资金。

四是完成阶段,主要包括完成股改审计报告和评估报告、召开创立大会、进行股改验资、完成工商变更手续,以及成立股份公司。

(四)申报前辅导阶段

申报前辅导阶段,可谓上市申报期前最重要的阶段,也系工作量最大的阶段:

就工作内容而言,在该阶段,会计师、券商、律师三方中介将常驻企业现场,比照目标上市板块的监管要求,多点开花,全面辅导企业夯实治理结构、财务、法律、业务运营等维度的情况。

就工作手段而言,三方中介机构都有一套完成工作内容的细致程序,即通过资料获取、对内访谈、对外走访、数据询证、细化分析等手段,完成后续报送证监会审核文件如招股说明书、审计报告、法律意见书等撰写及配套底稿制作。

就必备节点而言,除配合中介机构完成前述工作的推进外,公司实际控制人、董监高还需完成以下两个必备节点,方可申请辅导验收:第一,通过现场参与由中介机构主导的多轮次辅导培训,全面提高自身的合规意识、丰富自身的相关资本市场知识储备,同时培训过程应留存签到记录或影像记录;第二,通过所属辖区证监局组织的专业知识考试。

(五)辅导验收与正式报会阶段

1. 辅导验收

作为公司上市申报审核的前置流程,辅导验收决定了企业是否可进行后续正式报会。

①辅导验收主体。发行人注册地对应省、直辖市证监局为IPO辅导验收单位。

②辅导验收前置程序及资料。在提交辅导验收时,各方中介机构应已完成内核流程,辅导计划应已执行完毕并由各方中介机构出具辅导评价意见,公司应已完成辅导培训并通过证监局组织的考试。

③辅导验收形式。辅导验收由省、直辖市证监局委派工作人员,通过现场验收的方式,对公司情况进行访谈及实地摸查,对中介机构底稿进行查阅并出具相关书面问题、意见。

2. 正式报会

公司对证监局辅导验收提出的问题进行回复并经证监局出具辅导验收工作完成函后方可进行申报,一般辅导验收通过至正式报会还有一定时间。在该时间段内,公司会同三方中介机构对申报资料进行最终复核修改,确保披露报出材料的准确性。

(六)在会审核阶段

完成正式报会即进入在会审核阶段。在该阶段,公司主要的工作如下:

一是数据的更新及配套底稿更新。公司应根据申报期的情况定期更新财务数据,同时中介机构应根据时点的变迁完成申报相关材料、底稿的更新补充工作。

二是问询意见的回复,即接受监管机构的问询并及时回复。问询分多轮次,第一轮次以全面性问题为主,后续轮次则更加有重点地触及公司核心层面及风险问题。在注册制的背景下,问询环节一般分为交易所首轮问询、补充问询、审核中心问询、上市委员会问询。

由此可知,在该阶段,公司实际已属于"半公开公司",招股说明书作为申报的核心材料必须挂网公示,公司收到的审核问询函及给出的相关回复也需挂网公示。打铁还需自身硬。该过程不仅考验企业的响应和反馈速度,而且更考验企业自身的条件与底子。除经营业绩的本源支撑外,申报前辅导工作的效果将在此阶段展现,"带病"上会、工作不扎实的企业将在审核阶段沉沙折戟。

(七)公开发行阶段

通过发审会审核后,发行人完成IPO阶段主体工作而成为准上市公司,但要真正成为上市主体,还需拿到准予注册发行的批文。注册审批通过后,公司即可成功登陆目标上市板块,配备专属的股票代码,进行公开市场资金募集,成为具备公众影响力的上市公司,修成IPO正果。然而,在通过发审会审核至批文获取的阶段,不乏有企业由于业绩下滑、持续经营能力存疑、现场检查"回头看"暴露问题风险等因素而被终止、撤回发行申请导致上市失败,值得警示与借鉴。

三、各阶段财务工作重点

财务负责人员,应当进一步明晰 IPO 各关键阶段中的财务工作重点,基于工作重点对人员安排、工作计划、资源投入进行合理规划,以提升 IPO 财务工作的效率。

(一)尽职调查接洽阶段

尽职调查由三方机构比照 IPO 标准尽可能地识别公司各方面存在的问题,以便各机构对公司经营情况、管理水平、规范状况进行探底。在签订保密协议的基础上,此阶段财务工作的重点应当为:以真诚交流、坦率沟通为基调,完整提供尽职调查所需的对应财务资料,说明公司财务状况及日常处理思路,以及提出与 IPO 相关事项的疑虑,与会计师等中介机构充分交换意见。

(二)上市启动阶段

启动上市,意味着 IPO 工作全面开展。财务工作作为 IPO 环节中受关注度高、任务繁重、要求细致的领域,应当于此阶段:①完成人员配置,充实财务团队力量(团队结构建议详见"第三章'一、财务流程性规范'中的'(一)工作岗位和岗位职责'"相关讲解内容);②加强与其他部门的联络,确保财务作为后续数据反馈的中枢部门,能进行相关部门工作的调度及财务相关业务资料的收集。

(三)股份制改制阶段

股份制改制基准日的净资产数据情况将伴随企业历史沿革的始终,并于后续的公开文件中被反复提及,其是否准确、真实的重要程度不言而喻。此阶段为财务工作的第一个高峰。工作重点为:①配合审计机构及其他中介机构完成资产债务的清查;②了解审计的工作方式、明确审计对数据的确认需求;③反复沟通磨合,在审计机构的指导、助力下,总结公司数据调整主要来源及问题所在;④完成股改基准日期间对应数据的确认并基本具备后续出具相对准确、完整报表的能力。

(四)申报前辅导阶段

此阶段为财务工作的第二个高峰,也是财务、业务部门工作量最大的阶段。在完成股份制改制后,通过自主学习及总结,财务团队应已具备了一定程度的规范化意识与完成财务报表编制的能力。此阶段财务工作的重点为:①在核算层面,从"能做、会做"向"做好、做细"转变;②在对接层面,除基础财务数据及资料外,能够配合中介机构根据问询函要求完成相关数据的整理收集、多维度财务核查的分析整理等工作;③在内部控制层面,联合多业务部门完成各业务模块内控制度与流程的梳理、搭建与完善工作。

(五)辅导验收与正式报会阶段

1. 辅导验收

①进场前。通常情况下,证监局工作人员会于进场前知会查阅范围或所需资料的目录清单,公司应当逐项梳理、充分准备。

②进场后。证监局工作人员对公司财务的了解主要采取翻阅审核资料、实时询问、实地查看、访谈、查看流程及系统等形式进行,公司应当提前做好准备工作并实时反馈。

③离场后。针对下发的验收问题,公司应当于时限内完成回复并提交。

2. 正式报会

针对申报文件如招股说明书、审计报告等与财务相关的段落内容,公司应当逐项核对,确保披露报出材料的准确性、合理性。

(六)在会审核阶段

①财务数据更新及出表。正式报会后,根据审核时长,财务数据存在定期及不定期更新的需求:定期更新需求,即以 6 个月为期进行数据全面更新;不定期更新需求一般多见于审核后期、临近安排上会的时点,或需进行季度审阅、盈利预测等。

②问询意见回复的配合。监管机构将针对企业报会的材料进行多轮次审核,根据市场情况,财务问题历来为问询核心问题,可以说绝大部分问题与财务数据挂钩。公司财务需根据问题的指向,随着审核轮次的递进,不断下沉提供各

类数据以满足回复需求。

此阶段财务功底的扎实与否,决定了数据更新、产出的速度,直接影响整个审核的节奏。

(七)公开发行阶段

上市并非终点,而是发行人作为公众利益实体以全新姿态面向大众的起点。就财务工作而言,对内满足经营分析需要、对外满足公开披露需要,成为其主旋律。通过上市审核后,保荐机构由辅导变为持续督导,审计机构由 IPO 阶段相对长期驻场变为以年为计的节点性审计。离开中介机构的高密度、全流程督导,企业财务团队应当自我剖析是否已具备独立面向市场、面向监管完成准确恰当之财务信息产出及披露的能力,务须于前述各阶段"修炼内功"、打好基础。

四、财务工作理念的转变与自我迭代

(一)核算体系的建立与夯实

财务数据作为各项前端业务的体现与反馈,源出于业务、形成于会计分录、汇总于财务报表。其如何有效反映公司实际情况、如何恰当地用以指导日常决策,离不开核算体系的建立与执行。

我们建议企业撰写内部会计核算手册,并将其作为财务核算体系建立的核心工作推进。说明如下。

1. 建立核算体系的优势与必要性

第一,账务处理有规可依、有迹可循。通过内部会计核算手册定下公司各模块、循环、场景核算的基调,记账人员依据手册的要求处理账务,审核人员同样根据手册的要求复核账务,避免"想当然""信马由缰式"的财务核算,以加强核算的准确性。

第二,减少人员流动、岗位调动的负面影响。新员工入职或岗位调动交接,可依据手册进行概览与学习,更为高效地实现工作衔接。

第三,一朝建立,事半功倍。一般来说,一家企业核心的业务模式、业务类型具备稳定性。IPO 过程本身亦要求公司主业稳定、经营稳定,因此一旦搭建好手册,对其进行后期维护即可,其具备长周期的特点。几乎所有文字性工作、输出型工作均是开头难,故财务团队应当有敢啃硬骨头、敢于打硬仗的决心。

2. 建立的方法

①以企业会计准则为纲。企业会计准则是指规范企业财务会计核算和报告的指导原则、规则。在不同国家和地区，存在着不同的企业会计准则体系，例如国际财务报告准则（IFRS）、中国企业会计准则（CAS）、美国会计准则（US GAAP）等。中国企业会计准则适用于国内企业，因此建立财务核算体系应当充分利用企业会计准则及其应用指南，按照其中的原则和方法对各项经济业务进行核算。只有按照相应的会计准则进行会计核算和报告，才能提供透明、可靠和具有可比性的财务信息，方便管理者、投资人、监管机构等利益相关方评估企业的价值和风险并做出相关决策。

②通过专题体现公司特点。财务面对的会计处理需求来源于企业日常经营活动，千人千面，不同企业有不同的核算场景。企业会计准则内容全面，涉及范围广泛，公司更应当结合自身业务情况落地实行，择取与自身密切相关的业务场景进行导入与编制。

③全员参与。财务核算体系的建立以财务部门为核心，对内应当挑选具备一定理论水平且实务经验较为丰富的财务人员承担撰写工作；对外应当要求业务部门有专人与撰写人员进行对接，围绕业务场景明确业务特点、汇总业务需要，确保核算手册不脱离实际、不脱离业务且有效服务于业务。

3. 采取的形式

建议公司将报表项目按资金循环、收入循环、成本循环、工薪循环、费用循环、长期资产循环等板块展开，对不同循环下的业务场景进行记录。具体形式如表 1-3 所示。

表 1-3 内部会计/核算手册的记录形式

循环	业务场景	准则一般性处理	公司处理	依据的关键性资料	备注或配套附表	首次撰写人	撰写时间	修订人	修订时间	修订说明

第一章　IPO 流程中的财务工作

(二)响应及时性

财务端工作响应的及时性至关重要。对于内部工作而言,其提供的准确、实时的企业财务状况和业绩信息,可以帮助企业管理层做出明智的决策,并提前识别和应对可能的风险、挑战。对于外部工作而言,拟上市主体或上市公司需时刻面对监管机构的问询、定期披露公告等多样化要求。在社会公众的聚光灯下,财务指标作为上市公司经营情况的数据语言,其能否及时对外反馈直接决定了 IPO 进程是否顺利,影响投资者及市场对企业的信任度和认可度。

在 IPO 阶段,企业直面的两个时间点要求分别为:

①财务数据有效期。根据《首次公开发行股票注册管理办法》(2023 年 2 月)、《公开发行证券的公司信息披露内容与格式准则第 47 号——向不特定合格投资者公开发行股票并在北京证券交易所上市申请文件》(2023 年 2 月),各交易所规定 IPO 申报财务数据有效期为 6 个月(如果有特殊情况可延期 3 个月),若公司以 12 月 31 日作为申报基准日,则需在次年 6 月 30 日前完成申报工作,否则要延后申报基准日。

②问询函回复时限。沪深交易所自受理发行上市申请文件之日起至中国证监会注册的审核时间总计不可超过 3 个月,北交所自受理之日起 20 个工作日内通过审核系统发出首轮问询,发行需要在 20 个工作日内回复问询,至多延长不超过 20 个工作日。审核期间一般存在多轮次的问询,通常首轮给予的准备时间相对较长,后续轮次更为紧凑。

我们接触到的一些客户于规范前期即凭证收集、会计记录、报表产出等阶段表现出的不足处较为明显。具体表现为:在凭证收集阶段,收集迟滞或核心凭据欠缺(以发票为主或只有记账联);在会计记录阶段,脱离准则要求;在报表产出阶段,前述环节的不足导致报表难以产出。

要提升财务端相应的及时性,首先,应当建立扎实的核算体系,于前述 3 个阶段下功夫;其次,应当于月度出表时对各报表构成项目展开分析,找出哪些易于产出耗时可预计、哪些难以产出耗时不定项性较强,提出数据产出的时间表;再次,应明确导致数据难产的原因多为历史遗留问题,需系统性投入进行解决,故在人员与时间投入上,应当针对易于产出的部分形成固定模式优先完成,对难以产出的部分进行日志式的进展记录(记录事项背景、原因、参与部门、解决方案、解决进程等)并适当采用需求替代方案,需确保工作向前推动,不可因难点问题导致整体迟滞;最后,随着工作模式的逐渐成熟及所备查难点问题在后期得以解决,将出表时点从次月中旬逐步提速至次月上旬、次月初,从而不断提升数据反馈的效率和及时性。

(三)业务视角

时下业财融合于企业管理领域被提及的频次越来越高。其是指将业务管理和财务管理进行整合与协调,以实现企业的综合管理和经营目标。业财融合强调业务和财务之间的相互关联,以及将财务指标与业务绩效结合,使财务管理更加贴近业务运作和战略决策。

财务数据本身即源于业务,为企业经营情况、业务情况的一种反映。只是在规范化的前期,财务工作多为企业的报税需求服务,缺失管理上的正向反馈,也就脱离于业务。IPO审核讲求数据的底层逻辑,需要探究数据背后的业务动因,因此财务工作如何贴近业务、反映业务至关重要。总体说来,企业业财融合应当经历如下阶段。

1. 财务人员要懂业务

举例来说,如负责收入模块的财务人员,应当清楚了解公司业务模式、业务流程、主要产品是什么,与之匹配有哪些收入类型,合同是如何约定权利义务风险报酬的;成本核算人员则应当明晰公司的生产环节、产品结构、工艺特点、工艺流程。不躬身了解业务,将财务和业务完全隔开、各自为政,仅于开票、收付款等基础流程与其他部门产生些许链接,产出的财务数据势必与业务脱节。

2. 准确反映业务情况

财务人员了解业务后,需要分析业务环节中哪些节点与财务工作关联度高、涉及财务判断或支持,如:基于对业务流程的梳理与合同条款的分析引入对收入确认的判定;基于对主要产品工艺流程的梳理与料工费投入的分析引入对成本核算方式的定调;基于懂业务的前提下适用会计准则、参考上市公司或市场案例建立财务核算及管理的逻辑。唯有如此,方能做到财务正确反映业务、数据指标反映企业的实际经营状况。理顺业务流程后,通过信息技术的手段将相关的业务流程、会计准则规则内置于信息系统,使财务数据均来源于业务,这一方面能减少人工干预,另一方面能提高财务人员工作效率,使财务人员能有更多时间和精力反哺业务,提升企业财务价值。

3. 反哺业务

完成前述观念的转变与落地,财务方可指导业务、给业务赋能,包括但不限于:

第一章　IPO 流程中的财务工作

①绩效管理：业财融合强调将财务指标与绩效管理相结合。通过建立指标体系和设定目标，使业务绩效与财务绩效相互衡量和关联，以确保财务目标与业务战略的一致性。

②财务规划与预算制定：财务规划和预算制定需考虑业务需求和运营计划。财务规划应基于业务战略，结合市场预测和业务发展，以确保财务资源的合理配置和利用。

③决策支持：提供准确、及时的财务数据和分析，为业务部门的决策提供参考和支持，帮助优化资源配置和加强风险管理。

④业务风险管理：业财融合要求在风险管理中综合考虑财务风险和业务风险。通过整合业务和财务数据，分析业务风险对财务状况的影响，并采取相应的风险控制措施，以确保企业的长期可持续发展。

⑤数据分析与预测：利用数据分析和预测技术，揭示业务与财务之间的关联和发展趋势。通过挖掘大数据和运用数据科学方法，可以更好地理解业务模式、市场趋势和财务表现，为战略决策提供有力支持。这也是很多大型集团于财务部门专门下设分析线、财经线的原因。

（四）部门联动

财务工作贯穿于 IPO 周期的各个阶段、节点，财务部门可谓 IPO 阶段里最为繁忙的部门。如前文所述，财务数据源于业务，财务部门是反馈各个业务部门情况的枢纽与归口部门，仅仅靠财务部门闭门造车、孤军奋战，无法完成数据整合与准确输出。

我们提请企业管理层务必于 IPO 上市前做好动员工作，赋予财务部门这个重要枢纽适当的权限，以协调各个部门、业务单元提供所需的业务数据与资料，建立部门间良好的沟通与共享机制，确保财务数据产出所需的数据与资料给得出、给得全、给得准。纵观从业案例，成功上市无不是各个部门基于 IPO 上市这个统一的目标，不推诿、不扯皮、通力合作、相互支持所达成的。

（五）自我迭代

1. 培养自我纠偏能力

自我迭代，首先要求企业有纠偏的能力。我们不乏接触到对现有的错误消极应对的客户，他们认为会计师、审计师会进行调整，只要调整后结果准确即可，故一直重复犯同样的错误。此情况存在较大的不利影响：

①对内释放消极信号。财务处理准确规范是企业财务的基本职能,将财务处理的准确规范性工作全权交给会计师等中介机构,会导致企业内部核算水平无法提高。一旦脱离中介机构的介入与辅导,企业财务部门无法独立运作,面对外部监管或定期公告披露事务如临大考、难以应对。同时,账务的处理及财务报表的编制是企业内部控制的重要环节,企业财务不能及时准确地编制财务报表,如果存在重大审计调整将对企业的内部控制自我评价产生不利影响。

②存在会计差错更正的风险。监管机构对企业会计差错更正的范围与程度十分关注,其可通过两个维度进行识别:其一,通过税务报表与审计报告数据差异进行查证。对于审计结果出具时点晚于企业所得税汇算时点的情况,企业无法根据审计调整后的报表进行申报,如不具备自我纠偏能力则税务报表与审计报告数据差异较大。IPO申报阶段主要板块均要求会计师出具《原始财务报表与申报财务报表差异比较表及鉴证报告》,故相关差异金额、调整事项一目了然。其二,通过现场检查等手段进行查证。IPO申报阶段的拟上市企业均存在被监管机构现场检查的可能,监管机构将对企业情况及中介机构的工作底稿进行深度查证。拟上市企业如不进行差错的自行纠偏,其势必于会计师未审报表调整分录、调整事项汇总等工作底稿中体现与暴露出来。一家拟上市企业未审报表调整的规模越大(一般考察收入、利润、净资产指标),则反映出来的财务核算基础就越薄弱。根据《监管规则适用指引——发行类第5号》(2023年2月)会计政策,会计估计变更和差错更正,或构成上市发行的障碍,不容忽视。

企业财务核算于前期存在一些错误或缺漏,在中介机构的辅导下逐步完善并建立规范的思路体系,逐步自行纠偏,独立准确地完成财务核算工作,并使业财能够统一。这是大部分IPO企业的成长模式。

2. 与时俱进,不断学习

(1)政策面

财政部会计司、证监会会计部及监管部、注册会计师协会等多个机构部门应社会经济发展的需要与监管导向的要求,对企业会计准则、相关应用指南、监管指引进行实时更新与发布,如近年来新金融工具准则、新收入准则、新租赁准则的修订适用,深刻地改变了公司相关领域的财务核算及数据呈现。企业应保持对政策动态的实时关注,结合公司业务及时学习与应用新政策、新理论。

(2)管理面

企业的不断发展,对财务团队的人员建设、流程管理也将不断提出新的要求。财务管理不应抱残守缺、止步不前,应当适应企业的发展需要,对团队的内部分工、多元化职能进行不断探索与深挖,发掘业务痛点,加强业财融合,加深与企业内外部数智化团队的接触,减少机械账务处理工作时间,提高财务工作的信息化、智能化水平。

第二章 财务工作分模块规范化指引

报表科目循环是指在编制财务报表时，按照一定的逻辑顺序组织和呈现财务报表科目的方法。这种循环结构有助于组织和呈现企业的财务信息，使企业的主要财务活动即经营活动、投资活动、融资活动情况更容易被人们理解和分析。一般而言，报表科目循环可分为资金循环、收入循环、成本循环、工薪循环、费用循环、长期资产循环等。

就 IPO 而言，不同阶段的财务工作重点与规范性内容虽有所差异，但均离不开财务循环这个重要落点，故以下规范化指引以财务报表各循环模块为载体展开说明。

一、资金循环模块

资金循环以反映企业资金本身、资金的其他存在形式、资金衍生的相关内容之科目为子集，直观地体现了资金的状况，其中货币资金科目为资金循环的核心科目。资金循环涉及的主要科目有：资产类中的货币资金、交易性金融资产；负债与权益类中的短期借款、长期借款、一年内到期的非流动负债、交易性金融负债；损益类中的财务费用、投资收益、公允价值变动收益。

（一）资金账户记录与管理

企业资金账户以银行账户为主，部分企业由于存在线上销售业务、理财投资行为等，兼具第三方支付平台账户与证券账户。前述账户记录与管理最切实的要求分如下三块。

第二章　财务工作分模块规范化指引

1. 完整记录

完整记录是指所有公司所有账户、账户内发生的所有流水均需完整记录于账面上，不允许存在少记、漏记的情况。

就银行账户而言：对于留存账户，可携带预留印鉴、基本户开户许可证前往银行对公柜台获取银行开立账户清单，对公司账户数量、状态进行完整的自查与概览；对于新开立账户，应该严格履行审批程序，并完整登记于备查簿。由于开立账户清单不显示保证金账户、外币账户，因此对银行账户的管理更有赖于企业日常进行账户开立、注销等情况的台账备查登记以避免遗漏。针对长期未使用的久悬账号，需及时提请注销处理以减轻管理压力。

在确保账户完整性后，则应着眼于账户收支流水的管理，提请企业定期（至少按月）获取各账号对账单原件进行备存，并依据与对账单一致的网银电子流水记录进行记账。应当注意的是，部分企业针对不影响余额的等额资金进出不予记账，该处理导致资金发生规模失真、减弱关联方资金临时性占用的监控，应当予以纠正，确保资金活动产生一笔、记录一笔，账户记录与银行流水完全一致，不得遗漏。

此外，随着电子银行的发展，跨地区跨行业经营、与多家银行建立业务往来的大中型集团企业可使用相关银行推出的跨银行现金管理平台，如招商银行推出的跨银行现金管理平台（CBS）业务功能，可集成跨银行的资金流水信息，减少繁复的手工操作，提高资金管理效率。

就第三方支付平台账号而言，主要基于线上销售或便利收付两大需求开立，以蚂蚁集团的支付宝平台账户、腾讯集团的财付通平台账户为主。企业应充分自查、登记以避免遗漏，并视同银行账户进行管理；同时，提请企业定期（至少按月）导出各平台账号流水进行备份并据此记账。

就证券账户而言，主要基于公司的股票、债权、基金等投资性需求于证券公司开立。企业应充分自查、登记以避免遗漏；同时，提请企业定期（至少按月）获取各证券账号交易记录进行备存，并与银行记录进行勾稽核对后据此记账。

2. 独立管理，公私分开

资金的收支不应与实际控制人或其他自然人、法人日常资金使用场景混同，即：与公司相关的款项回收，应当通过公司账户收取，不得由其他单位账户或自然人个人卡代为收取；与公司相关的资金支出，应当通过公司账户划转，不得由其他单位账户或自然人个人卡进行列支。

3. 清晰划段,性质区分

(1)清晰划段

部分企业存在将多个账户合并进行记账的情况。该处理导致各账户收支混杂,无法与外部资料清晰对应,亦给后期账户使用情况自查自检及审计人员执行诸如函证、双向核对程序造成困难,因此需明确将一个账户作为一个子集进行入账。

(2)银行存款与其他货币资金的区分

其他货币资金作为资金,与银行存款无本质区别。应当着眼于三个"关键词"把握二者的列报区别。具体如表2-1所示。

表2-1 银行存款与其他货币资金的关键区别

关键词	说明
性质	性质决定哪些类型的资金需纳入其他货币资金项核算。不同于银行存款,其他货币资金往往具备特定的用途,如银行承兑汇票保证金、履约保证金、保函保证金、信用证保证金、存出投资款(已存入证券公司但尚未进行短期投资的资金)、外埠存款(到外地进行临时或零星采购时,汇往采购地银行开立采购专户的款项)
勾稽	其他货币资金与其基础业务项目通常存在一定的对应关系,例如:承兑汇票保证金与开立的应付票据存在比例关系,故应备存承兑协议、于票据备查簿登记担保情况;项目工程保函保证金与相关收入项目对应,应备存保函协议、于项目台账登记保证金情况,以便复核受限制资金规模变动与业务的关联性
受限与披露	由于具备特定的用途,其他货币资金支取通常会受到一定程度的限制,故应于财务报告中受限制的货币资金、所有权或使用权受到限制的资产、承诺事项等段落中进行披露

(二)现金管理与现金交易

应当明确现金交易伴生于行业土壤,即面向终端消费者的零售型企业、与个体农业者进行交易的农牧类企业,由于其经营模式与特点,难以避免地会产生较大规模之现金交易与收支。公司若非该类型企业,则不具备现金交易的合理背景,不应产生大额现金交易与往来。

就监管关注角度而言,资金以现金形式进行流转往往留痕不足、可验证性较弱,历来为风险所在及审核重点。建议企业从以下两个层面进行规范化把握:

1. 就未然而言，趋势上应减量至杜绝

现金交易与收支同内部控制息息相关，如非行业特性所致需采取现金形式进行交易，存在大额现金往来本身意味着内控管理的缺失，公司应当采取改进措施控制现金交易体量并逐年降低规模，最优则不产生现金交易与收支。从实务经验来看，大多数企业于规范的后期基本已隔离了现金这一收支手段。针对小批量、零星经营性支付需求，可通过如下措施来替代：

①开设第三方平台账户，通过第三方平台账户完成偶发性收付（如零星废品废料处置等）。由于移动支付的普及，原使用现金进行交易的个体经营者通过支付宝平台、微信平台进行收付的覆盖率已较高，可通过第三方平台账户与其进行款项结清。

②优化备用金及报销制度，使用银行渠道批量支付功能。针对员工备用金领取或代垫款报销等日常现金支取场景，可形成内部制度，于银行端比照批量发薪的操作按月或一定频次集中完成经审批的备用金领款需求及报销需求的支付。

③现金发放薪资的处理。部分企业或其分支机构由于经营地较为偏远，其年龄较长的员工未开立银行卡，故薪资以现金形式发放。如 IPO 工作提上日程，应当由人事及财务部牵头逐一沟通、谈妥，并将银行卡开立作为入职硬性要求，不再通过现金形式发放薪资。

2. 就已然而言，着重论证说明及资料支撑

针对业已产生的大额现金交易或往来行为，根据《监管规则适用指引——发行类第 5 号》(2023 年 2 月)的指引内容及实务经验，公司应完成不同场景下的工作夯实。具体如表 2-2 所示。

表 2-2 现金交易关键资料留存与应对准备

场景	关键资料留存	应对准备
现金发放薪酬	经审批的工资表、发薪对应取现记录、员工签字的现金领款表	● 备查说明通过现金发放薪酬的必要性、合理性及背景 ● 关注前述资料的证据链是否完整通畅、是否具备内部审批流程 ● 根据薪酬及年终奖金情况代扣、代缴相关个人所得税 ● 配合中介机构完成对所涉及员工情况的访谈

续　表

场景	关键资料留存	应对准备
现金销售	合同（如有）、收据、存现[①]记录	● 备查说明通过现金销售的必要性、合理性及背景，是否符合行业特点或惯例 ● 关注前述资料的证据链是否完整通畅、是否具备内部审批流程 ● 注意交易对手方是否与公司存在关联方关系
现金采购	经审批的采购清单、采购对应取现记录、合同（如有）、收据	● 备查说明通过现金采购的必要性、合理性及背景，是否符合行业特点或惯例 ● 关注前述资料的证据链是否完整通畅、是否具备内部审批流程 ● 注意交易对手方是否与公司存在关联方关系
现金借出	经审批的请款单、借款合同、借款人后续使用情况相关资料（穿透使用，如是否存现、是否用于自身事项）	● 备查说明通过现金形式借款的必要性和合理性 ● 需明确借出是否符合公司现金/资金管理制度，是否明显大额 ● 明显大额现金支出已构成资金占用，需及时催回并进行计息处理 ● 相关单据及后续资金去向应当形成链条及闭环
现金借入	借款合同、存现记录、资金后续去向及相关资料	● 备查说明通过现金形式借入的必要性和合理性 ● 明显大额现金借入已构成资金占用，需及时还款并进行计息处理 ● 相关单据及后续资金用途应当形成链条及闭环
现金出资	收据、现金缴存银行回执、验资报告	● 如收据、缴存银行回执齐全且经验资审核，现金出资有效 ● 如相关单据或证据链存在缺失，请详见"第三章'二、历史沿革中的财务视角'中的'（三）出资不实或出资瑕疵的界定与应对'"相关讲解内容

综上所述，针对业已产生的大额现金交易或往来行为，企业应结合相关业务背景，分析其合理性及相应的证据链条是否完整。对于已存在的不规范事项，应该及时整改，修订公司相关的内部控制制度以及实际执行流程。

[①] 根据《现金管理暂行条例实施细则》(1988年9月)，营业收现应当做到当日或最晚次日缴存银行后方可取用，否则构成现金坐支的违规行为。但该细则已于2023年3月被中国人民银行令〔2023〕第2号废止，仅供参考。

(三)资金审批流程的强化与再强化

资金是企业经营成果的积累,资金状况直接体现了企业的经营状况、抗风险能力和可持续经营能力。资金流审批是否恰当,是体现企业内部控制运行有效与否的最直观领域。针对该流程,对公司规范化运作要求如下。

1. 建立四个核心制度

①货币资金管理制度。统揽货币资金相关内容,明确岗位职责,确定财务不相容岗位的设置与分离。

②财务基础规范制度。以报销制度、备用金领款制度、借款制度、付款制度及对应审批流程为主,避免白条支出与资金占用。

③现金管理制度。对现金的使用采取审慎态度,对库存现金存储上限及使用、支取上限等进行规定与限制。

④票据备查簿登记制度。对票据台账的设置、日常登记、签发与使用行为进行规范。

2. 全部、全时审批

公司所有的资金收付均有规范的审批制度及程序作为依据,所有的资金支付均需走完相应的审批流程后方可办理。紧急事项并非绕过审批流程的合理动因,可针对重大紧急事项进行流程优化如设置加急审核通道,以确保风险可控。

3. 附件齐备

以付款流程为例,公司付款业务应具备:经授权审批人和复核人签字批准的付款申请单或费用报销单、合同、发票、入库单或其他相关资料。

审批流程不拘泥于纸质形式,可基于效率及公司信息化程度采取线上系统化审批。无论采取何种形式,均应当妥善留存相关审批记录,尤其应当关注线上审批如OA系统、钉钉办公软件的数据文档时效,在时效内定期下载备份,作为后续内部自查、外部复核的内部控制档案资料。

特整理较为典型的物料采购付款审批单、费用报销付款审批单据供参考,具体如表2-3、表2-4所示。

表 2-3 物料采购付款审批单示例

付款单位				业务日期		打印时间	
单据编号	采购部门	请款人	结算方式	付款条件		币别	应付金额
供应商	采购发票号	采购订单号	对方开户银行		对方银行账户		对方账户名称
物料编码	开票名称	单位	开票数量	价税单价		价税合计	备注

财务原始凭证粘贴或后附粘贴：

最终核准	财务人员签字	直接上级/部门负责人签字	申请人签字

表 2-4 费用报销付款审批单示例

所属公司			申请日期			打印时间		
单据编号	申请人	申请部门	费用项目	往来款单位类型	往来单位	费用发票号		附件数
结算方式		币别	核定报销金额	税额	核定付款金额	开户银行	账号名称	银行账号
事由								
费用承担部门	发票类型	税额	申请付款额	费用金额		费用发票号	研发项目	备注

财务原始凭证粘贴或后附粘贴：

最终核准	财务人员签字	直接上级/部门负责人签字	报销人签字

(四)资金流水核查

本指南主要针对公司之重要关联自然人、关联法人的资金流水核查范围、内容及要求进行说明,其根据《监管规则适用指引——发行类第 5 号》(2023 年 2 月)资金流水核查内容进行提炼,为 IPO 规范化指引的应有之义。针对发行人及其合并范围内主体的银行账户流水,作为基础及必要性审计关注,已于各期常规审计过程中通过获取与核对账单、银行函证、分析发生额、查验大额样本、获取与核对信用报告等程序进行查证,故不在此模块进行讲解。

1. 关联自然人资金流水核查(又称"个人卡核查")

个人卡,即与公司存在关联或其他密切关系之自然人所使用的资金账户。监管机构对个人卡资金流水的审核尤为关注且口径趋严,特此说明核查的范围、手段及关注点。

(1)核查范围

根据中国证监会《关于做好首次公开发行股票公司 2012 年度财务报告专项检查工作的通知》(2012 年 12 月)的要求,需对发行人申报期内实际控制人及董监高在职期间个人资金流水进行全面核查。同时,将发行人实际控制人的近亲属、董监高配偶、公司关键岗位人员(如重要财务岗位、重要销售岗位、采购岗位、核心技术人员)纳入核查范围。具体如表 2-5 所示。

表 2-5 关联自然人资金流水核查范围

岗位	核查之关系范围	核查之时间范围
实际控制人	本人及本人之配偶、父母、成年子女	申报期内
董事长	一般与实际控制人为同一人,若是则比照实际控制人核查范围,若非同一人,核查范围则为本人及配偶	申报期内、在职期间
董事	本人及配偶	申报期内、在职期间
董事会秘书	本人及配偶	申报期内、在职期间
监事会主席	本人及配偶	申报期内、在职期间
监事	本人及配偶	申报期内、在职期间
总经理(高管)	本人及配偶	申报期内、在职期间
副总经理(高管)	本人及配偶	申报期内、在职期间

续 表

岗位	核查之关系范围	核查之时间范围
财务总监(高管)	本人及配偶	申报期内、在职期间
核心技术人员(关键岗位)	本人及配偶	申报期内、在职期间
财务经理(关键岗位)	本人及配偶	申报期内、在职期间
出纳(关键岗位)	本人及配偶	申报期内、在职期间
采购总监(关键岗位)	本人及配偶	申报期内、在职期间
销售总监(关键岗位)	本人及配偶	申报期内、在职期间

在此提示，表2-5所列为通常情况下的核查范围，若监管机构对公司经营情况、风险状况存在重大疑虑或特殊关注，则不排除会进一步扩大核查的空间、时间范围。根据《监管规则适用指引——发行类第5号》(2023年2月)文件要求，监管机构需扩大资金流水核查范围的情形主要有：发行人备用金、对外付款等资金管理存在重大不规范情形；发行人毛利率、期间费用率、销售净利率等指标各期存在较大异常变化，或者与同行业公司存在重大不一致；发行人经销模式占比较高或大幅高于同行业公司，且经销毛利率存在较大异常；发行人将部分生产环节委托其他方进行加工的，且委托加工费用大幅变动，或者单位成本、毛利率大幅异于同行业；发行人采购总额中进口占比较高或者销售总额中出口占比较高，且对应的采购单价、销售单价、境外供应商或客户资质存在较大异常；发行人重大购销交易、对外投资或大额收付款，在商业合理性方面存在疑问；董事、监事、高管、关键岗位人员薪酬水平发生重大变化；其他异常情况。

(2)核查手段

①完整性把控。

不同于公司法人，自然人主体不存在类似银行账户开立清单等能较为便捷地统揽各银行账户情况的外部资料。为确保个人卡的自查、核查程序完整有效，可从以下四个层面进行把握：

第一，核查对象申报填列账户情况。明确个人卡核查范围及对象后，逐一分发账户情况统计表，由其自主对所使用账户先行梳理清查，再由公司或中介机构负责人收集。具体参考格式如表2-6所示。

第二章　财务工作分模块规范化指引

表2-6　自然人主体账户情况自查登记表

自然人姓名	职务	开户银行	账号	账户性质（储蓄卡、信用卡、存折等）

2022年6月29日，在中国人民银行的指导下，中国银联股份有限公司联合主要商业银行推出"一键查卡"服务，面向中国境内所有省区市开放。其以"云闪付"App为载体，向公众提供个人名下银行卡数量查询服务。公众只要下载App并完成实名认证后就可以进行服务申请，申请成功后24小时内生成查询报告[①]。

目前"一键查卡"服务支持工商银行、农业银行、中国银行、建设银行、交通银行、邮储银行、中信银行、光大银行、招商银行、浦发银行、民生银行、华夏银行、平安银行、兴业银行、广发银行、浙商银行、渤海银行、恒丰银行等18家全国性商业银行及北京银行、上海银行等185家区域性银行的银联卡账户查询。预期后续随着功能的逐步完善与推广，将会有更多商业银行接入，查询完整性将进一步得到提高。

该项服务操作便利、所对接银行数量广泛，极大地提高了账户完整性查询之效率。但是由于暂不支持查询卡片状态异常、证件过期等特殊情况，核查对象仍需结合自身使用情况进行查漏补缺。

第二，自然人主体虽不存在类似银行账户开立清单等能较为便捷地统揽各银行账户情况的外部资料，但一般可拉取同一银行的账户开立记录，故应于亲自前往银行打印申报期对账单流水时，获取各银行账号记录，进一步验证账户的完整性。

第三，对获取的对账单流水进行串联检视，检查是否存在交易对手方为核查对象本人或者其他被核查对象但相关账户未予登记识别的账户情况。

第四，个人卡提供完整的承诺声明。

②获取资金流水后的复核思路。

第一，对核查范围内所有账户流水进行初步审核，同时设立标准如资金规模

[①]　具体操作流程可参阅中国人民银行青岛市分行于微信公众号平台发布的文章《一图读懂云闪付App"一键查卡"功能》。

（单笔收支金额）、敏感性流水等，将关注标准范围内的对账单信息进行电子化登记。

第二，将交易对手方与公司客户、供应商、经销商及其关键人员名单、发行人员工花名册、关联方清单进行匹配，把相关的流水作为重点复核对象，以进行后续合理性论证。

第三，根据登记的结果，结合重要性、摘要与事由等决定是否进行进一步核查，如访谈、取得原始单据进行佐证、穿透闭环。此外，针对个人卡中与发行人无关的大额资金流水，还需做出关于上述资金与公司生产经营无关联的声明。

(3)关注重点

①敏感流水。

一般而言，应当作为敏感流水被关注的资金往来包括但不限于：异常大额资金往来；频繁大额存现、取现；与实际控制人及其近亲属、发行人控股股东、公司关联方之资金往来；取得或转让发行人股权前后的异常资金进出；与发行人客户、供应商之资金往来；于发行人、发行人控股子公司领薪酬、报销等正常经营外的资金往来。

②潜在风险。

潜在风险主要包括以下三类：

第一，虚减利润以减少纳税的风险。该风险主要集中在账外收入未入账层面，如：生产制造过程中产生的废品废料销售由实际控制人或员工代收，未予入账；境外销售入账金额不完整，回款由客户直接打至实际控制人或其关联方处。

第二，虚增利润以粉饰报表的风险。该风险主要集中在资金循环和周转、费用账外列支层面，如：虚构销售订单，实际控制人将款项支付至客户，客户回款至公司以平账。实际控制人需要资金时则通过虚构物料采购、工程建造业务，虚增存货、固定资产等价值将款项支付至供应商，供应商打款至实际控制人后实现资金闭环。员工薪资及供应商采购款通过账外发放、支出等。

第三，内部控制不到位的风险。公司部分业务通过实际控制人或出纳等个人卡进行收支，虽账面已入账，但涉及公私混同问题，故对内部控制有效性影响较大。

2. 关联法人银行流水核查

关联法人银行流水核查关注点与关联自然人并无二致。同时基于其法人主体的特性，就完整性把握、可运用的取证核查程序而言，关联法人银行流水核查较关联自然人更为丰富，可类比选取货币资金审计手段展开，故在此不进行赘述。本处主要提示一般情形下关联方法人核查之范围为申报期内之发行人控股股东、发行人之实际控制人控制的其他企业、发行人其他主要关联法人主体。

综上,由于资金流水是历史性的记录,具备不可逆转之特点,因此,有前瞻性、规范化意识的企业,应当比照前述关注重点与审核要求,于申报前期完成对应的合规化处理,打好基础,避免产生无法弥补的错误。

(五)转贷行为的规范

1. 转贷行为的概念

转贷系发行人为满足贷款银行受托支付[①]要求而进行的无真实交易业务背景支撑的借贷行为。其通常情形有:通过关联方供应商或周转供应商等取得银行贷款,供应商收到贷款后打回公司;为客户提供银行贷款资金走账通道,收到银行贷款后将款项打回客户。无真实交易业务背景支撑系转贷行为的重要特征,其一般是指贷款支付无对应的实际采购等业务作为支撑,或超过实际采购业务应产生的支付规模。

2. 转贷情况的自查与规范

(1)转贷情况完整记录

企业应当逐笔登记银行贷款的来源、流向,形成台账记录以供备查。具体如表 2-7 所示。

表 2-7 贷款台账记录示例

期间	贷款银行	银行放款至关联方/周转方日期	贷款金额	关联方/周转方	关联方/周转方转回至公司日期	关联方/周转方转回金额(转贷金额)	还款时间	还款金额

(2)相关资料悉数留档备查

企业应当将对应借款合同、受托支付提交的形式采购订单、银行资金划转打款单等资料完整留档。

[①] 根据《流动资金贷款管理办法》(2024 年 1 月)第五章第二十八条,受托支付是指贷款人根据借款人的提款申请和支付委托,将贷款通过借款人账户支付给符合合同约定用途的借款人交易对象。

(3)不利影响的把握与论证

①转贷行为产生的期间。

公司应至少做到申报期最近一期不再产生转贷行为,且截至申报截止日前期已发生转贷涉及的商业银行贷款均已经偿还完毕,相关贷款合同均正常履行,已经根据贷款合同约定足额偿还本金及利息,未有逾期不还的情形。

②转贷资金的去向。

通过转贷形式获取银行贷款后,公司应当将其用于原材料采购、补充流动资金等公司主营业务,不得用于关联方资金拆借,不得用于国家禁止生产、经营的领域和用途等。

③不存在纠纷与其他违规行为的声明。

针对申报期已产生的转贷行为,公司应积极获取相关方的承诺与声明,证实发行人不会因上述事项产生纠纷或潜在纠纷,上述事项不会对发行人构成重大不利影响且不会损害公司及股东利益。就案例经验而言,应获取的承诺及声明具体如表 2-8 所示。

表 2-8 针对转贷情况应获取的各方承诺声明

相关方	确认内容
转贷通道单位	将同发行人签署的为满足受托支付、不存在真实交易背景及货物交接的合同予以解除,合同各方均无对应的权利和义务,今后就前述合同及与前述合同相关的资金往来亦不存在任何法律纠纷
贷款银行	贷款期间,发行人均能按照贷款合同约定按时还本付息各项贷款,未发生逾期还款或其他违约的情形,且自供应商处归还至发行人的贷款均可以用于生产经营活动,截至声明日发放的自供应商处划至发行人的各项贷款均已偿还完毕。对发行人不规范的贷款行为不予追究
中国人民银行当地支行	受托支付银行贷款转回资金主要被用于企业自身生产经营,且均已偿付完毕,未发现公司在申报期间有相关支行管理职责内的重大违规事实和行为

④建立制度、整改实效。

转贷作为不规范的贷款行为,体现了发行人内部控制有效性的缺失。发行人应当积极整改,建立针对性的内部控制制度并有效执行。

(六)常见金融资产的关注

监管机构关注度较高、核算流程具备一定要求的金融资产主要为远期外汇合约金融资产、理财/存单/结构性存款金融资产、不具备控制或重大影响的低比例外部投资资产。分项说明如下:

1. 远期外汇合约金融资产

境外经营、交易体量达到一定比例的企业，通常会签订远期外汇产品以防范以外币（一般为美元）结算产生的汇兑风险，减少汇率波动对经营业绩的影响。

（1）常见远期外汇产品类型及业务模式

常见的远期外汇产品包括远期结售汇、期权、外汇货币掉期等，其业务模式具体如表2-9所示。

表2-9　常见的远期外汇产品类型及业务模式

产品类型	业务模式
远期结售汇	企业与银行协商签订远期结售汇合约，约定将来办理结汇或售汇的外汇币种、金额、汇率以及交割期限。在交割日当天，企业可按照远期结售汇合同所确定的币种、金额、汇率于银行办理结汇或售汇
期权	●组合期权：企业与银行协商签订组合期权合约，在向银行卖出若干份美元看涨（人民币看跌）期权的同时，也买入若干份美元看跌（人民币看涨）期权；到期日企业和银行均有权选择是否执行其获得的期权 ●单卖期权：企业与银行协商签订单卖期权合约，向银行卖出一份美元看涨（人民币看跌）期权，银行有权以合同约定的汇率在到期日交割
外汇货币掉期	企业与银行协商签订外汇货币掉期合约，在即期买入一种货币并卖出另一种货币的同时，远期再等额地卖出这种货币并买入另一种货币，即一笔掉期交易是由一笔即期和一笔远期交易组合而成的

（2）各阶段会计处理

对于不同远期产品，在初始计量及后续计量中的处理存在一定差异，具体如表2-10所示。

表2-10　不同远期产品各阶段的会计处理

产品类型	会计处理		
	初始计量	后续计量	
		资产负债表日	交割时点
远期结售汇	在备查簿（台账）中登记相关信息，无须进行会计处理	未交割的远期结售汇根据期末公允价值确认交易性金融资产/负债与公允价值变动损益	根据约定远期汇率与结汇日即期汇率差确认投资收益

续 表

产品类型	会计处理		
^	初始计量	后续计量	
^	^	资产负债表日	交割时点
期权	若支付/收到对价(如期权费),则将其确认为交易性金融资产/负债-成本,并于备查簿(台账)中登记信息	未行权的期权根据期末公允价值确认交易性金融资产/负债与公允价值变动损益	● 根据即期汇率与协定汇率对交割标的进行确认,差额计入投资收益 ● 将初始计量中确认的交易性金融资产/负债转入投资收益
外汇货币掉期	实际互换的外汇本金按近端约定汇率入账,与即期汇率差异计入财务费用—汇兑损益	未交割的掉期交易根据期末公允价值变动确认交易性金融资产/负债与公允价值变动损益	● 根据远端交割日的约定汇率与交割日即期汇差额确认投资收益 ● 将银行支付的利息差确认为投资收益

(3)监管关注重点及应对准备

针对远期外汇产品,我们提取了审核阶段较为常见的关注重点及应对准备,具体如表2-11所示。

表2-11 远期外汇产品的监管关注点与应对准备

关注点	应对准备
除规避汇率波动风险外,是否利用远期合约从事投机行为	核心思路是"控量、不超限"。公司应当结合自身经营战略、外销收入及回款规模、采购及付款规模合理确定远期产品签订金额,在对应收和应付外汇账款金额以及银行提供的远期汇率、报价汇率、远期外汇走势等进行分析的基础上,签订回款付款范围内的远期外汇产品合约
是否具备专门的内部控制制度	远期外汇产品合约代表企业存在一定规模的远期资金或兑付义务,由于即期汇率本身存在不可控的波动性,交割时点与锁定汇率之差系盈利或亏损,故具备不确定性,因此需具备完善的内部控制制度对相关交易进行全流程控制。建议建立并实施远期外汇交易内部控制制度,该制度应涵盖交易目的、业务流程、审批流程、部门职责等内容
会计处理准确性及对应科目变动原因	请参见前文所述各类型远期外汇产品合约的计量会计处理要求,只有做到策略一贯、控量不超限、会计处理准确,相关科目的变动才能具备合理化的业务端解释,以应对外部关注与问询

2. 理财、存单、结构性存款金融资产

存在一定资金余量的申报企业,多会运用理财、定期存单、结构性存款等形式进行资金运作以提高资金使用效率并获取相关收益。

(1)计量与列报

①理财产品。

根据《关于规范金融机构资产管理业务的指导意见》(2020年7月)的监管规定,资产管理类业务不得承诺保本保收益,其合同现金流量特征不符合"本金+利息"的基本借贷安排,不得以摊余成本计量。因此针对理财产品,应当将其分为以公允价值进行计量且其变动计入当期损益的金融资产,根据预计持有期限列报为"交易性金融资产"或者"其他非流动金融资产"。

②定期存单。

针对定期存单,应当根据其形成的方式、持有的意图进行相应的计量与列报,具体如表2-12所示。

表2-12 定期存单的计量与列报

类型	意图	处理	备查说明
自行存入	拟持有至到期	由于公司有持有至到期的意图,故可按照票面利率计提应收利息。列报项目时,应当根据定期存单的到期日考虑流动性,若到期时间比较迟,超过1年的,则不满足资金属性,应当计入"其他非流动资产"进行列报	对于现金流量是否作为现金及现金等价物,需考虑到期时间
	不持有至到期拟随时支取的存单	由于公司无持有至到期意图,且存单可随时支取,其流动性较强,故可列报为"货币资金"。同时,一般存单提前支取会损失利息或者按活期计息,则不应按定期存单利率计提应收利息,否则会出现逻辑矛盾	
大额可转让存单	拟持有至到期	比照自行存入拟持有至到期进行处理	通常情况下,大额可转让存单不可提前支取,仅能转让或到期支取
	拟对外转让	考虑其交易属性,应当作为"交易性金融资产"进行列报,购入时支付的利息计入"交易性金融资产—成本"项中	

③结构性存款。

根据四部委《关于严格执行企业会计准则 切实加强企业2020年年报工作的通知》(财会〔2021〕2号),对于商业银行吸收的符合《中国银保监会办公厅关于进一步规范商业银行结构性存款业务的通知》(银保监办发〔2019〕204号)定义的结构性存款,即嵌入金融衍生产品的存款,通过与利率、汇率、指数等的波动挂钩或者与某实体的信用情况挂钩,使存款人在承担一定风险的基础上获得相应的收益。因此针对结构性存款,应当将分类为以公允价值计量且其变动被计入当期损益的金融资产,计入"交易性金融资产"科目,并在资产负债表中"交易性金融资产"项目列示。

（2）台账的建立

公司应当建立理财产品台账,备查包括产品名称、受托人、金额、期限、资金来源、到期情况、收益情况等信息。具体参考格式如表 2-13 所示。

表 2-13　理财产品台账示例

理财产品类型	理财产品名称	受托人	本金（分期初、本期购买、本期赎回、期末）	公允价值（分期初、期末）	公允价值估计来源	到期收益	底层产品类别（如货币市场工具、国债、地方政府债、金融债、企业债券、权益类资产等）
银行理财产品							
基金产品							
信托产品							
其他产品							

（3）监管关注重点及应对准备

针对理财、存单、结构性存款,我们提取了审核阶段较为常见的关注重点及应对准备,具体如表 2-14 所示。

表 2-14　理财、存单、结构性存款的监管关注重点与应对准备

关注重点	应对准备
募集资金的必要性、合理性	如公司存量资金充裕或近似等价资金的理财、存单、结构性存款产品规模较大,同时又通过 IPO 渠道面向公众吸纳资金进行募投项目建设投入,尤其是楼宇建造等,易引发监管层对公司是否有必要募集资金的疑虑。公司需做好如下论证与应对准备： ①分析明确目前资金存量情况属于暂时性情况,即后续具备较多资金使用需求或证实资金存量之状态符合行业特点 ②公司应收账款、存货等经营性项目、研发投入等活动均占用公司所需资金,如公司业务扩张较快,所需资金占用上升较快等。公司应当具备结合未来资金需求及预算情况,进行营运资金缺口测算及分析之能力

续表

关注重点	应对准备
存贷双高	存贷双高,即公司同时具备大规模存量资金及未偿付借款或其他债务的财务状态。其间接反映了企业资金利用效率情况,并在一定程度上反映了企业占用银行融资资源的问题。公司需做好如下论证与应对: ①对现有资金、银行借款的情况进行拆解分析,包括但不限于银行借款期限、利率等,结合未来资金的流向进行测算与预测,说明保持货币资金和贷款的规模与公司业务规模一致,主要是为了随着公司业务规模的增长,保证公司经营稳健及资金周转安全 ②与同行业进行对比分析,如整体存贷状况、存贷比,是否与同行业公司类似,是否符合行业经营特点 ③说明资金利用情况,如是否将结余的货币资金一般用于购买风险较低的短期理财产品或用于银行短期存款等,以及理财收益、利息收入情况是否符合预期等
底层风险	针对除定期存单、结构性存款等风险相对较低、可控的近似银行存款外的理财产品,关注理财产品的底层资产流向,严控其风险,如:是否层层嵌套最终导致投资可能损失本金,是否"精心包装"导致公司资金间接流向实际控制人及其关联方。其中,银行理财产品、基金产品一般为公募产品,由银行、基金公司等统一安排,由其购买定期存款、债券、股票、衍生金融工具等资产,相关产品信息一般会于银行或基金公司官网进行发布,可通过公开渠道查询证实资金流向合理性;私募或信托产品如信托公司以自己的名义集合、管理、运用资金,使款项流入相关企业,由相关企业进行使用,应当进行下层企业穿透、查实

3. 不具备控制或重大影响的低比例外部投资资产

本小节所述低比例外部投资主要为"三无投资",即不具有控制、共同控制或重大影响,且无活跃市场报价的股权投资。根据《〈企业会计准则第 22 号——金融工具确认和计量〉应用指南》(2018),权益工具投资一般不具备本金加利息的合同现金流量特征,除非企业将非交易性权益工具投资指定为以公允价值计量且其变动计入其他综合收益的金融资产。一般而言,以公允价值计量且其变动计入当期损益的金融资产,应当在"交易性金融资产"科目核算,同时根据《关于修订印发 2019 年度一般企业财务报表格式的通知》(财会〔2019〕6 号),自资产负债表日起超过 1 年到期且预期持有超过 1 年的以公允价值计量且其变动计入当期损益的非流动金融资产的期末账面价值,在"其他非流动金融资产"项目反映。

针对该类投资资产,由于投资比例较低且不具备控制及重大影响,导致部分企业在日常经营时对标的公司缺乏应有的关注与监控。体现在以下两个层面:

其一,对资金去向、被投资方经营情况的关注度不够。由于此类投资基本以持股形式进行投入,且公司作为小股东,往往未定期、及时获取对方经营情况如财务报表、外部审计报告、资产管理报告等资料以对其经营情况进行核实,部分投资或早已资不抵债且不具备持续经营能力,故应当考虑减持。

其二,对被投资标的公允价值未进行预计。由于该类投资标的均非上市主体,不存在公开可查询的市场价值,导致企业对其价值进行核算时多以投资成本计量,不符合准则要求。提请企业针对该类投资的公允价值复核,遵循如下顺序进行把握:

第一,如该投资标的近期存在外部融资行为,则结合最新的外部投资者入股价格评估公允价值。

第二,与被投资方进行沟通,聘请具备资质尤其是证券业务资质的专业评估机构对企业价值进行评估,评估值可视同公允价值进行考量。

第三,部分为合伙企业的被投资方的实质为私募平台,其对外进一步向下投资。针对此类标的,一般由专门的投资管理机构进行经营管理并定期出具资产管理报告。报告中记录公司报表情况、资金情况、向下投资标的之融资经营情况等,可获取该报告内容进行公允价值的判定。

第四,如前述三项手段均无法落实,则应当查询该投资标的同行业、近似规模上市公司,根据其市盈率、市净率等财务指标,设置一定的模型进行公允价值模拟测算。此方式估计性较强,故推荐度最低。企业一经选定此模式,报告期内应当保持测算口径一致。

二、收入循环模块

收入循环以反映企业收入实现、回款、相关税负情况之科目为子集,直观地体现了经营性销售状况,其中营业收入科目为收入循环的核心科目。收入循环涉及的主要科目有:资产类中的应收票据、应收账款、应收款项融资、合同资产、一年以内到期的非流动资产、其他流动资产、长期应收款;负债类中的预收款项、合同负债、应交税费、其他流动负债、预计负债、其他非流动负债;损益类中的营业收入、税金及附加、所得税费用。

(一)收入确认原则的确定与执行

1. 收入确认原则的确定

就对实务工作的观察而言,规范化前期的中小企业的大部分财务人员闭门造车,对公司业务与产品仅具备模糊的概念,知其名不知其实,更遑论对其流程进行梳理与清晰划段,或与财务核算进行有效结合。

第二章　财务工作分模块规范化指引

前文所述业财融合于收入这个代表公司业务的核心模块之重要性尤深，故以其作为切入点进行强化说明。就收入确认原则的确定而言，应当分为三大步骤来执行定调。

(1) 梳理公司业务流程，了解目前收入确认情况

在业务流程的梳理过程中，应当找准切入点，层层递进进行了解、提炼、汇总。具体方法与要求如下：

① 利用好内部信息优势。

在尽职调查或 IPO 前期接洽过程中，常有客户感慨与反馈中介机构相比其更为了解公司情况，因为独立方中介机构往往通过外部渠道诸如工商信息查证企业经营范围、查看企业官网进行深入了解，而公司内部人员虽然具备更为丰富之手段去了解业务及产品，如更易获取产品手册、业务流程图、产品知识库等资料，但问题在于是否将内部信息资源加以利用和整合归纳。

② 基于内部信息进行业务的概览了解。

通过此阶段的了解，应当可对如下核心问题进行明确：公司的主营业务是什么？业务的载体是产品还是服务？以纯产品销售还是项目型销售为主？产品的类型及下游领域是什么？

③ 基于内部信息进行业务的进阶梳理。

第一，关于销售区域。就销售区域而言，因境外销售需报关出口，合同中的贸易条款约定了交货方式与义务进而直接决定了收入确认方式，故在销售区域上一般以境内、境外为界进行区分考量。境内进一步按大区、省份进行划分；境外进一步按国别、洲别进行划分。可基于管理分析需要或应对更细化的外部问询进行数据备查，在此不进行展开。

第二，关于销售渠道。就销售渠道而言，因线上销售依赖电商网络平台，其"虚实结合"的形式，衍生出平台流水记录、收货确认记录及对账结算单等显著区别于线下销售的收入确认核心资料，故渠道上一般以线上、线下为界进行区分考量。就线上销售而言，不同地区、不同站点如旗舰店、自营店、亚马逊 FBA 运营模式各有不同，需进一步区分处理。

第三，关于销售模式。因经销销售具备"非终端""转销售"的特性，其在客户管理层面、货物流转层面、风险层面与直接销售存在显著差异，故模式上一般以直销、经销为界进行区分。

④ 情况汇总与备查。

财务部门应当会同业务部门做好上述情况的了解与复盘工作，完成业务的区分、销售流程的脉络梳理，形成公司销售业务的情况概览。具体如表 2-15 所示。

表 2-15　公司销售业务的情况概览示例

销售渠道	销售模式	销售区域	销售流程	公司收入确认情况
线下	直接销售	境内	下单→预收定金(或有)→出库→发货→签收→开票→回款	完成收入确认原则定调前,如实描述现有确认节点
线下	直接销售	境外	下单→销售形式发票(PI)→预收定金(或有)→出库→发货→报关→开票→回款	完成收入确认原则定调前,如实描述现有确认节点
线下	经销销售(买断式)	境内	下单→预收定金(或有)→出库→发货→签收→开票→回款	完成收入确认原则定调前,如实描述现有确认节点
线下	经销销售(买断式)	境外	下单→销售形式发票(PI)→预收定金(或有)→出库→发货→报关→开票→回款	完成收入确认原则定调前,如实描述现有确认节点
线下	经销销售(库存管理式)	境内	下单→出库→发货→签收→终端销售→对账结算→开票→回款	完成收入确认原则定调前,如实描述现有确认节点
线上	电商渠道(TOC端用户)	境内	下单→出库→发货→签收→收款→提现	完成收入确认原则定调前,如实描述现有确认节点
线上	电商渠道(TOC端用户)	境外	下单→出库→发货→报关→收款→提现	完成收入确认原则定调前,如实描述现有确认节点

注:以上仅为一般性产品销售的表例,公司层面应当根据其具体的业务,逐项拆解进行流程图绘制,并于流程图节点中标明细节操作及注意事项,并随公司业务变化而修改迭代。

(2)汇总客户情况,把握合同条款

①汇总客户情况。

客户作为各类销售模式承接之主体、载体,不同的客户意味着不同的合作方式及合同惯例,尤其是当公司的客户为其他上市公司之客户,或其本身就是公众利益实体时,可利用市场公开渠道,对同行业相关信息进行提取,比照确认我方定调之确认原则是否趋同、准确。因此,对客户的了解十分关键。公司应当建立客户台账信息表,包括但不限于客户名称、客户编码、所属集团、所在地区、成立时间、股权结构、主营业务、合作渊源、合作年限、合作模式、退换货政策、返利政策、信用政策、是否具备框架协议等。

②把握合同条款。

新收入准则于2020年全面实施。根据其要求,针对收入的确认时点应当从合同出发,根据不同合同约定的控制权转移情况、可变对价情况等,对收入确认进行细化核实筛查。在厘清收入确认原则的过程中,合同具有核心地位,企业应当获取收集各业务类型下代表性客户的相关合同,进行合同约定条款的识别与审查。可汇总记录的参考格式具体如表2-16所示。

表2-16 主要客户关键合同条款台账示例

业务类型	销售模式	销售地区	主要客户	关键合同条款(约定交付、控制权转移的条款)	收入确认时点考量

就实务情形而言,需明确的是,部分企业提供之合同、订单,缺乏诸如货物交付方式、控制权转移条款、结算条款、贸易模式等影响收入确认时点识别的关键信息,给收入确认原则的厘定带来困难。针对此情况,提请企业:

第一,回头看。一般国内外大型客户,会签订涵盖面较广的框架协议,此框架协议效力年限一般较长或约定无异议情况顺延,日常客户下单则是基于此框架协议的简化版本。因此,很多情况并不是不具备前文提到的关键信息,而是未回头看、仔细找。

第二,尽快补。针对确实不具备关键要件的协议,进入IPO流程后,核心客户协议内容应当完备,重要合同亦会作为中介机构工作底稿构成上传至监管机构系统进行存档备份,故提请公司借IPO之机查漏补缺,补充签订。除了IPO层面,对合同本身关键条款进行细化、明确,有利于双方确权,如后续出现纠纷亦能更好地厘定双方责任。此过程应当由公司法务、法律顾问一并参与给出意见。

(3)收入确认原则的定调

通过前文所述之销售业务流程梳理、客户情况汇总、各业务模式合同关键条款的把握,可基本完成收入确认原则的定调。此时,建议参考同行业上市公司、拟上市公司披露之收入确认情况,对收入确认原则进行修正。一般而言,除非存在特殊的业务因素,同业务类型的同行业公司收入确认原则不应存在重大差异。

定调完成后,可汇总备查待执行的收入确认原则。具体格式如表2-17所示。

表 2-17　汇总定调的收入确认原则示例

销售渠道	销售模式	销售区域	收入确认方式
线下	直接销售	境内	
		境外	
	经销销售（买断式）	境内	
		境外	
线下	经销销售（库存管理式）	境内	
		境外	
线上	电商渠道（TOC端用户）	境内	
		境外	

就大多数规范化前期的公司而言，原有收入确认多半为凭票确认，对此无须着墨过多，更重要的是基于前述的流程将当前财务入账的确认方法更正为定调原则后进行执行。在IPO进程里，各业务迈出规范化的步子往前走、多点开花进行优化，远比纠结于过去的错误或遗漏更为重要。

2.收入确认原则的执行

(1)执行所需的支撑性资料

根据定调之收入确认原则，公司财务部门应当联动销售、仓库、物流等部门并知会其相关需求，做好不同渠道、模式下的收入确认配套资料留存。具体如表2-18所示。

表 2-18　不同渠道、模式下的收入确认配套资料留存

销售渠道	销售模式	销售区域	收入确认方式	收入配套及确认时点关键性资料（加粗显示）
线下	直接销售	境内	根据销售合同约定的交货方式，公司将货物发给客户，经客户签收（或验收）后确认收入	合同（订单）、出库单、发货单、签收单（或验收报告）
		境外	公司在产品报关出口并取得报关核准及单据后确认销售收入	合同（订单）、出库单、发货单、报关单、提单
	经销销售（买断式）	境内	根据销售合同约定的交货方式，公司将货物发给客户，经客户签收后确认收入	合同（订单）、出库单、发货单、签收单
		境外	公司在产品报关出口并取得报关核准及单据后确认销售收入	合同（订单）、出库单、发货单、报关单、提单

第二章　财务工作分模块规范化指引

续　表

销售渠道	销售模式	销售区域	收入确认方式	收入配套及确认时点关键性资料(加粗显示)
线下	经销销售（库存管理式）	境内	根据销售合同约定的交货方式，公司将货物发给客户，客户对外实现销售前货物所有权归属于公司，经客户对外销售对账确认后确认收入	合同（订单）、出库单、发货单、签收单、结算对账单
线上	电商渠道（TOC端用户）	境内	电子商务平台发出货物且顾客在平台确认收货、公司收到货款时确认收入	出库单、发货单、电商平台销售流水记录、平台结算单
线上	电商渠道（TOC端用户）	境外	电子商务平台发出货物且顾客在平台确认收货、公司收到货款时确认收入	出库单、发货单、报关单、提单、电商平台销售流水记录、平台结算单

(2) 执行中的高频问题与应对

根据实务经验，我们归纳了公司在规范化过程中获取销售业务资料时出现频次较高的问题及应对措施。具体如表 2-19 所示。

表 2-19　获取销售业务资料的高频问题与应对措施

高频问题	情形	应对措施
形式瑕疵	无签收记录或签收记录未盖章、未签字	此情况多见于项目规范前期，企业以完成业务、收好款为导向，未注重相关资料的提请及留存。针对该情形，需区分已然和未然进行处理。针对申报期的已然情况，由于情况已产生，如公司业务规模较大、涉及签收笔数繁多，再行逐单补充签收记录不可行，则可根据原发货时物流记录按月将签收记录形成表格，注明客户、出库时间、签收时间等关键信息，由客户补充签章确认。针对申报期的未然情况，尤其是申报中后期，见不可通过集中补录形式进行处理，建议完善销售控制流程，做到按单签收留存，使单据具备独立性及即时效力
形式瑕疵	签收单未盖章仅签字	公章作为法人主体民事行为的留痕依据，其效力远高于签字。由于部分客户较为强势，盖章需经过较长的内部流程，部分签收单盖章较为困难。针对此情况，如仅具备签字，公司应当留存备查好如下资料：明确签字人身份，是否具备签字效力；获取与其效力相关的证据，如公司授权记录、名片、公司邮箱或OA人事职务记录等；查证合同中是否明确可由其进行签收等，进行多方论证补充

039

续 表

高频问题	情形	应对措施
形式瑕疵	签收单无日期	无日期的签收单,尤其是临近会计年度之交无日期的签收单,对收入确认的归属期间影响较大。针对此情况,提请公司:于签收单格式中强调签收日期,并提示签收人或送货人手签;针对已遗漏的情况,如暂无法要求对方补签,则需获取对应的第三方物流记录单,以物流记录的运达时间作为近似资料进行弱效力替代
	项目型业务甲方不出具验收单	具备项目型业务的公司,部分下游客户基于其行业地位及实力,往往于工程完结时,不出具正式的验收单据,导致项目性收入确认的关键性资料验收单存在缺失。针对此情况,考虑到项目型销售相较产品型销售存在周期长、合同金额较大的特点,验收单重要性不言而喻,因此最重要的仍是加强与客户的沟通,让其出具验收单成为项目的必要要求之一,这对公司后续的债权催收、不利情形的申辩均有裨益。同时,应当做好工程实施中如下过程资料的整理归档工作:项目工程施工日志、项目往返记录、项目设备发货记录、设备开箱验收单、设备安装记录、项目现场照片留存、含进度的请款单等
	不成链条	应当注意的是,申报期内所有收入确认的原始单据,应力达合同/协议、订单、出库单、报关单/货运提单/签收单/结算单、发票等资料可相互印证与勾稽,形成"链条"(证据链说明详见"第五章'二、进场后工作开展阶段'下'(二)准备并提交待补资料清单'中'2.资料形式'"相关讲解内容)

(二)业务台账的搭建

业务台账即中介机构常称的收入成本大表,系对公司进行各层级财务分析、与客户对账及询证函取数、毛利率下沉分析等的核心表单。

在此提示台账信息并非财务一家之言,其包含诸多业务内容,需多个部门配合方可完整填列。建议企业将台账 ERP 系统化,由各部门线上完成对应责任字段之录入,做到实时录入、实时可查看、实时可导出。

根据实务经验,公司可参考如下格式模板建立公司的销售台账,并确保日常维护过程中相关信息的真实性、准确性、及时性,其中字段信息可根据公司实际情况增减。具体如表 2-20、表 2-21 所示。

表 2-20 产品型销售台账示例

销售订单号	销售类型(内销/外销;线上/线下;主营/其他;直销/经销)	客户编码	客户名称	产品编码	产品名称	规格、型号	出库数量	成本单价	成本金额	销售单价	币别	收入金额(原币)	汇率	收入金额(本币)	记账日期	开票日期	发票号码	出票金额	签收日期	验收日期	报关单号	出口贸易模式	出口日期	提单日期

表 2-21 项目型销售台账示例

项目编号(合同编号)	项目名称(合同名称)	客户全称	合同主要内容	合同预计日期	合同工期	合同金额	合同结算方式	预算 材料/设备	预算 人工成本	预算 外包及其他费用	预算毛利率	是否验收	验收日期	已开票金额	已收款金额	已投入材料/设备	已投入人工成本	已投入外包及其他费用	已结转成本金额

(三)坏账政策的确定及后续执行

多数公司于规范化前期,未考虑应收款项坏账准备计提事项。针对应收款项规模较大的企业,其伴生之信用减值损失为经常性损益项目且对利润规模影响较大。因此,需尽早完成政策定调并保持一贯性,具体而言可从以下两个层面进行确立、完善。

1. 确定应收款项坏账政策

新金融工具准则于2019年全面实施,根据《企业会计准则第22号——金融工具确认和计量》之规定,应收款项之坏账准备计提核心为对预期信用风险的判定。

一般情况下,账龄作为应收款项形成时间的指标,直观地反映了预期信用风险,故市场上大部分企业坏账计提披露为"账龄分析法组合"。就计提情况而言,坏账准备金额按账龄年限与应收账款余额成不同比例。具体如表2-22所示。

表2-22 账龄组合法下的坏账准备计提

账龄	期末余额 应收账款	期末余额 坏账准备	计提比例/%
1年(含1年)以内	***	***	5.00
1—2年(含2年)	***	***	10.00
2—3年(含3年)	***	***	30.00
3—4年(含4年)	***	***	50.00
4—5年(含5年)	***	***	80.00
5年以上	***	***	100.00

部分企业则将预期信用损失概念进一步细化考量,结合信用情况、逾期情况估计预期损失率进行计提。具体如表2-23所示。

表2-23 预计损失率下的坏账准备计提

账龄	预计平均损失率/%	期末余额 账面余额	期末余额 信用减值准备	期末余额 账面价值
信用期内	0.70	***	***	***
逾期半年(含半年)以内	4.50	***	***	***

续　表

账龄	期末余额			
	预计平均损失率/%	账面余额	信用减值准备	账面价值
逾期半年至1年(含1年)	10.00	***	***	***
逾期1—1年半(含1年半)	35.00	***	***	***
逾期1年半—2年(含2年)	55.00	***	***	***
逾期2—2年半(含2年半)	75.00	***	***	***
逾期2年半—3年(含3年)	85.00	***	***	***

我们建议企业在财务核算基础扎实、完善的情况下,搭建更为精细化的预期信用损失模型,合理划分不同组合后分别进行减值测试,不同组合的划分应当充分说明确定信用风险特征的依据。相关依据包括客户类型、商业模式、付款方式、回款周期、历史逾期、违约风险、时间损失、账龄结构等因素形成的显著差异。同时,根据所有合理性依据、前瞻性信息、相关减值参数详细论证并披露预期信用损失率的确定方法和具体依据。

还有,应参考同行业上市公司确定合理的应收账款坏账准备计提政策,计提比例与同行业上市公司不应当存在显著差异。在选择同行业时,应当以下游客户一致或同质同类的上市公司作为参照。

此外,值得注意的是,根据《监管规则适用指引——发行类第5号》,发行人不应以欠款方为关联方客户、政府工程客户或历史上未发生实际损失等理由而不计提坏账准备。

2. 监控与执行

(1)信用期信息的备查与更新

在实务过程中,销售人员对主要客户信用期模糊不清、仅凭经验而非具备法律效力的合同进行账期把握的情况在规范化前期较为常见。企业应当将债务人信用情况落点到日常管理中,即做好实时监控而非事后统计、亡羊补牢。提请公司建立完善的客户信用档案。其既能作为日常跟款、信用风险把握的依据,又可作为引入新客户评级、确定新客户账期的参考资料。备查格式具体如表2-24所示。

表 2-24 客户信用信息台账

客户名称	客户类型（下游行业）	销售模式	销售区域	合同约定付款方式	合同约定账期	信用评级

注：信息化系统成熟的企业，可将信用期随订单进行录入，于系统中实时预警超期情况。

(2) 计提充分性的关注

坏账政策一经确定，应当保持一贯，不得随意调整。同时，针对各组合方法下的坏账准备，应在现有政策框架下保持应有的谨慎性关注。尤其是针对随自然账龄递进进行计提的坏账准备，应当对以下几类应收款项保持高度关注，考虑坏账计提是否充分：自然账龄超过一年之长账龄应收款项；自然账龄虽较短，但已明显超出信用期的应收款项；自然账龄较短、未超出信用期但债务方发生经营困难、经营异常、财务状况不佳的情况；与债务方产生诉讼、纠纷之应收款项。

(四) 境外销售管理

就销售区域而言，营业收入分为境内销售收入和境外销售收入。其中境外销售可进一步分为由境内报关出口点对点销售至境外客户、境内报关出口至境外子公司后转销售至境外客户、境外子公司自产自销至境外客户三种情况。

根据我国《海关法》及相关规定，进口货物的收货人、出口货物的发货人应当向海关如实申报，交验进出口许可证件和有关单证；办理进出口货物的海关申报手续，应当采用纸质报关单和电子数据报关单的形式，二者均具有法律效力。

根据财政部、国家税务总局《关于出口货物劳务增值税和消费税政策的通知》（财税〔2012〕39号），对中国报关出口的货物退还在国内各生产环节和流转环节按税法规定缴纳的增值税和消费税，即出口环节免税且退还以前纳税环节的已纳税款。

由于报关程序及出口退税程序的存在，境外销售与外部数据尤其是海关系统、税务系统数据是否一致，为监管审核关注的重点内容。提示说明如下：

1. 日常经营建议

(1) 确保报关信息的准确性

海关于出口环节主要对货物品名和分类、数量/重量和规格、材质和成分(特别是对于涉及知识产权保护的商品)、运输和包装、合规文件和许可证、安全和风险因素进行监控,侧重于货物本身特性、合规性、敏感性之查实。在实务中,部分公司因报关过程操作不规范,导致报关信息与实际情况存在不符的情况,集中于货品单价、成交方式(贸易/交货方式)填列有误等。

针对上述情况,建议公司单证员在报关前,与对应订单进行仔细核对,重点关注订单约定的货品单价、交货方式和数量/重量等内容,确保报关信息准确无误,否则将导致账面确认收入规模、出口类型与海关数据产生差异,出口退税依据基础与账面列报项目不符等问题。

(2) 完成线上系统接入

因报关主体的不同,报关可分为自主报关、直接代理报关、间接代理报关三种方式。具体如表2-25所示。

表2-25 不同报关方式说明

报关形式	说明
自主报关	进出口货物的收、发货人自行办理报关手续,自主报关单位必须具有对外贸易经营权和报关权
直接代理报关	以委托人的名义报关,代理人代理行为的法律后果直接作用于被代理人(绝大多数代理报关所选取情形)
间接代理报关	以报关企业自身的名义报关,报关企业承担其代理行为的法律后果(只适用于经营快件业务的国际货物运输代理企业)

在海关的监督检查下,企业所有出口行为均记录在册。但就形式而言,存在部分采用代理报关形式的出口企业,未接入进出口电子口岸系统,针对其报关信息,仅可逐单查询,无法导出、汇总公司出口的分项内容明细,尤其是收入大表中的出口相关信息(出口国别、报关单编号、报关时间、出口方式),导致IPO阶段数据统计及分析效率低下。

提请尚未接入电子口岸系统的企业,尽快完成相关系统的接入。就浙江地区而言,推荐企业使用"商务百事通平台"。其系浙江电子口岸与浙江省商务厅对外贸易服务中心联合共建之公共信息服务平台,提供外贸顾问、在线查询、统计分析、政务申报、外贸培训、业务代办、外贸资讯、出口名牌认证等多种个性化服务,可较好地满足公众查询、收集信息之需求。

2. 数据匹配性关注

(1)海关统计数据核对及差异梳理

一般而言,企业可在所在地海关获取指定期间的进出口统计数据(以下简称"海关统计数据"),其由海关出具并加盖公章,具备较强的外部效力,历来为监管机构核实外销收入真实性、完整性的核心资料。针对此函件,提示如下:

①及时拉取,妥善留存,追补明细。

IPO申报期间,与海关统计数据的核对为收入审计的重要程序之一,审计机构会亲自前往获取。提请企业配合完成函件获取,并留档备查。

由于海关统计数据拉取期间一般同申报数据更新期间一致(至少6个月拉取一次),格式往往较为简略,统计口径为结关口径,一般仅包含出口总值且均换算为美元币种。具体如图2-1所示。

证明

兹证明,××股份有限公司(海关编码:×××)2023年1月至2023年12月期间,出口情况统计如下:

出口总值:××美元

盖章处
2024年×月×日

图 2-1　海关统计数据示例

企业外销业务通常存在多币种、出口形式不一的情况，出口业务量较大的企业数据量也较大，与海关统计数据的单一口径对比难免存在差异。因此我们提请企业，务必获取海关统计数据对应之明细、底层数据，以便完成细化数据的核对并能够对差异情况进行清晰的拆解说明。具体如表 2-26 所示。

表 2-26　海关统计数据构成明细示例

序号	报关单号	贸易国别	商品编码	商品名称	人民币	美元	第一计量单位	第一数量	第二计量单位	第二数量	进出口类型	监管方式	进出口岸	结关日期	备案号
1	***	中国	***	***	***	***	个	***	千克	***	贸易出口	***	***	20231110	
2	***	中国	***	***	***	***	个	***	千克	***	贸易出口	***	***	20231110	
3	***	中国	***	***	***	***	个	***	千克	***	贸易出口	***	***	20231110	
4	***	中国	***	***	***	***	个	***	千克	***	贸易出口	***	***	20231110	
5	***	中国	***	***	***	***	个	***	千克	***	贸易出口	***	***	20231111	
6	***	中国	***	***	***	***	个	***	千克	***	贸易出口	***	***	20231111	
7	***	中国	***	***	***	***	个	***	千克	***	贸易出口	***	***	20231112	
8	***	中国	***	***	***	***	个	***	千克	***	贸易出口	***	***	20231112	

由表 2-26 可见，海关统计数据明细清单具备结关日期、报关单编号等多项关键信息，企业可通过作为唯一识别码的报关单编号，与前文所述之商务通系统数据进行对比分析。

②差异梳理。

通常而言，企业审定外销收入数据与海关数据主要存在如下统计口径性差异：

第一，出口与结关的时间性差异。海关出口数据系以海关签发结关日期为口径进行统计，而发行人销售收入统计则基于提单日期入账，故数据存在一定的时间差，结关时间一般晚于提单出口时间。

第二，单项统计未包含的差异。部分海关出口数据仅包括贸易口径下的出口数据，未包括单项统计口径（如出口至保税区）下的出口数据。

剔除前述两项主要统计口径的差异后，剩余差异应当由汇率折算差异、退换货二次出口导致海关数据中有记录而账面无相关收入数据等导致，其规模较小。

提请企业完成各期差异原因查找并进行汇总，具体如表 2-27 所示。同时，确保各项差异具备清单支持、资料支撑，以证实公司端境外收入确认的准确性。

表 2-27 海关出口数据核对差异汇总

项目	申报年度
审定外销收入金额	A
海关出口数据	B
差异	C＝A－B
其中:结关与出口时间差异	C1
保税区出口海关出口数据未涵盖差异	C2
其他差异	C3

(2)数据关联:出口退税数据匹配性

出口退税来源于境外销售收入。由于退税数据均于税务系统留痕留存,故具备较强的外部效力,是监管机构以税务视角关注外销收入真实性、完整性、合规性之重要方面。企业于申报期内需完成下述数据的比对及差异确认:

①报表外销收入与申报退税的外销收入对比。

针对外销收入与出口退税申报数据,建议企业按相关的逻辑顺序进行比对备查。具体如表 2-28 所示。

表 2-28 外销收入与出口退税申报数据核对

项目	申报年度
出口退税申报境外销售离岸美元价	A1
减:本期申报上期出口退税销售额	A2
减:本期申报下期出口退税销售额	A3
加:下期申报本期出口退税销售额	A4
加:上期申报本期出口退税销售额	A5
加:运保费金额	A6
加:不予出口退税外销收入	A7
调节后出口退税申报境外销售金额	A＝A1－A2－A3＋A4＋A5＋A6＋A7
报表外销美元收入	B1
加:除美元外其他外币结算的外销收入美元离岸价	B2

续 表

项目	申报年度
加:人民币结算的外销收入美元离岸价	B3
调节后境外收入	B＝B1＋B2＋B3
差异额	C＝A－B
差异率	D＝C/B

由表 2-28 可见,出口退税申报外销金额的主要调节内容系申报退税销售额与出口期间错位。由于公司外销收入以产品报关出口并取得报关核准及单据为确认时点,而出口退税则是在货物已出口、单证齐全的情况下进行申报,税务系统中统计货物销售额时点滞后于收入确认时点。应当注意的是,在较为完善的核算体系下,二者差异不应该过大,否则体现公司退税资料收集速率、完成效率低下。外销收入的主要调节内容为不同币种报关导致的汇率影响。

外销收入与申报退税的外销收入完成前述项目之内部调节后,对比差异规模及差异率应当极小。

②出口退税额占境外收入的比例与出口退税率的匹配性。

针对出口退税额与境外收入比例关系,建议企业按相关的逻辑顺序进行比对备查。具体如表 2-29 所示。

表 2-29　退税比例核对

项目	申报年度
免抵退税额	A1
其中:应退税额	
其中:免抵税额	
免抵退税额抵减额	A2
免抵退税额与免抵退税额抵减额合计	A＝A1＋A2
申报免抵退出口货物销售额	B
退税比率	C＝A/B
发行人出口产品适用的退税率	

发行人出口产品适用的退税率一般与当年度税法规定的增值税税率一致，如：自2018年5月1日起销售货物收入按照增值税税率16％计缴，自2019年4月1日起销售货物收入按照增值税税率13％计缴。表2-29计算所得的退税比率应当与前者基本保持一致。

(3)进出口信用保险数据匹配性

外销客户经营地较发行人远隔重洋，如若产生相关纠纷，采取相关资产冻结、追偿等措施耗时较长、程序繁杂，因此大部分出口企业向中国进出口信用保险公司投保，通过该渠道收回逾期应收账款、把控及阻止坏账损失的风险。针对进出口信用保险数据，审核主要关注以下内容：

第一，投保金额占出口收入的规模（投保覆盖率）。该指标衡量企业针对外销回款风险规避是否充分。

第二，投保费用的变动及占对应收入之比例情况。投保费用与境外销售收入规模密切相关，如投保费用变动趋势、幅度与外销收入变动不一致，费率出现明显增减异常，或引起报表阅读者对费用或收入完整性、入账期间准确性等的疑虑。

在此我们提请企业做好如下把握与规范：

第一，制定投保策略并一贯执行。如有条件，可对所有外销客户进行信用保投保。如进行选择性投保，务必制定对应投保策略，即选择哪些客户进行投保、依据的判断标准是什么。策略一经制定，除非发生偶发或特殊性事项，不应当随意更改，以确保解释覆盖率变化等有据可依。

第二，定期获取保费结算之明细，依据其进行费用入账。其格式如表2-30所示。

针对运费、保费这类与收入实现情况密切相关的费用，务必定期获取业务结算清单。就保费而言，应针对对已生效、确认收入之订单（或显示责任生效之明细）进行费用入账，以保证费用期间的准确及与收入变动之匹配性。同时该清单可用于后期应对外部细化查证，应逐月获取、妥善留存。

第二章 财务工作分模块规范化指引

表 2-30 保费结算清单示例

保费通知书编号	保险单号	缴费币种	本次总申报金额	本次保险费金额	本次应交保险费金额USD	截至上次保险费余额USD	截至本次保险费余额USD	本次保险费金额USD	本次应交保险费金额USD	本次总申报金额USD	截至上次保险费余额USD	截至本次保险费余额USD	发布日期	发票类型	发票代码	发票号码	发票含税金额	开票日期
…	…	CNY	…	…	…	…	…	…	…	…	…	…	20230624	电子票	…	…	…	20230624
…	…	CNY	…	…	…	…	…	…	…	…	…	…	20230624	电子票	…	…	…	20230624
…	…	CNY	…	…	…	…	…	…	…	…	…	…	20230624	电子票	…	…	…	20230624

· 051 ·

3. 报关合规性关注

不同业务模式下的企业所选择的海关报关形式有所不同,具体如表 2-31 所示。

表 2-31 不同业务模式下的海关报关形式

项目	一般贸易出口	跨境电商 B2B 出口	跨境电商 B2C 出口
海关监管方式代码	0110	9710、9810	9610、9810
定义	拥有出口经营权的境内企业进行对外出口的贸易方式	9710:将货物直接出口交货至境外企业 9810:将货物先行出口运送至海外仓,完成线上交易后再从海外仓交货至境外企业	9610:针对小体量货物,将货物直邮至境外消费者 9810:将货物先行出口运送至海外仓,完成线上交易后再从海外仓交货至境外消费者

提请企业务必对所有出口货物均履行报关程序,从而杜绝未报关可能涉及走私货物的法律风险,保证公司收入数据与海关数据的一致性。针对跨境电商 B2C 出口企业采用小包裹、空运形式进行出口的低货值订单,如系自行直邮,可通过 9610 监管方式将销售货品的商品信息、物流信息、支付信息进行窗口申报;如通过速卖通、阿里巴巴国际站等平台进行销售的,需确认所依赖的平台是否合规申报并获取资料进行佐证。

(五)票据的管理与列报

1. 票据台账的建立与完善

公司应当实时登记票据台账,每月末进行票据盘点,比照总账票据科目数据核对台账的余额以及当月背书、贴现的金额是否一致。具体参考格式如表 2-32 所示。

表 2-32 票据台账示例

票据类型	收票日期	票据号码	出票人全称	出票日期	票据到期日	前手	承兑人	汇票金额	承兑金额	背书日期	背书单位	背书金额	贴现日期	贴现金额	贴现息

2.违规票据业务的杜绝

违规票据业务,主要是指向关联方或供应商开具无真实交易背景的商业票据,通过票据贴现获取银行融资的行为。其常见形式如表2-33所示。

表2-33 违规票据业务的常见形式

常见形式	说明
前手无真实业务	向转卖承兑汇票的中介,以低于银行贴现利息的价格,购买无真实交易背景的票据,用以支付供应商的货款或进行贴现
	向关联方或合作客户获取无真实业务背景的票据,用以支付供应商的货款或进行贴现
	票据找零,即大票换小票。将票据背书给供应商支付账款时,若票据金额超过对应应付账款金额,则供应商使用小额票据转回
后手无真实业务	作为转卖承兑汇票的中介,以低于银行贴现利息的价格,售出无真实交易背景的票据
	向关联方或合作供应商开立无真实业务背景的票据,对方贴现后将资金转回
	票据找零、互换。客户将票据背书给公司支付账款时,若票据金额超过对应应付账款金额,则我方使用小额票据转回

违规票据融资情形违反了《中华人民共和国发票管理办法》(2023年7月)、《流动资金贷款管理办法》(2024年1月)、《中华人民共和国票据法》(2004年8月)等相关规定,情节严重的,甚至可能触犯刑法。提请企业杜绝此类行为,确保票据开出对象及后手为供应商、前手单位为客户,且对应票据金额不超过当期与其订立的合同金额,做到每笔票据之流转均具备业务背景及支撑。

3.后续核算,列报指引

(1)准则依据

根据《企业会计准则第23号——金融资产转移》及《〈企业会计准则第23号——金融资产转移〉应用指南》等相关规定,对于金融资产的终止确认,应确定该金融资产所有权上几乎所有的风险和报酬是否已经转移。企业已将金融资产所有权上几乎所有的风险和报酬转移给转入方的,应当终止确认该金融资产;保留了金融资产所有权上几乎所有的风险和报酬的,不应当终止确认该金融资产。根据《企业会计准则解释第5号》的规定,企业对采用附追索权方式或将持有的金融资产背书转让,应当根据《企业会计准则第23号——金融资产转移》的规定进行会计处理。

由此可见,准则针对判别是否可终止确认的核心点为"风险报酬是否已经转移"。落点到票据上看,由于信用等级较高银行的银行承兑汇票到期被承兑银行拒绝付款、发行人由此被追索的可能性极低,可以认为已将金融资产所有权上几乎所有的风险和报酬转移给转入方,故该类票据在背书或贴现时终止确认;对于信用等级一般银行的银行承兑汇票及商业承兑汇票,由于其信用等级相对较低,存在到期被承兑银行拒绝付款、发行人被追索的可能性,可以认为尚未将金融资产所有权上几乎所有的风险和报酬转移给转入方,故背书或贴现时不可终止确认。

(2)会计处理归纳

根据前述准则要求,结合现有项目案例及市场主流处理方式,我们针对票据列报科目、终止确认及坏账准备处理进行归纳提取。具体如表 2-34 所示。

表 2-34　不同状态下各类票据的核算处理

票据状态	票据类型	是否终止确认	列报项目	坏账准备计提
各期背书、贴现未到期的票据	承兑方为信用等级较高的六家大型商业银行和九家上市股份制商业银行①(以下简称"信用等级较高银行")	是。其被追偿的风险较小,符合终止确认条件,公司进行终止确认处理	应收款项融资	已终止确认,不适用
	承兑方为信用等级较高银行之外的其他银行(以下简称"信用等级一般银行")或企业(即商票)	否。其被追偿的风险相对较高,不符合终止确认条件,公司未进行终止确认处理	应收票据	计提坏账准备。其中:银行承兑汇票预期信用损失较低,可以较低比例进行计提;对于商业承兑汇票,考虑到其由企业承诺到期付款的汇票,实质为客户信用承诺,与应收账款信用情况一致,比照应收账款坏账准备计提政策进行计提
背书、贴现已到期的票据	承兑方为信用等级较高的六家大型商业银行和九家上市股份制商业银行	是。均已兑付,不存在被追偿的风险,符合终止确认条件,公司进行终止确认处理	应收款项融资	已终止确认,不适用
	承兑方为信用等级较高银行之外的其他银行或企业		应收票据	已终止确认,不适用

---

① 六大国有银行分别是工商银行、农业银行、中国银行、建设银行、交通银行、邮政储蓄银行;九大股份制银行分别是招商银行、浦发银行、中信银行、光大银行、华夏银行、民生银行、平安银行、兴业银行、浙商银行。

续 表

票据状态	票据类型	是否终止确认	列报项目	坏账准备计提
未背书、贴现,期末未到期留存的票据	承兑方为信用等级较高的六家大型商业银行和九家上市股份制商业银行	未流转不适用	应收款项融资	几乎无坏账风险,不进行计提
	承兑方为信用等级较高银行之外的其他银行(以下简称"信用等级一般银行")或企业(即商票)		应收票据	计提坏账准备。其中：银行承兑汇票可以极低比例进行计提;对于商业承兑汇票,考虑到其由企业承诺到期付款的汇票,实质为客户信用承诺,与应收账款信用情况一致,比照应收账款坏账准备计提政策进行计提

(3)贴现资金的现金流量表列示

根据《监管规则适用指引——会计类第 1 号》(2020 年 11 月),关于银行承兑汇票贴现而取得的现金流量表的分类、列报如表 2-35 所示。

表 2-35 票据贴现的现金流量表列式

是否符合终止确认条件	分类	列报项目
符合	经营活动现金流量	销售商品、提供劳务收到的现金经营活动
不符合	筹资活动现金流量	收到其他与筹资活动有关的现金

(六)第三方回款的规范

1.相关概念

把握第三方回款,需明确其核心特征。关于客户方、回款方的界定,具体如表 2-36 所示。

表 2-36　第三方回款的相关概念

项目	说明
核心特征	销售回款方≠客户方
客户方	与企业签订经济合同的单位或实际之交易单位
回款方	回款凭据显示的单位,根据回款渠道、方式的不同可分为以下几类: ● 银行汇款方式:银行汇款水单显示的汇款方 ● 现金交易方式:收据显示的付款方(章＋签字) ● 票据方式:银行承兑汇票或商业承兑汇票的前手 ● 第三方支付平台方式:流水清单显示的汇款方

2. 隐含的风险提示

第三方回款意味着资金流与业务流不一致、未形成闭环,其可能蕴含的风险点及链路示例如表 2-37 所示。

表 2-37　第三方回款的风险点及链路示例

风险点	链路示例
收入确认不真实	公司与客户实际签订价值为 100 万元的合同,对外(如税务、报关)提供的虚构合同金额为 150 万元,其 100 万元真实交易由客户回款,50 万元虚构交易则经公司通过周转手段后由第三方单位打回,此情形由第三方回款完成资金流结平,虚构收入 50 万元
体外资金循环,截留收入	公司与客户实际签订价值为 150 万元的合同,对外(如税务、报关)提供的虚构合同为 100 万元,与客户沟通回款 150 万元至实际控制人等控制的体外主体,体外主体截留 50 万元,将虚构合同款 100 万元打回公司以完成资金流结平,少确认收入 50 万元,资金体外循环
应收账款调节	公司与客户形成应收账款后需要考虑坏账准备,由于迟未回款,应收账款账龄逐步增长,而账龄往往是计提坏账准备的重要依据,坏账计提压力比较大。为使业绩指标不因信用减值损失增加而下滑,公司通过外部资金周转,将款项打回公司以结平客户应收账款。虚减应收账款及信用减值损失

资金流、实物流与合同约定及商业实质的一致性是收入真实完整的必要前提。由表 2-37 中链路示例可见,资金流水如出现与实物流、合同流等不一致的情况,财务人员及审计人员均应当保持高度警惕,沿交易通道收集证据,逐项比对核查其实际情况。

3. 合规性关注处理

报告期第三方回款实质是内部控制问题的体现,应当于内控加强、处理夯实后呈减量之趋势。就指标要求而言,《首发业务若干问题解答》(2019年3月)原草案明确对"第三方代客户支付"要求第三方回款比例报告期整体呈下降趋势,且最近一期通常不高于当期收入的5%,该解答内容虽于正式稿删除,但仍作为把握判别的参考标准。针对第三方回款的规范,企业应当进行如下把握。

(1)建立回款台账,及时识别第三方回款情况

第三方回款的统计基于完整的回款情况进行逐笔确认得出,如未进行日常记录,采取回头看的历史梳理手段。由于网银记录拉取存在时效性,单纯从纸质回单出发效率较低,形成较大的统计追溯难度,从而影响IPO核查进程。

建议企业建立销售回款台账,于款项回收时对相关信息进行登记识别。具体如表2-38所示。

表2-38 销售回款台账示例

收款单据类型	单据编号	收款日期	客户编码	客户	收款摘要	结算方式	部门	收款银行	银行账号	交易日期	收入款币种	收入金额(原币)	收入金额(人民币)	对方账户名称	合同签约名称	是否第三方回款	不一致原因/性质	是否关联方	关联方关系	是否涉及诉讼	票据号	回款客户
合同收款/售后及其他收款						电汇/银行承兑汇票																若收票据填列

完成该台账的建立,可对收款情况、第三方回款情况进行较好的把握。此外,建议企业加强系统信息化建设,将此台账信息线上化,可于ERP系统中收入模块加入合同单位、财务回款模块加入回款单位等字段,如产生不一致则进行系统提示,利于对第三方回款的日常监控。

(2)针对已发生的第三方回款,逐项进行处理夯实

根据《监管规则适用指引——发行类第5号》(2023年2月)第三方回款核查审核要点指引规定,与经营模式相关、符合行业经营特点的第三方回款情况包

括但不限于：①客户为个体工商户或自然人，通过家庭约定由直系亲属代为支付货款；②客户为自然人控制的企业，该企业的法定代表人、实际控制人代为支付货款；③客户所属集团通过集团财务公司或指定相关公司代客户统一对外付款；④政府采购项目指定财政部门或专门部门统一付款；⑤通过应收账款保理、供应链物流等合规方式或渠道完成付款；⑥境外客户指定付款。

结合实务经验，针对已发生的第三方回款，应区分不同情形进行相应的处理。具体如表2-39所示。

表2-39　第三方回款的相应处理

第三方回款类型	处理建议
客户为个体工商户或自然人，通过家庭约定由直系亲属代为支付货款	大额合作方考虑提请客户成立以公司形式进行合作；合同中约定相应的付款方；获取关系证明资料；获取第三方付款确认函；获取与公司不存在关联关系的声明；实地走访与做好访谈记录；备查相关回款对应收入资料，佐证真实性
客户为自然人控制的企业，该企业的实际控制人或其控制的企业代为支付货款	获取关系证明资料；获取第三方付款确认函；获取与公司不存在关联关系的声明；实地走访与做好访谈记录；备查相关回款对应收入资料，佐证真实性
客户所属集团通过集团财务公司或指定关联公司代客户统一对外付款	获取关系证明资料（最好于合同付款条款中进行约定）；获取第三方付款确认函；获取与公司不存在关联关系的声明；实地走访与做好访谈记录；备查相关回款对应收入资料，佐证真实性
政府采购项目指定财政部门或专门部门统一付款	获取相关招投标合同或政府流程资料；获取第三方付款确认函；如规模较大且可行，实地走访与做好访谈记录；备查相关回款对应收入资料，佐证真实性
通过应收账款保理、供应链物流等合规方式或渠道完成付款	获取约定保理、供应链物流之协议；获取第三方付款确认函；获取与公司不存在关联关系的声明；实地走访与做好访谈记录；备查相关回款对应收入资料，佐证真实性
境内外客户指定付款	进行背景论证、客户与其他方关系查证；获取第三方付款确认函；获取与公司不存在关联关系的声明；实地走访与做好访谈记录；备查相关回款对应收入资料，佐证真实性

综上，针对已发生的第三方回款，公司应当具备回款台账以保证其统计的完整性；合理区分不同类别的第三方回款；统计完成后关注总量是否超限；关注是否存在因第三方回款导致的货款归属纠纷及纠纷影响评估；留存相关回款的收入证据以证明收入真实性；配合中介机构完成后续关联关系查证，进行函件发送及实地访谈。

第二章　财务工作分模块规范化指引

(3)建立并执行相关内控措施,减少第三方回款

公司可采取以下措施进行第三方回款的规模控制、内控管理：

①在销售台账中建立客户档案,并将主要协议信息进行登记。签署协议时,需在订单中明确付款方式及付款方,如后续付款需第三方代付,也需在合同订单中明确记载或进行其他书面形式的确认,在此基础上严格控制第三方回款规模及比例。

②客户付款时以邮件等形式通知公司,公司确认收到款项后由销售业务员就汇款人、汇款时间、汇款金额等信息进行核实,并将核实后的回款信息登记至销售台账中相应客户名下,财务部复核无误后进行相应的账务处理。

③发生备案约定外的第三方回款时,销售业务员需提前上报财务部,并根据金额标准进行不同层级的审批,同时客户需提交相关证明文件,未经审批直接以备案外账户汇款的,财务部有权拒收货款或退回货款。由销售业务人员与客户进行确认,将确认后的汇款信息登记至对应客户,财务部复核后进行相应的账务处理。

总体而言,公司应当从业务模式规范上着手,尽量杜绝第三方回款的发生。

(七)经销商、贸易商的概念与核查导向

需明确一个观念,无论是直销、经销还是贸易,都不因客户的身份而影响决定收入的确认方式,即：经销商同样可以签订买断合同,按照签收或出口等节点确认收入；直销商同样也不需要等货物签收即可确认收入,如存在 VMI[①] 寄售仓模式的销售,则按照领用情况进行收入确认。针对收入的确认方式,根据新收入准则的要求,应当严格以合同为判断依据,按照五步法对相关信息进行识别判断,具体实操建议可参考"第二章'二、收入循环模块'中的'(一)收入确认原则的确定与执行'"相关讲解内容。

经销商、贸易商之所以特殊,是因其天然具备"非终端""转销售"的特性,故在审核层面较为关注发行人与其的关联度、协同度及后续的货物流转情况。基于此,本小节拟分为经销商及贸易商的定义及核心区分点、当下针对经销商及贸易商的关注点与核查导向、经销商及贸易商的日常管理建议三部分内容进行说明。

---

① 所谓 VMI(Vendor Managed Inventory),是指一种以用户和供应商双方都获得最低成本为目的,在一个共同协议下由供应商管理库存,并不断监督协议执行情况和修正协议内容,使库存管理得到持续改进的合作性策略。

1. 经销商及贸易商的定义及核心区分点

经销商及贸易商在业务背景、协议订立、定价政策、关联度与管理、终端接触、收入确认政策等维度存在诸多不同。具体如表 2-40 所示。

表 2-40 经销商及贸易商的定义及核心区分点

序号	内容	经销商	贸易商
1	定义	不具备生产能力，从事商品的经销业务，根据公司经销商政策为公司经销产品	不具备生产能力，采购公司产品不用于进一步生产加工、自用，也不作为代工成品进行品牌运营，而是主要通过直接对外销售赚取买卖差价以获利
2	业务背景	通过经销商进行中小型客户的需求对接，提高销售效率及市场占有率	贸易商本身拥有较强、较广泛的客户资源，且具备地理优势、仓储优势或渠道优势，可较为快速地响应终端需求；终端厂商出于采购效率及对接成本考虑，通过贸易商作为归口进行采购
3	协议订立	签署《经销协议》	不签署《经销协议》，签订与其他直销型客户类似的常规购销协议
4	定价政策	通常会给经销商一定的销售折扣或奖励	双方根据市场水平协商定价，无返利
5	关联度与管理	通过经销协议对其有一整套管理制度或措施，如：销售区域、年度销售目标、销售指导价格、退货管理、奖罚机制、竞品限制、售后服务。发行人通常会给予渠道建设、品牌建设等方面的指导	贸易商按终端客户需求采购商品，完全独立于公司，不存在前述管理约束或相关限制，与公司属于既合作又竞争的关系
6	终端接触	公司一般能了解经销商所对应的终端客户信息，非买断式销售情况下可以进行一定程度的终端销售管理	贸易商在对外销售的地区和定价方面完全自主，公司无权干涉；贸易商与终端客户的业务联系为其关键性商业资源，为避免公司绕过贸易商直接与终端客户交易，贸易商通常会避免公司与终端客户接触
7	收入确认政策	分为代理销售和买断式销售两种，其中：①代理销售需在经销商将产品实现终端销售并开具代销记录清单后，方可确认代销收入；②买断式销售可根据经销签收记录确认收入，但需要关注终端销售情况	贸易商为买断式销售，对境外贸易商销售业务，公司报关出口后确认收入

由表 2-40 可见,经销商与贸易商的区分,就形式而言,看是否签订经销协议、具备经销商身份;就实质而言,看其与客户还是与公司的绑定性高,如其贴近公司并由公司进行相关指导、做出限制的,则一般为经销商,如其贴近终端客户、与公司交易相对独立的,则一般为贸易商。

2. 当下针对经销商及贸易商的关注点与核查导向

(1)经销商

针对经销商的关注点及核查导向,《监管规则适用指引——发行类第 5 号》(2023 年 2 月)于经销模式中进行了较为详细的论述。中介机构应按风险导向和重要性原则,对报告期内任意一期经销收入或毛利占比超过 30%的发行人进行核查并出具专项说明。未达到上述标准的可参照执行。

根据指引要求,应核查内容包括但不限于:经销商模式商业合理性、经销商模式内控制度合理性及运行有效性、经销收入确认计量原则、经销商构成及稳定性、经销商与发行人关联关系及其他业务合作、经销商模式经营情况分析。应采取的核查手段包括但不限于:内部控制了解与测试、实地走访、分析性复核、函证、资金流水核查。仅就实地走访程序而言,根据历史项目案例经验,执行时不仅要关注收入占比,亦要关注数量占比,选取标准应当覆盖销售收入规模较大的经销商、申报期新增或退出合作的经销商、申报期新设的经销商、报告期持续合作的经销商、随机选择的经销商。如经销商存在级次,则应当比照前述标准向下层层发散,最终选取末级经销商对应的终端用户,完成链条中各主体的穿透走访,细致程度可见一斑。

经销模式历来为财务指标美化、造假的重灾区。监管机构针对经销商的关注点及对中介机构之核查要求的说明极为细致,中介机构在此指引下是否可完成对应的核查内容、出具专项说明,取决于企业自身是否具备相应的管理制度、能否提供对应的资料、能否配合完成对应的底层穿透及走访等。打铁还需自身硬。

(2)贸易商

由经销商与贸易商之区别可知,一般情形下贸易商采购发行人的产品不用于进一步生产加工、自用,也不作为代工成品进行品牌运营,而是主要通过直接对外销售赚取买卖差价以获利。贸易商模式下的发行人将产品销售给贸易商(非品牌拥有客户),系买断式销售,发行人不参与贸易商客户的营销以及库存管理,产品的继续销售情况与公司无关。

贸易商销售相较经销商客户与公司的"绑定程度"更低,与直销模式无本质区别,但考虑到其非直接面向终端消费者,于审核角度同样会辅以以下关注(包括但不限于):贸易商模式具体运营方式、商业实质,是否建立并执行贸易商管理制度,发行人与贸易商之间的权利义务关系等,是否为实质经销或代销模式;报告期内各期贸易商变动的原因及合理性;贸易商的退换货政策以及各期退换货情况,贸易商的期末库存情况、终端销售实现情况;发行人是否与贸易商及其关联方存在关联关系,是否存在发行人前员工在贸易商持股或任职情形,发行人贸易商收入是否真实;发行人的直接品牌商客户是否与贸易商的终端客户重叠,如是,说明重叠的主要客户销售金额及占比、终端品牌商同时向发行人及贸易商采购的原因及合理性、价格是否公允、是否与第三方价格存在重大差异、是否存在贸易商压货或利益输送的情形。

部分企业在审核过程中反馈由于贸易商合作为买断式销售,部分信息如其终端销售、库存情况无法获知。就实际情况而言,由于发行人为贸易商销售的供货主体,其应当可了解统计终端客户信息,或存在一定困难的销售后最终去化情况,则应辅以走访、函证沟通等多种手段,穷尽后方可发表相关结论,以尽职尽力之姿态回应审核需要。

3. 经销商及贸易商的日常管理建议

针对审核层面的细致关注与从严的核查趋势,企业应当做到功夫在平时,将经销商、贸易商的管理管控、信息收集做到制度化、日常化、流程化。其既可加强公司的客户管理效能及防范经销商、贸易商风险的能力,又可应对后续审核查实的需求。具体建议如下:

(1)制度先行,制定标准

针对经销商模式,企业应当建立经销商选取标准和批准程序、不同类别经销商多层级管理制度、新增及退出管理方法、终端销售管理、定价考核机制、费用承担和补贴折扣及返利政策、退换货机制、物流管理模式、信用及收款管理制度、结算机制、库存管理机制、对账制度等,并根据业务情况的变化进行调整。

针对贸易商模式,如贸易商客户的交易属于直销模式、买断式销售,发行人与贸易商客户在具体运营方式、商业实质及权利义务关系上与经销模式或代销模式不同,不属于经销或代销模式,可不专门建立贸易商管理制度,否则应比照经销模式建立制度。

(2)情况梳理,建立台账

针对现有经销商及贸易商情况进行梳理,建立客户档案,包括但不限于以下信息:客户名称、客户编码、所属集团、所在地区、成立时间、股权结构、主营业务、合作渊源、合作年限、合作模式、退换货政策、返利政策、信用政策。同时,由于针对经销商及贸易商后续走访需求较为明确,应当记录其销售经营区域信息(如线下经营地址、店铺地址、店铺名称;线上平台、店铺名称、网址)及联系人、联系方式等实时更新,便于日常联络及走访沟通。

针对经销商与贸易商之销售,其作为销售构成内容,理应按照前文所述之收入台账形式进行销售情况、成本情况之记录。同时,由于经销商及贸易商存在穿透核查之需求,针对二者,应当附加登记每条明细对应的终端客户名称或品牌信息等。

(3)存货管理

针对以库存管理模式(或代销模式)开展的经销销售,由于涉及异地存货管理及内部控制问题,公司应从以下方面进行管理改进以保证公司对异地存货控制及内控的有效性:搭建相关系统,将相关经销商库存信息情况接入公司统一平台纳入线上管理;定期、不定期进行盘点、盘检并定期回收相关库存信息。

针对以买断式开展的经销或贸易销售,虽产品控制权及风险报酬已于交付时转移,但由于其非直接接触客户的特性,公司应当做好与相关客户的沟通工作,定期(至少季度)、不定期向其进行询证或对账产品终端去化情况、期末库存留存情况并留存记录。

(八)总额法与净额法的适用

收入确认适用总额法还是净额法,对企业而言是关乎收入规模的头等大事,应当于申报前完成对业务的充分论证。思路说明如下。

1. 准则规定及判定标准

(1)准则规定

根据《企业会计准则第 14 号——收入》第三十四条,判断企业应采用总额法还是净额法确认收入的关键点为企业从事交易时身份是主要责任人还是代理人:若企业是主要责任人,即向客户转让商品前能控制商品,则应按照已收或应收对价总额确认收入;若企业是代理人,即向客户转让商品前不能控制商品,则应按照已收或应收对价总额扣除应付其他相关方价款后的净额,即按照预期有权收取的佣金或手续费的金额确认收入。

(2)需要考虑的相关事实和情况

判断交易过程中企业是主要责任人还是代理人,应当以该企业在特定商品转让给客户之前是否能够控制该商品为原则。实务中,相关判断不应仅局限于合同的形式要件,而应当综合考虑所有相关事实和情况。根据《〈企业会计准则第 14 号——收入〉应用指南》(2018),判断要点如表 2-41 所示。

表 2-41　主要责任人与代理人的判断要点

判断要点	说明
企业承担向客户转让商品的主要责任	应当从客户的角度进行评估,即客户认为哪一方承担了主要责任。例如,客户认为谁负责商品的质量或性能、谁负责提供售后服务、谁负责解决客户投诉等
企业在转让商品之前或之后承担该商品的存货风险	当企业在与客户订立合同之前已经购买或者承诺将自行购买特定商品或附有销售退回条款的销售中,企业将商品销售给客户之后,客户有权要求向该企业退货
企业有权自主决定所交易商品的价格	某些情况下,代理人可能在一定程度上也拥有定价权(例如,在主要责任人规定的某一价格范围内决定价格),以便其在代表主要责任人向客户提供商品时,能够吸引更多的客户,从而赚取更多的收入。例如,当代理人向主要责任人的客户提供一定折扣优惠,以激励该客户购买主要责任人的商品时,即使代理人有一定的定价能力,也不表明其身份是主要责任人,代理人只是放弃了一部分自己应当赚取的佣金或手续费而已
企业能够主导第三方代表本企业向客户提供服务	当企业承诺向客户提供服务,并委托第三方(例如分包商、其他服务提供商等)代表企业向客户提供服务时,如果企业能够主导该第三方代表本企业向客户提供服务,则表明企业在相关服务提供给客户之前能够控制该相关服务

综上所述,在判断企业是主要责任人还是代理人时,应当以该企业在特定商品转让给客户之前是否能够控制该商品为原则。上述相关事实和情况仅为支持对控制权的评估,不能取代控制权的评估,也不能凌驾于控制权的评估之上,更不是单独或额外的评估,并且这些事实和情况并无权重之分,其中某一项或几项也不能被孤立地用于支持某一结论。企业应当根据相关商品的性质、合同条款的约定以及其他具体情况进行综合判断。

2. 需进行净额法论证的场景

基于前述会计准则的规定与解析,就实务经验而言,企业通常会面对以下需要进行净额法论证的场景。

(1)贸易收入

①概念与应用场景。

贸易收入,即公司作为中间商,对外采购成品、服务后转销售至其他主体,其中部分贸易销售涉及的货物不存在采购入库、销售出库的实物流转过程,属于形式流转。

②是否应适用净额法的判定。

结合前文所述控制权判定之四要件,进行审慎分析论证,如判定为代理人角色,应当用净额法进行确认。

③审核关注及风险提示。

风险提示包括但不仅限于:收入确认是否准确、审慎;贸易收入如规模占营业收入比例过大,体现企业或不具备核心竞争力;贸易商收入赚的中间渠道的毛利差价,企业应当充分关注前手、后手权利义务的衔接时间。避免出现前道产品已购入,后道产品销售无适销对路的渠道导致产品损失,或前后手串通交易导致的本金损失等。

(2)重合供应商、客户

①概念与应用场景。

重合供应商、客户,是指针对同一主体,公司既向其进行采购,又向其销售。例如:公司向受托加工商销售材料,受托加工商完成加工后将成品销售至公司;公司向客户或客户指定供应商购买材料,完成 ODM/OEM 贴牌生产后向客户进行销售。

②是否应适用净额法的判定。

结合前文所述控制权判定之四要件,进行审慎分析论证,如判定为代理人角色,应当用净额法进行确认。

就向同一单位采购材料、销售成品而言,应当关注产品与材料的对应关系,所采购材料是否为客户指定产品,公司是否对所采购原材料有自主使用权利、销售之成品是否具备自主定价权,承不承担对应材料购入后的管控损失风险,资金流是否独立,等等。

③审核关注及风险提示。

风险提示包括但不仅限于:收入确认是否准确、审慎;公司是否存在业务依赖、是否具备独立自主及可持续经营能力等。

综上,提请企业针对需判别确认方法的场景,充分了解业务流程,完整获取并查看对应业务流、资金流资料。紧跟准则要求的同时做到深入业务、脚踏实地,保证会计处理有准则依据、有实质支撑。

三、成本循环模块

成本循环以反映企业采购情况、自制产品流转及耗费情况之科目为子集,直观地体现了企业经营成本状况,其中存货科目为成本循环的核心科目。成本循环涉及的主要科目有:资产类中的存货、预付款项、其他非流动资产;负债类中的应付票据、应付账款;损益类中的营业成本、资产减值损失。

(一)成本核算规则的确定与执行

1. 成本核算的概念

成本核算是指企业对其生产服务过程中产生的成本进行识别、分摊分配、结转的过程。通过有效的成本核算,可将最末端每款产品、每项业务对应的成本耗费进行准确记录与反映。

2. 成本核算的重要性与整改着力点

(1)重要性

基于审核需求、企业自身管理需要,成本核算规则的建立迫切且必要。

就 IPO 阶段的审核需求而言,成本作为毛利率变动的重要影响因子,核算不准确势必导致单位成本、总体成本失真,不能有效解释毛利率变动,而与实际业务情况背离,影响申报数据准确性及 IPO 进程。

就企业自身管理需要而言,准确的成本核算是经营策略的重要依据,而多数处于规范化前期的企业,由于成本核算规则不合理或执行不到位,对于哪块业务、哪种类型产品毛利高无从判断,基于此的后续产品投入量化方向无法确定,管理层仅能通过现金流等相对单一指标查知经营情况,对经营策略的制定产生较大不利影响。

(2)整改着力点

成本核算依赖完善准确的收发存数据、物料工费定额数据、贴近企业经营运营的有效 ERP 系统等,故针对成本核算的规范一般置于各项规范化工作的后程,需待前置的底层数据整理无误后方能保证基于此制定的成本核算规则运行、产出准确。

第二章　财务工作分模块规范化指引

3. 成本核算规则的确定与执行

(1) 成本核算规则的确定

成本核算的规则应当贴近企业实际情况、标准清晰、可落地执行。基于项目经验,应当分为三大步骤进行确认。

①深入了解产品特性与生产流程。

如同收入确认原则一样,成本核算规则的确认需基于对公司业务流程进行深入梳理,也是业财融合需要的集中体现。

在制定成本核算规则前,应当备查如下问题(包括但不限于):公司产品从材料到产成品会经过怎样的工艺链路;每个工艺链路会投入哪些材料;每个工艺链路耗费多少人工成本及费用;产品生产周期如何;产品投入中材料、人工、费用占比如何;人工成本的结算方式是计件还是计时。

财务人员应当深入车间、产线,会同生产部门、产品研发部门,围绕前述问题对公司产品的特性、生产流程等进行深入了解并予以归纳,沿着了解总结后的工艺流程链条制定符合公司生产特点的成本核算规则。

②料、工、费的归集方法(以一般性产品生产制造业为例)。

归集是指生产环节中材料、人工、费用之投入,归集方法则是指明确总的投入后对各细分产品具体投入金额进行划分的规则。

A. 直接材料

应当先核定准确当期(按月)原材料出库至车间之实际投料总额,作为直接材料归集的基础。

在归集总额准确的基础上,具体到各个产品材料投入金额之厘定,有两种方法可供考虑:

其一,实际投料法。采取按生产工单进行排产的企业,其 ERP 系统会记录各生产工单领料、生产、下线的数据,可直接抓取系统中各工单下订单产品实际投料数据。具体如表 2-42 所示。

表 2-42　实际投料法材料归集示例

项目	应归集材料金额(即在产品当期增加数)
A 产品	抓取工单对应领料金额
B 产品	抓取工单对应领料金额
C 产品	抓取工单对应领料金额
D 产品	抓取工单对应领料金额

续　表

项目	应归集材料金额（即在产品当期增加数）
E产品	抓取工单对应领料金额
合计	当期原材料生产领料总额

其二，分摊计算法。如 ERP 系统不支持按工单进行领料、生产、下线的记录，则可以实际投料总额为基础，以当月生产产品 BOM 成本[①]为权重，将应归集的材料成本分摊至各产品中。具体如表 2-43 所示。

表 2-43　分摊计算法材料归集示例

项目	计划生产数量	单位 BOM 成本	应归集材料金额（即在产品当期增加数）
A产品	A1	A2	$=(A1\times A2)/(A1\times A2+B1\times B2+C1\times C2+D1\times D2+E1\times E2)\times M$
B产品	B1	B2	$=(B1\times B2)/(A1\times A2+B1\times B2+C1\times C2+D1\times D2+E1\times E2)\times M$
C产品	C1	C2	$=(C1\times C2)/(A1\times A2+B1\times B2+C1\times C2+D1\times D2+E1\times E2)\times M$
D产品	D1	D2	$=(D1\times D2)/(A1\times A2+B1\times B2+C1\times C2+D1\times D2+E1\times E2)\times M$
E产品	E1	E2	$=(E1\times E2)/(A1\times A2+B1\times B2+C1\times C2+D1\times D2+E1\times E2)\times M$

注：M 为当期原材料生产领料总额。

B. 直接人工

人事部门根据生产人员的考勤记录、工龄、绩效等因素，计算得出各车间员工的工资费用，从而编制形成工资明细表。工资表记录的生产性人员应发工资总额即为人工成本归集之基础。

在归集总额准确的基础上，具体到各个产品人工投入金额之厘定，以当月生产产品定额工时（如一线生产人员以计时工资为主）或定额工价（如一线生产人员以计件工资为主）为权重，将应归集的人工成本分摊至各产品中。具体如表 2-44 所示。

---

① BOM 成本，即物料清单（Bill of Material）成本，指的是与硬件产品直接相关的成本，包括原材料成本、加工成本和第三方成本等。

表 2-44　直接人工的归集示例

项目	计划生产数量	单位定额工时/工价	应归集人工金额(即在产品当期增加数)
A 产品	A1	A2	=(A1×A2)/(A1×A2+B1×B2+C1×C2+D1×D2+E1×E2)×M
B 产品	B1	B2	=(B1×B2)/(A1×A2+B1×B2+C1×C2+D1×D2+E1×E2)×M
C 产品	C1	C2	=(C1×C2)/(A1×A2+B1×B2+C1×C2+D1×D2+E1×E2)×M
D 产品	D1	D2	=(D1×D2)/(A1×A2+B1×B2+C1×C2+D1×D2+E1×E2)×M
E 产品	E1	E2	=(E1×E2)/(A1×A2+B1×B2+C1×C2+D1×D2+E1×E2)×M

注:M 为当期生产性人员应发工资额。

此外,如不同产品因工艺流程显著不同导致所需配套的人员投入产生较大差异的,前述分摊方式应当进一步将当期生产性人员应发工资总额切分为不同产品大类维度进行分别计算。举例如下:A 产品因工艺流程特殊,X 车间人员专门为其进行配套生产,则在成本归集时,应当将 X 车间人员工资从总应发工资额 M 中剔除,单独分配至 A 产品中,而不得参与其他产品的分配。

C. 制造费用

制造费用是指不能直接构成产品组成部分或无法直接对应产品成本的各项费用,主要包括车间管理人员薪酬、固定资产折旧费、机物料消耗、燃料与动力费用等。其中:车间管理人员薪酬应根据考核的各车间管理人员当期应发工资总额来确认;固定资产折旧费根据生产用固定资产各期应计提的折旧额来确认;机物料消耗根据车间领料单、采购发票等凭据来确认;燃料与动力费用根据电力公司开具的发票、电费结算单以及车间领用燃料量、采购发票等票据来确认。根据权责发生制及合理有效凭据记录之当期制造费用金额即为制造费用归集之基础。

在归集总额准确的基础上,具体到各个产品制造费用金额之厘定,其权重系数比照人工成本,以当月生产产品定额工时(如一线生产人员以计时工资为主)或定额工价(如一线生产人员以计件工资为主)为权重,将应归集的制造费用分摊至各产品中。具体如表 2-45 所示。

表 2-45 制造费用的归集示例

项目	预计生产数量	单位定额工时/工价	应归集制造费用金额(即在产品当期增加数)
A产品	A1	A2	=(A1×A2)/(A1×A2+B1×B2+C1×C2+D1×D2+E1×E2)×M
B产品	B1	B2	=(B1×B2)/(A1×A2+B1×B2+C1×C2+D1×D2+E1×E2)×M
C产品	C1	C2	=(C1×C2)/(A1×A2+B1×B2+C1×C2+D1×D2+E1×E2)×M
D产品	D1	D2	=(D1×D2)/(A1×A2+B1×B2+C1×C2+D1×D2+E1×E2)×M
E产品	E1	E2	=(E1×E2)/(A1×A2+B1×B2+C1×C2+D1×D2+E1×E2)×M

注:M为当期制造费用金额。

此外,如不同产品因工艺流程显著不同导致所需耗费的制造费用产生较大差异的,前述分摊方式应当进一步将当期总制造费用切分为不同产品大类维度进行分别计算。举例如下:A产品因工艺流程特殊,X车间人员专门为其进行配套生产,则在成本归集时,应当将X车间产生的制造费用从总制造费用M中剔除,单独分配至A产品中,而不得参与其他产品的分配。

③料、工、费的分摊方法(以一般性产品生产制造业为例)。

分摊是指根据生产进程对料、工、费耗用即产成品形成情况进行确认的过程,分摊方法则是指明确总的耗用后对各细分产品具体耗用金额进行划分的规则。

A. 直接材料

针对直接材料的耗用,应当先核定准确当期(按月)耗用总额。就实务经验而言,一般通过两种方法进行确认。具体如表 2-46 所示。

表 2-46 直接材料耗用总额的确认方法

确认方法	说明
盘点法	即每月末对在产品进行全面盘点,上月末盘点构成当月期初结果,再结合期末盘存结果及当月投料金额,推导出当月材料耗用金额。由于盘点实地、实时,在有效的盘点手段下,该方式得出的耗用金额最为准确
系统记录法	即针对直接材料的耗用,采取正向确认方式,抓取ERP系统中的工单下线完工对应的材料数据。该方式可减少因频繁盘存导致的停工停产耗费及对应人员投入,但采用该方式的前提是ERP系统运行有效且历史准确度较高,同时亦应当辅以定期及不定期盘点程序进行数据复核、确认

在分摊总额准确的基础上,具体到各个产品直接材料分摊金额之厘定,可采取以下四种方法进行考虑:

其一,实际耗用法。该方式于对在产品逐月进行盘点、领料阶段采取实际投料法的情况下使用,要求企业针对期初、期末在产品,将盘点结果按工单、细分产品进行区分。由于领料也采取前述实际投料法进行逐一确认,因此可推导得出各产品明细项目的耗用情况。具体如表 2-47 所示。

表 2-47　实际耗用法直接材料分摊示例

项目	期初材料	当期投料	当期耗用	期末材料
A 产品	根据在产品盘点情况取数 A1	根据实际领料情况取数 A2	A3=A1+A2-A4	根据在产品盘点情况取数 A4
B 产品	根据在产品盘点情况取数 B1	根据实际领料情况取数 B2	B3=B1+B2-B4	根据在产品盘点情况取数 B4
C 产品	根据在产品盘点情况取数 C1	根据实际领料情况取数 C2	C3=C1+C2-C4	根据在产品盘点情况取数 C4
D 产品	根据在产品盘点情况取数 D1	根据实际领料情况取数 D2	D3=D1+D2-D4	根据在产品盘点情况取数 D4
E 产品	根据在产品盘点情况取数 E1	根据实际领料情况取数 E2	E3=E1+E2-E4	根据在产品盘点情况取数 E4

注:M=A3+B3+C3+D3+E3。

其二,系统取数法。如前文所述,系统取数法为正向直接抓取 ERP 系统中各产品工单下线完工对应的材料数据。具体如表 2-48 所示。

表 2-48　系统取数法直接材料分摊示例

项目	期初材料	当期投料	当期耗用	期末材料
A 产品	上月末系统结存数 A1	系统记录之 A 产品工单下投料数 A2	系统记录之 A 产品工单下当月完工下线材料 A3	A4=A1+A2-A3
B 产品	上月末系统结存数 B1	系统记录之 B 产品工单下投料数 B2	系统记录之 B 产品工单下当月完工下线材料 B3	B4=B1+B2-B3
C 产品	上月末系统结存数 C1	系统记录之 C 产品工单下投料数 C2	系统记录之 C 产品工单下当月完工下线材料 C3	C4=C1+C2-C3
D 产品	上月末系统结存数 D1	系统记录之 D 产品工单下投料数 D2	系统记录之 D 产品工单下当月完工下线材料 D3	D4=D1+D2-D3
E 产品	上月末系统结存数 E1	系统记录之 E 产品工单下投料数 E2	系统记录之 E 产品工单下当月完工下线材料 E3	E4=E1+E2-E3

注:M=A3+B3+C3+D3+E3。

其三，加权平均计算法。由于适配 ERP 系统不同，部分公司无法按工单进行产品下线情况的取数，故可采取精度更低的加权平均法来替代。具体如表 2-49 所示。

表 2-49 加权平均计算法直接材料分摊示例

项目	期初材料	当期投料	计划产出量	实际产出量	当期耗用	期末材料
A 产品	上月末加权平均法计算结存数 A1	当期实际领料或分摊法计算之领料 A2	根据投料情况对应的计划产出量 A3	A4	A5＝(A1＋A2)×A4÷A3	A6＝A1＋A2－A5
B 产品	上月末加权平均法计算结存数 B1	当期实际领料或分摊法计算之领料 B2	根据投料情况对应的计划产出量 B3	B4	B5＝(B1＋B2)×B4÷B3	B6＝B1＋B2－B5
C 产品	上月末加权平均法计算结存数 C1	当期实际领料或分摊法计算之领料 C2	根据投料情况对应的计划产出量 C3	C4	C5＝(C1＋C2)×C4÷C3	C6＝C1＋C2－C5
D 产品	上月末加权平均法计算结存数 D1	当期实际领料或分摊法计算之领料 D2	根据投料情况对应的计划产出量 D3	D4	D5＝(D1＋D2)×D4÷D3	D6＝D1＋D2－D5
E 产品	上月末加权平均法计算结存数 E1	当期实际领料或分摊法计算之领料 E2	根据投料情况对应的计划产出量 E3	E4	E5＝(E1＋E2)×E4÷E3	E6＝E1＋E2－E5

注：M＝A5＋B5＋C5＋D5＋E5。

其四，分摊计算法。分摊计算法与归集阶段所采取之分摊逻辑一致，均以实际耗用总额为基础、当月生产产品 BOM 成本为权重，将应归集的材料成本分摊至各产品中。具体如表 2-50 所示。

表 2-50 分摊计算法直接材料分摊示例

项目	完工产成品数量	单位 BOM 成本	应分摊材料金额（即在产品当期减少数）
A 产品	A1	A2	＝(A1×A2)/(A1×A2＋B1×B2＋C1×C2＋D1×D2＋E1×E2)×M
B 产品	B1	B2	＝(B1×B2)/(A1×A2＋B1×B2＋C1×C2＋D1×D2＋E1×E2)×M
C 产品	C1	C2	＝(C1×C2)/(A1×A2＋B1×B2＋C1×C2＋D1×D2＋E1×E2)×M

续 表

项目	完工产成品数量	单位BOM成本	应分摊材料金额（即在产品当期减少数）
D产品	D1	D2	$=(D1 \times D2)/(A1 \times A2+B1 \times B2+C1 \times C2+D1 \times D2+E1 \times E2) \times M$
E产品	E1	E2	$=(E1 \times E2)/(A1 \times A2+B1 \times B2+C1 \times C2+D1 \times D2+E1 \times E2) \times M$

注：M为当期原材料耗用总额。

B.直接人工与制造费用

针对期末在产品不保留工费的企业，其当期归集之直接人工、制造费用全部消耗结转至产成品中，故分摊金额等同于归集金额。

针对期末在产品保留工费的企业，则应当根据期末在产品的形态进行其中已蕴含之人工成本、制造费用的估算，完成估算后将归集额减去应保留的工费金额得出应结转至产成品的当期分摊之工费金额。

综上，通过成本归集、分摊方式的梳理与定调，公司已初步具备成体系的成本核算规则。提请企业编制撰写《公司成本分摊规则》并将其适用于合并范围内的所有生产型企业，作为核算标准统一下发并迭代更新。格式可参见提供之模板。

（2）成本核算规则的执行

①成本核算，存货管理先行。

成本核算准确的最大前提是所依据的各类收发存资料数据准确、完备，否则再系统的成本核算逻辑也是无源之水、无根之木。公司应当树立各品类存货出入库管理的意识，完善ERP成本及仓储模块，在日常采购到料、仓库领料及车间成品完工入库等生产业务活动中认真记录并录入系统，所有的生产流程环节均需系统化、留痕化，并加大盘点、复盘工作力度，实现账面与实物流转一致的目标。

②BOM的存档与维护。

BOM，是打开产品、明确其构成的核心表单。就成本核算环节而言，成本归集、分摊中多个方式均以BOM成本作为权重进行计算；就投料而言，BOM成本作为下料、投料的"菜单"，其准确性决定了投料环节是否精细；就经营管理而言，BOM成本一般为理论成本，其与最终实际成本的偏差代表了企业生产环节之损耗程度，可以作为成本控制、精益生产的分析依据。

针对BOM，提请公司务必做到实时更新。其更新内容具体包括：根据产品的研发、迭代进行物料结构更新；根据构成物料采购单价的变动进行单位成本更新；版本留存留底。BOM更新不意味着后版推翻前版、覆盖前版，应当妥善留存不同时点、不同产品的 BOM，以备进行横向、纵向的比较及追溯追查。

③期末对产品保留工费与否的判定。

就标准层面而言，除非处于生产流程中的在产品未经任何加工处理，仍为原材料的初级形态，其他情形下经过加工的在产品均包含了一定量的人工成本、制造费用耗费，即应当于期末在产品中进行已投入之工费的保留处理，而非全部转入当期完工的产成品。

就实务层面而言，针对期末在产品余额是否应当保留工费，应当把握以下三个标准，具体如表 2-51 所示。只有同时符合这三个标准方可不进行工费的期末保留计算。

表 2-51　期末工费不进行保留应符合的标准

标准	说明
工费占比低	就产品结构而言，以重料为主，人工成本、制造费用相对较少
生产周期短	工费保留与否决定了对应成本计入在产品还是产成品。生产周期短意味着在产品转换为产成品速度快，对总体成本的分摊准确性影响会有所弱化
重要性影响较低	选取稳定生产情形下的样本进行保留工费、不保留工费两个路径的模拟测算，二者之间差异应当低于或远低于重要性水平

④ERP 系统上线阶段的成本核算形式。

ERP 系统上线是个系统、全面且耗时较长的工程。部分企业急于求成、大干快上，在 ERP 系统中成本核算模块数据、节点尚未理顺的情况下即进行数据确认并将成本核算完全线上化，导致产出之数据不准确甚至出现较大偏离。

ERP 系统上线是 IPO 必由之路，愈早完成愈好，但对于在此过程中的成本核算流程，我们提请企业在 ERP 系统正常运转前，不应当舍弃人工手动核算成本的方式。最稳妥的方案是手动核算作为 ERP 系统上线前的过渡手段，由其线下收集、对接、修正收发存数据以保证成本核算的准确性；当 ERP 系统根据生产爬坡情况及不断调试达到与手动核算结果几无差异时，即可脱离人工核算过程，实现成本核算完全线上化、自动化。

(二)采购台账的搭建

采购台账来源于采购入库明细表，系 IPO 期间供应商询证函取数、成本变动来源性分析、采购单价公允性分析等的核心表单。

同销售台账处所述，台账信息并非财务一家之言，其包含诸多业务内容，需

第二章 财务工作分模块规范化指引

多个部门配合方可完整填列。建议企业将台账 ERP 系统化，由各部门线上完成对应责任字段之录入，做到实时录入、实时可查看、实时可导出。

根据实务经验，公司可参考如下格式模板建立公司的采购台账，并确保日常维护过程中相关信息的真实性、准确性、及时性，其中字段信息可根据公司实际情况增减。具体如表 2-52、表 2-53 所示。

表 2-52　物料采购台账示例

公司主体	采购订单号	物料类别	材料大类	一级大类	入库单号	供货单位	供应商名称	出入库性质（采购入库/委托加工等）	物料代码	物料名称	规格型号	入库日期	入库仓位	采购数量	采购单价	采购金额	入账日期	记账凭证号	发票号码	发票日期

表 2-53　固定资产采购台账示例

公司主体	采购订单号	资产类别	入库单号	供货单位	供应商名称	资产名称	规格型号	入库日期	存放地点	采购数量	采购单价	采购金额	验收日期	入账日期	记账凭证号	发票号码	发票日期

此外，费用性采购一般也作为采购总额的构成部分。不同于实物资产采购，由于其已在费用端进行记账核算，公司只要确保费用根据权责发生制记录，并能区分明确费用细项、对方单位信息即可。

（三）存货跌价准备计提规则的确立与执行

1. 规则确立前的重要概念提示

（1）跌价计提的核心指标

根据《企业会计准则第 1 号——存货》第十五条，资产负债表日存货应当按照成本与可变现净值孰低计量，如存货成本高于其可变现净值，应当计提存货跌价准备，计入当期损益。可变现净值是指在日常活动中，存货的估计售价减去至完工时估计将要发生的成本、估计的销售费用以及相关税费后的金额。

由于存货成本为历史成本，其金额固定可追溯，故存货跌价计提的核心指标为可变现净值，各类存货可变现净值的具体确认过程即为跌价计提的确认过程。

在实际工作中，部分企业较为机械地按照库龄进行跌价准备的等比例计提。

应当明确的是,库龄作为反映存货成新度、年限的指标,系可变现净值确认的重要参考依据,但不可将跌价准备计提与库龄直接画等号而违背准则要求。

(2)跌价计提的必要性

存货跌价准备计提或不计提是性质层面的问题,计提多少则是程度上的问题。

对一般企业而言,存货跌价的计提是应有之义,是必须进行的工作。企业经营不存在绝对理想化的状态,哪怕是经营模式为以销定产、以产订购,所有产品基本订单支持适销对路的 OEM/ODM 代工企业,其仍然会存在适当备料备货满足急单需求产生的非订单性余料的情况,仍可能产生主要采购材料虽有生产订单支持但价格波动较大无法传导至下游的风险,这些情形都昭示着企业可能需要适当计提存货跌价准备。

(3)可变现净值确认所需的重要参考依据

对可变现净值的概念进行剖析,其中预计售价及将要发生的成本由于存在一定的估计性,需运用相关依据进行辅助确认。具体如表 2-54 所示。

表 2-54 可变现净值的辅助判定依据

辅助判定依据	说明
销售订单表	如待出售产品具备对应销售订单,则应优先考虑订单约定的销售价格作为预计售价
销售情况表(业务台账)	如待出售产品不具备现时的销售订单,则应从业务台账出发,确认其是否存在同期或近期销售,其反映的销售价格可作为估计售价进行使用,但应当注意对应销售是否偶发、不具备代表性
库龄表	如期末产品、材料流转较慢,库龄较长,即使从个别销售合同来看,销售价格仍然大于成本金额,但是相关存货的可销售情况一般较差,大批量处理时的价格也会与正常价格存在重大差异,故企业应当对各品类存货库龄进行划分以更好地进行存货管理,同时将其作为预测销售情况和销售价格的重要依据划分的年限段应当至少与应收账款坏账准备等一致[如 1 年(含 1 年)以内、1—2 年(含 2 年)、2—3 年(含 3 年)、3—4 年(含 4 年)、4—5 年(含 5 年)、5 年以上],如 ERP 系统支持,可对 1 年以内的存货根据产品寿命情况、影响性能的期限情况进行更为细分的时间段区分(如 1—3 个月(含 3 个月)、3—6 个月(含 6 个月)等)
BOM	原材料、在产品为存货的初级或未完成状态。以原材料为例:一般生产线企业购入原材料目的非售卖而系加工,由于加工存在形态变化、人工成本费用加成,其不存在直观的可变现净值可进行对比,故需对原材料将要发生的成本进行估计,模拟出材料和预计发生成本的总成本 因此,要求企业备份产品对应的物料清单,依据其先行判定现有产品是否可用到此物料、哪些产品需要用到此物料。进一步锁定产品订单生产情况,进行用量确认并按一定料工费经验占比加成工费核实其预计成本

续 表

辅助判定依据	说明
呆滞、破损存货清单	一旦存货呈现呆滞、破损状态,其可变现净值跌价风险会大大提高,因此于日常管理及盘点中,需界定出呆滞料、破损存货清单,进行跌价的充分考量与计提

2. 计提规则的确立

自主品牌企业就生产经营模式而言,由于直接面向下游消费市场,反映到存货端即主要备料、备品不具备订单支持,而是依赖历史经验或现时计划预测得出,容易因需求把握不准、市场突发变化而导致存货积压。针对该类型企业,存货跌价准备计提应当审慎、精细,故本小节以拥有自主品牌的一般性产品生产制造企业为例,结合实务经验,进行各品类存货计提规则确立的说明及探讨。

(1)原材料

①计提政策。

按存货的成本与可变现净值孰低的原则计提存货跌价准备。针对原材料,将其未来转换成的产品的销售合同约定价格或近期销售价格减去转换成产成品所需成本及产成品销售费用和相关税费后的金额作为其可变现净值。

②计提方法考量。

原材料的存货跌价计提,可从两个维度出发进行考量确定。具体如表 2-55 所示。

表 2-55　原材料的存货跌价计提方法

维度	方法
第一维度(最优先):标准可变现净值维度	●针对拟用于继续生产的原材料:根据现有拟销售产品物料清单,对原材料将要发生的成本进行估计,模拟出原材料和预计发生成本的总成本,预计售价减去总成本则为应提跌价 ●针对拟对外出售的原材料:如存在同期或近期销售,其反映的销售价格可作为预计售价使用,预计售价减去原材料成本则为应提跌价
第二维度(适用于第一维度无法完成取值的剩余材料):库龄维度	●针对1年以内库龄的原材料:(此为简化举例,是指针对企业运营模式相对较短的库龄段,下同)除报废、破损、市场价明显大幅下降(如金属)的物料外不计提,其中报废破损等不可用物料按预计处置价格进行计提 ●针对1年以上库龄的原材料:根据历史跌价产生的实际情况进行经验估计,确定不同库龄段计提之比例,其中报废、破损等不可用物料按预计处置价格进行计提

(2)在产品及半成品
①计提政策。

按存货的成本与可变现净值孰低的原则计提存货跌价准备。针对在产品及半成品,将其未来转换成的产品的销售合同约定价格或近期销售价格减去转换成产成品所需成本及产成品销售费用和相关税费后的金额作为其可变现净值。

②计提方法考量。

在产品及半成品的存货跌价计提,可从两个维度出发进行考量确定。具体如表 2-56 所示。

表 2-56 在产品及半成品的存货跌价计提方法

维度	方法
第一维度(最优先):标准可变现净值维度	●针对拟用于继续生产的在产品及半成品:根据现有拟销售产品 BOM 物料清单,对后续将要发生的成本进行估计,模拟出在产品/半成品+预计发生成本的总成本,预计售价减去总成本则为应提跌价 ●针对拟对外出售的在产品及半成品:如存在同期或近期销售,其反映的销售价格可作为估计售价进行使用,其减去材料成本则为应提跌价
第二维度(适用于第一维度无法完成取值的剩余材料):库龄维度	●1 年以内除报废、破损、市场价明显大幅下降(如金属)的物料外不计提,其中报废破损等不可用物料按预计处置价格进行考虑计提 ●1 年以上根据历史跌价产生的实际情况进行经验估计,确定不同库龄段计提之比例,其中报废破损等不可用物料按预计处置价格进行考虑计提

(3)库存商品
①计提政策。

按存货的成本与可变现净值孰低的原则计提存货跌价准备。针对库存商品,按销售合同约定价格或以近期销售价格为基础的预计售价减去销售费用和相关税费后的金额作为其可变现净值。

②计提方法考量。

库存商品的存货跌价计提,可从两个维度出发进行考量确定。具体如表 2-57 所示。

表 2-57 库存商品的存货跌价计提方法

维度	方法
第一维度(最优先):标准可变现净值维度	针对同期或近期存在典型销售样本的情况:以合同价格、同期或近期销售单价作为预计售价,其减去库存商品成本即为应提跌价

续 表

维度	方法
第二维度（适用于第一维度无法完成取值的剩余产品）：融合折扣率、库龄等多个维度	针对同期或近期不存在典型销售样本的情况：需对库存商品预计可销售价格进行充分估计，由于公司为自主品牌企业，其销售实际价格需充分考虑如公告价/吊牌价、预计折扣率、库龄等因子

(4) 委托加工物资

①计提政策。

按存货的成本与可变现净值孰低的原则计提存货跌价准备。针对委托加工物资，将其未来转换成的产品的销售合同约定价格或近期销售价格减去转换成产成品所需成本、产成品销售费用和相关税费后的金额作为其可变现净值。

②计提方法考量。

委托加工物资为发出委托外单位加工的材料，其计提规则可比照原材料方法进行确认。

一般而言，委托加工物资周期较短、库龄较短。在实务案例中，委外物资产生跌价的可能性较小，但仍应当进行计提方法确认后得出结论。

(5) 发出商品

①计提政策。

按存货的成本与可变现净值孰低的原则计提存货跌价准备。针对发出商品，系发行人已发货但客户尚未签收或尚未出口的，按销售订单价格减去销售费用和相关税费后的金额作为其可变现净值。

②计提方法考量。

发出商品为未满足收入确认条件但已发出的库存商品，其计提规则可比照产成品方法进行确认。

一般而言，发出商品为库存商品发出到满足确认条件如签收、出口等的中间形态，其库龄较短，同时由于已有目标客户，适销对路，且往往有合同价格。实务案例中发出商品产生跌价的可能性较小，但仍应当进行计提方法确认后得出结论。

此外，针对无自主品牌且不直接面向终端的 OEM/ODM[①] 代工企业，就生

[①] OEM 为 Original Equipment Manufacturer 的缩写，意为原始设备创造商，也称为代工（生产），即品牌拥有者不直接生产产品，而是利用自身掌握的关键的核心的技术负责设计和开发新产品，控制销售渠道。ODM 为 Original Design Manufacturer 的缩写，意为原始设计制造商，是指由采购方委托制造方提供从研发、设计到生产、后期维护的全部服务，而由采购方负责销售的生产方式。

产经营模式而言,由于其基本采取以销定产、以产订购的方式,产品较自主品牌企业更为适销对路,风险向下传导的机制、路径也更为明确,故其存货产生跌价准备的风险相对较小。如前文所述,企业经营不存在绝对理想化的状态,其仍然会存在适当备料备货以满足急单产生的非订单性余料需求,仍可能存在主要采购材料虽有生产订单支持但价格波动较大无法传导至下游的风险,故跌价准备计提规则亦应当比照本文所介绍的规则进行系统确立,此处不再赘述。

3. 计提规则的执行与复核

完成各品类存货跌价计提政策、方法的制定后,公司应当将计提规则执行落实,并定期复核。执行过程中的要求与关注内容提示如下:

(1)建立存货跌价计提复核表

存货跌价计提复核表系落地执行计提规则的台账表单,其应当包含的信息具体如表2-58所示。

表2-58　存货跌价计提复核表示例

存货大类	存货编码	存货名称	规格及型号	期末数量	期末单位成本	期末余额(A)	预计发生成本(适用非库存商品类存货)(B)	预计总成本(C=A+B)	同期/近期销售数量	合同价格/同期/近期销售单价	指导价	折扣率	库龄	库龄折算净值率	是否呆滞破损	税费率	计算可变现净值(根据前述因子计算)(D)	应计提跌价准备余额(E=—C—D)

成本侧:存货大类、存货编码、存货名称、规格及型号、期末数量、期末单位成本、期末余额(A)、预计发生成本(适用非库存商品类存货)(B)、预计总成本(C=A+B)

可变现净值侧:同期/近期销售数量、合同价格/同期/近期销售单价、指导价、折扣率、库龄、库龄折算净值率、是否呆滞破损、税费率、计算可变现净值(根据前述因子计算)(D)、应计提跌价准备余额(E=—C—D)

(2)确保用以计算之基础及信息因子准确

存货期末数量、呆滞破损状态需期末盘存进行夯实。存货之市场情况、技术适应性、竞争力需销售部门及产品研发部门进行核实。同时,针对政策中的折算因子如库龄等,需结合历史及现时情况进行针对性的调整,不可一成不变而导致计提水平与跌价实际发生情况不匹配。

(3) 跌价计算不厌精、不厌深

以税费率为例,不可一刀切地以报表总体销售费用、税金为计算基础,如不同渠道不同产品费用项目差异较大,应当进行划分后适用。

(4) 利用内外部复核进行检查确认

跌价计提日常由成本会计或相关人员执行,应定期或不定期地交由内部审计人员或外部会计师来审查,确保计提的存货跌价准备金额准确无误。留底复核计算的过程及记录。

(5) 与同行业进行比较确认

基于现有跌价准备计提政策的计提结果,应当进一步参考销售模式、生产模式、存货周转情况基本一致或类似的同行业上市公司,确认计提比例是否与其存在重大偏差以及导致差异的原因是否合理。

(四) 账实一致的管理层面要求

账实一致要求财务数据与实物数据保持一致。如财务数据无法反映实物状态,则前文所述之成本核算规则的确立与执行、采购台账的建立与登记、跌价准备计提规则的确立与执行均无从谈起。它可谓成本循环各问题中最亟待解决、优先级最高的事项。

就规范化前期而言,企业的账实不一致主要存在两种情形:一是仓库收发存准确反映实物情况,财务数据未与仓库数据接入统一;二是仓库管理不到位,仓库收发存本身未能准确反映实物流转情况。

1. 情形一的产生及应对

情形一多数为财务层面的存货流转与仓库割裂。如采购入库端根据开票与否入账而不进行暂估,销售出库端则根据销售开票情况进行结转。更有甚者直接根据目标毛利率情况进行成本结转,财务核算完全脱离实际。

在此情形下,由于仓库本身具备相对完整、准确的收发存数据,整改难度较低,针对历史已发生情况,财务端可对仓库收发存数据进行收集,并对匹配单价等进行追溯修正;针对后续的核算处理,借助 ERP 系统的上线,共享二者数据,从系统层面做到财务账记录之存货与仓库收发存一致。

2. 情形二的产生及应对

情形二源于生产管理未参照制度执行到位。就实务经验而言,各环节常见的问题(包括但不限于)具体如表 2-59 所示。

表 2-59　仓库管理不到位的常见情况

环节	常见情况
领料	●原材料实物已领料出库,但系统未领料出库 ●产品已完工入库,但系统仍显示材料未领用 ●超额领料
退换料	车间生产人员无法明确退料数据,无法按单退料,在退料时出现退库错误
产成品入库	●入库时间早于材料领用时间 ●入库产品与生产领用原材料的成本不匹配
盘点	存在因物料无法辨别、标签贴错名称和数量而导致实物与账面无法对应的情况,以及因盘点范围不全面而导致漏盘、错盘等情形
委托加工	不对委托加工的发出与收回进行记录,或未按实际订单对应的材料数量进行发料,存在多发料或少发料的情况等

为解决上述问题,需对存货流转各环节、节点进行梳理,确保存货管理按制度执行,这考验企业自身管理经营水平并涉及多个部门。其整改难度远高于情形一。就实务经验而言,提出管理建议如下。

(1)优化工单领料规则

工单领料不准确,领用、替换、退料未审批等历来为存货管理的"重灾区"。结合项目案例的优秀管理经验,建议公司于工单领料环节做好如下改进工作。

①明确职责。

参与存货流转的各部门,应妥善履行相关物料管理职责。具体如表 2-60 所示。

表 2-60　各部门的物料管理职责

部门	物料管理职责
生产部门	根据订单、到料情况、产前样等下达工单
领料部门	按工单开具的生产领料单领料(严禁无单领料)
发料部门	按生产领料单发放物料,使物料发放得到有效控制

②明晰工作流程(以一般制造业企业收发料为例)。

企业生产管理,应当遵循既定的框架流程。具体如表 2-61 所示。

第二章 财务工作分模块规范化指引

表 2-61 收发料流程及步骤说明

流程	步骤说明
生产部计划员 → 下达工单	生产部根据订单、到料情况、产前样等下达工单
生产组长或物料员 → 开具生产领料单	生产组长或物料员根据工单开具生产领料单（一式两份）
车间领料员 → 领料（凭单领料）	领料员凭领料单到发料方领料（严禁无单领料）
仓库发料员 → 发料（先账后物）	发料方根据领料单在系统做出库处理后凭出库单发料，出库单需双方签字确认（仓库作业必须先账后物）
车间统计员 → 复核（数据准确性）	收料方统计在手料后，可凭借领料单及出库单或进入系统导出《工单领料查询（盘点用）》复核发料方是否出库准确

③禁止事项。

我们列举了较易出现的不合规物料流转情形及正确处理方案，具体如表 2-62 所示。

表 2-62 物料管理中的禁止事项与正确处理方案

禁止事项	情形	正确处理方案
未做领料计划、超额领料		按照工单需求领料，多退少补
挪用	A 工单生产完毕剩余 20 米 a 物料，B 工单需领料 20 米 a 物料，直接将 A 工单剩余物料用到 B 工单	A 工单剩余物料原材料状态退回仓库或余料仓（退料单必须含工单号、物料代码、数量）。车间开出退料单、领料单，同时发料方做系统退、出库 半成品状态还原成领料时的状态、数量后处理同上
	A 工单取消生产，B 工单跟 A 工单领料一样，直接将 A 工单物料用到 B 工单	A 工单物料原材料状态退回仓库或余料仓（退料单必须含工单号、物料代码、数量）。车间开出退料单、领料单，同时到发料方做系统退、出库 成品状态还原成领料时的状态、数量后处理同上

续表

禁止事项	情形	正确处理方案
集中补料	A、B、C工单均领用X物料，A工单生产过程中出现报废20米，B工单出现报废30米，均未做补料处理，挪用C工单X物料完工报工下线；C工单缺物料，因此将报废的50米X物料都在C工单上进行补料处理，造成C工单成本激增	按每个工单的报废数及时做补料处理

（2）形成定期及不定期盘点制度

将盘点形成制度并执行到位，尤其在季末、年中、年末等关键节点进行各品类存货的全面清盘。各部门共同参与监盘并留痕，妥善保管盘点资料。针对管理相对混乱的仓位、工组，应当于整改攻坚期提高盘点频次，生产、销售节奏允许情况下可进行按日盘点直至问题得以缓解、解决。

（3）委托加工物料管理

委托加工物资作为异地存货的重要构成，为审核重点关注的资产，其不仅要求期末数据准确，更要求对收发环节进行详尽记录并分析加工单价的合理性、公允性等。

因此，公司应当建立完善的委托加工物资管理制度，委派专人对接及汇总，财务端共享数据，于ERP端对收发情况、加工环节及加工费信息进行录入。

（4）强化内部监督

首先应当建立内部检查机制，确保前述问题有据可查，并形成检查流程、问题记录档案：整改到位前，由财务部负责成本核算的人员，定点到车间，按照一定频次进行执行情况检查、相关单据收集，确认整改及优化情况；整改到位后，可视情况放缓检查频次，按月度或其他周期进行定期及不定期检查。整改到位前期，尽量按月度进行全盘工作。

（5）建立奖惩机制

仓库管理产生的问题，主要系集中于未按规章操作流程处理但无相关奖惩机制进行约束所致，与对应人员的管理水平、责任意识、参与程度同样密切相关。由于该问题的紧迫性，提请公司管理层会同人事部门、财务部门等进行商议，于前述内部监督的检查结果下确定具体的奖惩机制，能者上任、奖惩明确。

(五)存货监盘流程指引

存货作为企业重要的资产项目,其存在性、完整性、权属性等是审核关注的重点,而存货监盘可谓除生产工艺流程走访外财务人员唯一直面企业存货资产的场景,其流程的重要性不言而喻。

由于存货监盘往往存在条件较艰苦、核对程序烦琐枯燥、仓管人员与财务人员对货品了解的信息不对称等特点,因此部分参与人员在实际的工作执行过程中流于形式,即在盘点表上勾勾写写走个流程,导致监盘效果大大减弱。

本指南旨在说明公司在定期、不定期全面盘点或专项盘点过程中如何从财务视角更好地进行流程参与、情况记录,培养参与人员在监盘中过程中的宏观意识、程序意识、风险意识。

1. 存货盘点概述

(1)存货盘点的范围

①品类范围。

一般的制造型企业存货的品类为原材料、在产品、库存商品、发出商品、委托加工物资等。其中:发出商品属于已出仓在途的存货,是否被纳入盘点范围视其规模大小及风险情况而定;其他品类存货均需被纳入盘点计划进行盘点。

②空间范围。

空间范围即企业存货存放的地点,包括企业自有厂区的车间仓库、租赁的仓库、委托加工商的厂区车间仓库、VMI 模式下的客户仓库等。

③时间范围。

盘点日一般为资产负债表日:年报为 12 月 31 日,中报为 6 月 30 日或其他月末时点。

受同一时点可安排的人员数量有限、资产负债表日恰逢节假日、公司存在临时性生产安排等因素的影响,工作人员并非都能在资产负债表日对所有存货项目执行盘点工作。此时可安排部分存货于资产负债表日前后时点执行盘点,后期汇总盘点日结果并推导至资产负债表日进行确认即可。

(2)存货盘点的参与方及职责

①盘点参与方。

存货盘点由盘点人员(企业仓库管理人员)、监盘人员(财务人员、中介机构人员如审计、券商等)、其他陪同人员(采购人员、销售人员、质量管理人员等)三方会同完成。

②各方职责。

盘点人员负责货物的查找及清点；监盘人员负责挑选需盘点的货品、监督清点的过程、记录盘点结果；陪同人员按其自身需求同步进行监盘。

2. 存货监盘的宏观意识

当面对存货规模较大的企业时，监盘的宏观意识十分重要。在大规模存货的基础上，提升1%的监盘比例往往需要花费成倍的时间与人力，而这1%比例的提升对于整体的财务数据复核目标而言效果却较为有限。在此前提下，培养存货监盘的宏观意识，在监盘过程中宏观地把握企业存货的状态，对财务风险的把握会有"四两拨千斤"的效果。监盘中宏观意识的落点主要在以下方面：

（1）企业仓储范围完整性的把握

全局观是工作中要树立的重要观念，以避免出现挂一漏万的情况。盘点工作是由仓库主导、各部门协同、外部审计人员（视节点及情况）参与的一项工作，但并不意味着对现有的安排全盘接受。针对仓库的安排应该进行检视，避免出现指哪儿打哪儿而遗漏重要项目或异常管理项目的情况；如公司本身处于存货管理水平较低、管理效能不佳的状态，则应该对盘点安排进行复核，提出有力的意见。

如何对仓储范围完整性进行把握呢？可以将厂区平面图、租赁合同、委外加工合同、客户合同作为重要复核的依据，具体如表 2-63 所示。

表 2-63 把握企业仓储范围完整性的重要依据

依据	说明
厂区平面图	获取厂区平面图，对厂区中仓库、车间的分布进行把握，查看其是否均被纳入盘点范围，如有部分区域未被纳入的动因是什么？是否需要实地查看生产状态
租赁合同	获取公司生产经营相关的租赁合同，复核租赁面积、区位，判断是否存在需实地查看盘点的承租地
委外加工合同	获取公司委托加工相关协议，复核确认公司委托加工的规模，判断是否存在需实地盘点查看的委外加工物资情况
客户合同	针对采取 VMI 模式或代销、库存管理式经销的合作客户，公司将部分存货存放于其场地，所有权仍归属于公司，应获取主要单位合同或联络资料，确认外仓位置

（2）货物的流转情况

盘点日不同生产状态下的货物流转情况不同，关注的重点也有所不同。具体说明如下：

其一，停工停产型。停工停产型即所有存货停止流动，此状态下有利于存货的盘点与厘清，盘点工作效果最佳。

其二，小规模生产型。部分企业由于订单驱动的生产安排，无法做到全面停工停产，会同步进行小规模生产。这时如何判断盘点效果呢？只需询问并查实是否于盘点日以前已将生产相关的材料领至车间，此时先行盘点车间相关存货，盘点完毕后车间开始生产，其他存货仍处于停止流动状态，盘点工作效果较好。

其三，生产状态紧张、全面开工型。此状态下所有存货类别均处于流动过程中，对盘点的要求较高，盘点效果较差。

（3）货物的堆放、库位的明晰、仓管员的熟练度

所盘点货品堆放是否整齐、库位的划分是否井井有条、仓库管理人员是否能准确熟练地查找清点我们所挑选的货物等都是盘点过程中盘点人员能直观感受到的。盘点人员应总体观察库存分布。货物的堆放顺序情况，以及存货标记、仓位标记的系统性、仓管员的专业性，反映了企业的管理水平，同时在一定程度上反映了企业整体层面的财务风险。

（4）老货、积压货情况

在盘点过程中，请关注大量变质、陈旧、破损等可能报废的存货，并在盘点记录中进行标记。后续关注企业存货减值准备相关的风险。

（5）盘点过程的顺利程度

盘点过程中，请关注是否遇到存放地点不易盘点、存放方式不易盘点、重要存货给予的盘点时间较短的情况，上述情况都是不利于盘点的，如果反复出现且成为监盘的"主旋律"，则需考虑仓管部门是否刻意掩盖、隐藏问题。

3. 存货监盘的程序性要求

从盘点计划的制订伊始至盘点活动结束后的整理汇总，我们总结了相关环节需知会与关注的细节。具体如表2-64所示。

表 2-64　存货盘点的程序及要求

程序	要求说明
盘点计划的制订与获取	监盘前应当参与制订或获取完整的盘点计划。计划内容应当包含参与部门、分组及分工、盘存范围及地点、盘点时间、回收资料范围及时间要求等内容,并确保盘点前通过内网或邮件进行广泛知会
盘点资料的记录	●结果的记录需体现盘点的加计过程,如A产品盘点表记录件数为1000件,实际分为400件、400件、200件共3箱存放,记录时应记录为"400+400+200＝1000",不能直接写1000,也不能仅以打钩替代数字记录(这种记录方式有效地体现了我们盘点的实际情况,如果货品较为零碎和货品量巨大,更应当采用这种记录方式) ●记录需用签字笔写,防止后期调节修改、磨损等
双向核对的意识	●从盘点表到实物:从盘点表出发挑选需要盘点的货品,让仓管员进行清点比对是否准确,这是常用的监盘方式。该方式主要复核账载存货的存在性、记录数量的准确性 ●从实物到盘点表:这种监盘方式往往被忽略,需转换思路,盘点过程中随意挑选库位上的货品让盘点人员从表中找出来,若仓库实际盘点表中未进行记录,则存货的完整性存在问题
签字清晰、完整	盘点人员、监盘人员、陪同人员(企业采购人员、质量管理人员等)签字、落款日期要求完整清晰并用签字笔笔写。此外,很多盘点人签名比较潦草,请当面问清楚,并用正楷在旁边备注,以便盘点资料整理时辨认登记相应姓名
盘点差异处理	●盘点过程中:如出现复盘结果与仓库账不符的情况,应先提请相关责任人当场查明原因。如无法取得可靠证明,应详细记录相关盘盈盘亏情况在盘点记录中。此外,针对有差异的情况,建议对该品类进行进一步抽盘,观察是否存在共性问题 ●盘点完成后:应当获取所有实际盘存记录,进行单价等方面的匹配后得出实盘存货的期末结存金额,与账面余额进行对比确认是否存在较大差异
一手仓库收发存的获取	建议监盘过程中针对所盘点的车间、仓库,于相应仓库管理员、车间人员处取得一手收发存资料,作为后续数据复核的仓库账来源
留影	●盘点过程中:对所盘点库位、货品进行适当拍照留底。若存在前文提及的积压货品,尽量拍照记录 ●盘点后/前(硬性要求):与所盘点仓库、车间进行正面合照(尽量要求盘点仓管人员、陪同人员一并入镜)
盘点资料的保存整理	●监盘人员责任:确保所负责盘点的资料无缺页、签字等信息无遗漏后交至盘点负责人 ●成本负责人责任:汇总完整盘点资料后,集中保管以防文件丢失

四、工薪循环模块

工薪循环以反映企业员工薪资计提、发放对应科目为子集,直观地体现了企业人工成本状况,其中应付职工薪酬为工薪循环的核心科目。工薪循环涉及的主要科目有:资产类中的存货、在建工程;负债类中的应付职工薪酬;损益类中的营业成本、销售费用、管理费用、研发费用。

(一)薪酬计提与发放

1. 常见的薪酬计提政策

定薪涉及的考核指标如考勤情况、业绩完成情况、奖惩情况等通常需自然月度结束后方能汇总确认,故当月薪酬的金额定稿及发放日期一般为下月。基于权责发生制的要求,需对薪酬进行预提。特整理薪酬构成项目常见的计提政策,具体如表2-65所示。

表 2-65 薪酬计提政策

项目	情形	计提政策及提示	关键资料
工资	当月工资当月发放	按实际发放的应发数计提薪酬,期末无须保留	经管理层审批留痕的工资表、发放打款记录
	当月工资下月发放:结账前数据已定	按已定之应发数计提薪酬	
	当月工资下月发放:结账前数据未定	对应发数进行预估计提薪酬,预估方式可选取:结合薪酬考核制度进行精细化预估;如当月人员及工作情况较上月保持平稳,可按照当月实际发放数(发的是上月)作为应发数计提薪酬。预估即意味着与实际存在差异,获取经审批定稿后的工资数据后,冲销预估计提数,按照审批定稿应发数进行计提	

续 表

项目	情形	计提政策及提示	关键资料
奖金	按月度发放	参照工资计提政策进行处理	经管理层审批留痕的年终奖清单、发放打款记录
	不按月度发放	参照工资计提政策进行处理,如有则需做好预估及期后修正处理 此处着重提示,以年终奖为例,虽然奖金为年度发放,但考虑到中期数据的准确性及变动合理性,需于季度、半年度进行年终奖之合理计算并预估计提	
社会保险	同工资之情形	同工资之情形	社保申报表、社保缴款记录
企业年金	如公司参与了由国家相关部门批准的企业年金计划则适用,同社会保险之情形		企业年金缴费明细表
住房公积金	同社会保险之情形	同社会保险之情形	公积金申报明细
福利费	根据《〈企业会计准则第9号——职工薪酬〉应用指南》,企业发生的职工福利费,应当在实际发生时根据实际发生额计入当期损益或相关资产成本,即不进行计提保留,据实列支		支出相关业务凭据及支付单据
工会经费	按照工资总额的2%计提工会经费		
职工教育经费	按照工资总额的1.5%计提职工教育经费		
辞退福利	即企业在职工劳动合同到期之前解除与职工的劳动关系,或者为鼓励职工自愿接受裁减而给予职工的经济补偿。预期在其确认的年度报告期间期末后12个月内完全支付的辞退福利,适用短期薪酬的相关规定,于应付职工薪酬科目进行计提保留		

2.工会经费及职工教育经费的计提标准

(1)政策规定

《中华人民共和国工会法》《中华人民共和国就业促进法》《企业会计准则第9号——职工薪酬》针对工会经费及职工教育经费的提取与缴付作出了指导性规定,如表2-66所示。

表2-66 工会经费及职工教育经费政策规定

文件依据	规定内容
《中华人民共和国工会法》(2021年12月修订)及其他相关的规定和通知	成立工会的企业,应该按照工资薪金的2%计提工会经费并按规定拨付给基层及上级工会;未成立工会的企业,应按照要求将工会经费(筹备金)拨付给上级工会

续 表

文件依据	规定内容
财政部、中华全国总工会、国家发展改革委、教育部、科技部、国防科工委、人事部、劳动保障部、国资委、国家税务总局、全国工商联联合发布的《关于企业职工教育经费提取与使用管理的意见》(财建〔2006〕317号)	切实执行《国务院关于大力推进职业教育改革与发展的决定》(国发〔2002〕16号)中关于"一般企业按照职工工资总额的1.5%足额提取教育培训经费,从业人员技术要求高、培训任务重、经济效益较好的企业,可按2.5%提取,列入成本开支"的规定,足额提取职工教育经费。按照国家统计局《关于工资总额组成的规定》(国家统计局1990年第1号令),工资总额由计时工资、计件工资、奖金、津贴和补贴、加班加点工资、特殊情况下支付的工资等6个部分组成
《中华人民共和国就业促进法》第六十七条(2015年4月)	违反本法规定,企业未按照国家规定提取职工教育经费,或者挪用职工教育经费的,由劳动行政部门责令改正,并依法给予处罚
《企业会计准则第9号——职工薪酬》第七条	企业为职工缴纳的医疗保险费、工伤保险费、生育保险费等社会保险费和住房公积金,以及按规定提取的工会经费和职工教育经费,应当在职工为其提供服务的会计期间,根据规定的计提基础和计提比例计算确定相应的职工薪酬金额,并确认相应负债,计入当期损益或相关资产成本

综上,就准则层面而言,针对工会经费及职工教育经费未明确说明计提比例但提示需按规定计提。由于《中华人民共和国工会法》(2021年12月)、《关于企业职工教育经费提取与使用管理的意见》(2006年6月)等相关规定的存在,可明确工会经费及职教费应按照工资总额的2%及1.5%(一般企业)进行计提。

(2)实务执行

就实务执行而言,我们建议企业严格遵照规定的基数及比例逐期对工会经费及职工教育经费进行计提。

现有市场案例针对工会经费、职工教育经费的问询相对较少,主要集中于报告期内未见工会和职教费发生情况的企业。部分项目针对被问询单位未计提或计提比例不足的情况进行了相关应对与处理,具体如表2-67所示。

表2-67　工会经费及职工教育经费计提不足的应对措施

应对措施	具体内容
主动补缴	联系所在地总工会等机构,完成补缴事项(当地总工会亦具备不予追缴之裁量权)
获取声明	联系有权机构如总工会、人力资源和社会保障局进行访谈或出具声明,声明不对公司前期未计缴工会经费、职教费的情况进行追究与处罚

续　表

应对措施	具体内容
影响测算	测算如进行补缴计提对申报期的利润影响,是否构成上市的实质利润条件或法律障碍
影响兜底	由控股股东及实际控制人出具承诺,承诺承担后续未足额缴纳产生的补缴、处罚等支出,使发行人及其直接或间接控制的企业免受损害

(3)其他提示

①职工教育经费的范围。

《关于企业职工教育经费提取与使用管理的意见》(财建〔2006〕317号)对职工教育经费的列支范围进行了规定,其包括:上岗和转岗培训;各类岗位适应性培训;岗位培训、职业技术等级培训、高技能人才培训;专业技术人员继续教育;特种作业人员培训;企业组织的职工外送培训的经费支出;职工参加的职业技能鉴定、职业资格认证等经费支出;购置教学设备与设施;职工岗位自学成才奖励费用;职工教育培训管理费用;有关职工教育的其他开支。

针对易混淆不应计入职工教育经费的项目,具体列举如表2-68所示。

表2-68　不应计入职工教育经费的项目

项目	说明
个人取得学位深造费用、个人考取证书培训等费用	企业职工参加社会上的学历教育以及个人为取得学位而参加的在职教育,所需费用应由个人承担,不能挤占企业的职工教育培训经费
企业高层管理人员的境外培训和考察	其中一次性单项较高的费用应从其他管理费用中支出,避免挤占日常的职工教育培训经费
间接性固定费用	公司固定之培训人员如讲师、HR等工资,固定培训场所之水电、日常开支等

②工会经费与职工教育经费计提余额的递延所得税计提。

针对工会经费与职工教育经费是否确认递延所得税资产,应当从以下几个条件进行把握:其一,确认期末保留未使用余额未来有明确的使用计划;其二,确认下一年度具备足够的应纳税所得额;其三,由于职工教育经费支出使用情况超过工资薪金总额2.5%的部分准予在以后纳税年度结转扣除,针对可结转以后年度扣除部分是否可计提,需确认企业超过税前扣除限额为偶发情况,如果预计后续年度均会超支,则超支部分无法得到税前扣除,不可确认递延所得税资产。

3.其他提示

(1)确保薪酬发放的形式合规

未规范前部分企业,采取费用报销的形式发放工资。这会导致:①职工平均薪酬、销售费用率、管理费用率等指标与同行业相比存在较大差异,引发关注;②员工用于报销的发票仅为形式证据,无实质业务支撑,后续对费用凭证展开核查时无法通过;③使用发票报销的工资未缴纳个税,同时部分发票会被公司用来进行进项税抵扣,违反《中华人民共和国税收征收管理法》(2015年4月修订)、《中华人民共和国刑法》(2020年12月修订)等规定。

建议公司根据业务实质计提人员工资并进行纳税申报,特别要规范销售人员、管理人员工资发放与发票报销,严禁使用无业务实质的发票进行报销。

(2)损益科目与薪酬应勾稽一致

针对偶发性、据实列支性的薪酬支出如福利费,部分企业未通过应付职工薪酬进行过渡核算,于发生时直接计入损益类科目。此处理导致应付职工薪酬科目小于费用性项目中的人工成本支出,勾稽不一致。提请企业针对纳入薪酬范围的支出,均应通过应付职工薪酬科目进行增加、减少的核算处理。

(3)独立董事工资及津贴应计入薪酬科目核算

部分企业认为,独立董事未全职参与公司经营,属于外部人员,未将针对其发放的津贴纳入薪酬核算,该处理有误。根据《〈企业会计准则第9号——职工薪酬〉应用指南》中关于职工的定义,职工包括未与企业订立劳动合同但由企业正式任命的人员,如部分董事会成员、监事会成员等。企业按照有关规定设立董事、监事,或者董事会、监事会的,如所聘请的独立董事、外部监事等,虽然没有与企业订立劳动合同,但属于由企业正式任命的人员,故属于本准则所称的职工。因此,针对独立董事、外部监事之津贴工资,应纳入应付职工薪酬科目进行核算。

(二)薪酬归集口径

为保证薪酬归集口径的准确性及一贯可比性,企业应梳理并完成以下要求。

1.明确部门职能与报表项目的对应关系

根据企业会计准则的规定,薪酬应当按照受益对象计入当期损益或相关资产成本,借记"生产成本""制造费用""管理费用"等科目,贷记"应付职工薪酬"科目。因此,针对工资、社保、公积金、股份支付等明确人员及部门归属的薪酬项目,应当按照支付、授予之对象所属部门性质计入对应损益或资产类项目。

根据实务经验,我们总结了一般情形下企业各职能部门薪酬与报表项目对应情况。具体如表 2-69 所示。

表 2-69 部门薪酬与报表项目对应关系

部门	薪酬对应科目	备注
行政部	管理费用	
内审部	管理费用	
法务部	管理费用	
证券投资部	管理费用	
财务部	管理费用	
IT 部门	管理费用	
项目运维部	存货—合同履约成本、营业成本	项目运营、实施、交付相关人员薪酬
销售部	销售费用	
研发部	研发费用	
采购部	管理费用	
设备部	管理费用	
车间管理部	制造费用、营业成本	
车间生产部	生产成本、营业成本	
仓储部	管理费用	仓储由于不直接增加存货的价值,其相关费用如仓储租赁费、仓管人员薪酬,计入管理费用而不计入存货成本
其他部门	根据部门职能进行判定	

2. 坚持一贯性要求

核算口径保持一贯性,是 IPO 主体及上市主体始终坚持的要求。对内部而言,只有保证确认、计量、列报口径的一贯性,方能有效地进行同期数据的各维度对比,服务于管理需求;对外部而言,如口径不能保持一致甚至出现频繁变化,将对申报阶段的财务数据对比分析造成较大困难,对报表使用者的理解造成较大影响,进而减弱公众对公司财务数据的信任度。

落点到薪酬层面,在明确部门职能与报表项目对应关系之基础上,建议企业于月度工资表上加入"费用归属"列,根据前述标准标识各部门、各人员应发工资、社保、公积金等项目的报表项目,进行数据汇总后即作为财务核算依据。申

报期内,务必保持两个一贯性:

①部门支出与报表项目对应关系保持一贯性。即除非部门职能产生重大变动,申报期内部门支出对应的报表项目归属应当口径一致。

②人员的部门归属应当保持一贯性。即除非人员发生调岗,同一人员申报期内的部门归属应当保持一致,不得人为地将人员配置于不属于其职能所在、工作范围的部门进行费用调配。

3. 易产生归集误区的薪酬项目

(1)董事长、总经理薪酬

部分 IPO 企业由于其董事长、总经理在一定程度上参与研发工作,故将二者薪酬均计入研发费用核算,该处理不具备谨慎性。就职责而言,董事长、总经理作为企业主要经营责任人,其工作内容主要为与企业发展战略、经营计划、全面管理相关的事务,管理特性较强,故应当计入管理费用进行核算。

针对将董事长、总经理薪酬计入研发费用的情形,需要充分补充如下论证:①董事长、总经理参与研发工作具体情况及其工作量占比情况;②董事长、总经理薪酬计入研发费用具体情况及其薪酬占比情况;③测算若剔除董事长、总经理薪酬计入研发费用的相关部分,发行人是否符合高新技术企业资格的相关标准,是否会影响高新技术企业资格的认定,是否会影响税收的缴纳,是否会影响发行人信息披露的真实性、准确性和完整性。

综上,将董事长、总经理薪酬计入研发费用,涉及高新技术企业资质认定、研发费用加计扣除准确性的税务风险,需进行相关工作量划分的充分论证。提请企业如无明确依据,应从严谨慎地将二者薪酬计入管理费用进行核算处理。

(2)福利费、工会经费、职工教育经费

针对福利费、工会经费、职工教育经费等相对通用性的薪酬项目,实务中如较难准确区分其服务对象是销售部门、管理部门、研发部门、生产部门中的哪一个,各部门分别受益了多少,则全部计入管理费用符合列报规则,便于数据使用者理解。

(3)股份支付费用

针对员工实施的股权激励[①],无论是立即可行权一次性计入损益的情况还

---

① 属于《企业会计准则第 11 号——股份支付》范围内容,更多讲解与说明详见"第三章'四、股份支付'"相关内容。

是存在行权条件需要分期确认的情况,均需考虑授予对象所在职能部门进行对应报表科目的入账,不可不作区分计入如管理费用等同一报表项目。

(三)审核角度对薪酬变动的关注

通过前文薪酬计提与发放政策的确立、薪酬归集口径的一贯性执行,公司于薪酬核算模块已具备了较为扎实的基础,基于此产出之准确的工薪数据方能满足进一步打开量化分析的审核需求。

企业一般需要于季度、中期、年度等关键时点对各部门人员薪酬进行数据汇总,以便较为及时地跟踪薪酬变动情况与异常纠错。具体可参考表 2-70。

表 2-70 薪酬情况及变动情况汇总示例

人员	报告期 1 薪酬总额	报告期 1 平均人数	报告期 1 平均薪酬	报告期 2 薪酬总额	报告期 2 平均人数	报告期 2 平均薪酬	报告期 3 薪酬总额	报告期 3 平均人数	报告期 3 平均薪酬
销售人员									
管理人员									
研发人员									
生产人员									
合计									
劳务派遣人员									
劳务外包人员									

注:薪酬总额取数口径为各费用、营业成本中人工成本金额;平均薪酬口径为月平均薪酬。

基于表 2-70 数据,我们列示审核过程中的常见问题并提请公司纳入分析体系进行自查确认。具体如表 2-71 所示。

表 2-71 对薪酬的审核关注点

关注点	内容说明
各部门人员、平均薪酬变动的合理性	主要关注是否与公司发展情况、薪酬考核体系、薪酬发放政策匹配。一般而言,薪酬的变动应当基于薪酬体系的调整并与公司经济效益相匹配,以按劳分配为主、效率优先兼顾公平,常规的薪酬体系及构成如表 2-72 所示
销售部门的薪酬变动	销售部门作为公司的主要前端、创收性部门,其人员之薪酬变动应当与公司业绩情况关联更为紧密,故审核过程中对其变动是否与对应激励政策一致尤为关注

续 表

关注点	内容说明
是否与同地区工薪水平相符	同地区平均月薪数据一般取当地市单位在岗职工年平均工资数据,该数据来源于当地市统计局。由于公司为 IPO 主体或上市主体,其具备良好的发展态势和经营水平、规模,应当较当地平均工资水平更高
是否与同行业薪酬水平相符	是否存在显著低于同行业上市公司薪酬或其他异常情形

表 2-72　常规的薪酬体系及构成内容

薪酬构成	内容说明
基本工资	根据公司制度规定及岗位等级来确定
岗位工资	根据不同岗位对工作年限、技能要求、工作强度、安全系数要求的不同来确定
绩效工资	根据一定周期内对员工的绩效考评情况来确定,属于基本工资的增量部分,一般计入月度工资
加班费	在规定工作时间之外继续工作或生产劳动获得的劳动报酬
奖金	业绩提成,不同于绩效工资,一般按年度或其他节点一次性发放
社保及公积金	包括基本养老保险、基本医疗保险、失业保险、工伤保险、生育保险及住房公积金
福利与补贴	包括用餐补贴、通信补贴、租房补贴等

(四)社保、公积金的缴纳要求

1. 法律规定及监管审核要求

公司缴纳社保、公积金应遵循的法律法规及监管要求如下:

(1)法律法规要求

在法律法规层面,针对社保、公积金的缴纳,主要通过《中华人民共和国社会保险法》、相关管理条例及暂行条例、地方征缴办法等进行规定。具体如表 2-73 所示。

表 2-73　法律法规关于社保、公积金缴纳的相关规定

文件依据	相关规定
《中华人民共和国社会保险法》(2018年12月修订)	第十条　职工应当参加基本养老保险,由用人单位和职工共同缴纳基本养老保险费 第十二条　用人单位应当按照国家规定的本单位职工工资总额的比例缴纳基本养老保险费,记入基本养老保险统筹基金 第二十三条　职工应当参加职工基本医疗保险,由用人单位和职工按照国家规定共同缴纳基本医疗保险费 第三十三条　职工应当参加工伤保险,由用人单位缴纳工伤保险费,职工不缴纳工伤保险费 第四十四条　职工应当参加失业保险,由用人单位和职工按照国家规定共同缴纳失业保险费 第五十三条　职工应当参加生育保险,由用人单位按照国家规定缴纳生育保险费,职工不缴纳生育保险费 第六十三条　用人单位未按时足额缴纳社会保险费的,由社会保险费征收机构责令其限期缴纳或者补足 第八十四条　用人单位不办理社会保险登记的,由社会保险行政部门责令限期改正;逾期不改正的,对用人单位处应缴社会保险费数额一倍以上三倍以下的罚款,对其直接负责的主管人员和其他直接责任人员处五百元以上三千元以下的罚款 第八十六条　用人单位未按时足额缴纳社会保险费的,由社会保险费征收机构责令限期缴纳或者补足,并自欠缴之日起,按日加收万分之五的滞纳金;逾期仍不缴纳的,由有关行政部门处欠缴数额一倍以上三倍以下的罚款
《住房公积金管理条例》(2019年3月)	第十五条　单位录用职工的,应当自录用之日起三十日内向住房公积金管理中心办理缴存登记,并办理职工住房公积金账户的设立或者转移手续 第十六条　职工住房公积金的月缴存额为职工本人上一年度月平均工资乘以职工住房公积金缴存比例。单位为职工缴存的住房公积金的月缴存额为职工本人上一年度月平均工资乘以单位住房公积金缴存比例 第十八条　职工和单位住房公积金的缴存比例均不得低于职工上一年度月平均工资的百分之五;有条件的城市,可以适当提高缴存比例。具体缴存比例由住房公积金管理委员会拟订,经本级人民政府审核后,报省、自治区、直辖市人民政府批准 第三十七条　单位不办理住房公积金缴存登记或者不为本单位职工办理住房公积金账户设立手续的,由住房公积金管理中心责令限期办理;逾期不办理的,处一万元以上五万元以下的罚款 第三十八条　违反本条例的规定,单位逾期不缴或者少缴住房公积金的,由住房公积金管理中心责令限期缴存;逾期仍不缴存的,可以申请人民法院强制执行

第二章 财务工作分模块规范化指引

续 表

文件依据	相关规定
《社会保险费征缴暂行条例》（2019年3月）	第二条 基本养老保险费、基本医疗保险费、失业保险费（以下统称"社会保险费"）的征收、缴纳，适用本条例 第三条 基本养老保险费的征缴范围：国有企业、城镇集体企业、外商投资企业、城镇私营企业和其他城镇企业及其职工，实行企业化管理的事业单位及其职工。基本医疗保险费的征缴范围：国有企业、城镇集体企业、外商投资企业、城镇私营企业和其他城镇企业及其职工，国家机关及其工作人员，事业单位及其职工，民办非企业单位及其职工，社会团体及其专职人员。失业保险费的征缴范围：国有企业、城镇集体企业、外商投资企业、城镇私营企业和其他城镇企业及其职工，事业单位及其职工。社会保险费的费基、费率依照有关法律、行政法规和国务院的规定执行
地方相关规定	根据国家层面之法律法规，结合当地实际，制定的更为具体的征缴政策，如《浙江省社会保险费征缴办法》（2005年6月）、《浙江省住房公积金条例》（2021年12月修订）、《杭州市社会保险费征缴办法》（2018年1月）等

（2）监管审核要求

监管审核层面对社保、公积金缴纳的要求，主要集中于信息披露、缴纳覆盖面、应缴未缴的经营影响、合法合规等方面。具体如表2-74所示。

表2-74 监管审核关于社保、公积金缴纳的相关规定

文件规则	内容
《公开发行证券的公司信息披露内容与格式准则第57号——招股说明书》（证监会公告〔2023〕4号）	第四十二条 发行人应简要披露员工情况，包括员工人数及报告期内变化情况，员工专业结构，报告期内社会保险和住房公积金缴纳情况
《监管规则适用指引——发行类第4号》（2023年2月）	4-16 社保、公积金缴纳：发行人报告期内存在应缴未缴社会保险和住房公积金情形的，应当在招股说明书中披露应缴未缴的具体情况及形成原因，如补缴对发行人的持续经营可能造成的影响，揭示相关风险，并披露应对方案。保荐机构、发行人律师应对前述事项进行核查，并对是否属于重大违法行为出具明确意见
《首次公开发行股票注册管理办法》（2023年2月）	第十三条 发行人生产经营符合法律、行政法规的规定，符合国家产业政策。最近三年内，发行人及其控股股东、实际控制人不存在贪污、贿赂、侵占财产、挪用财产或者破坏社会主义市场经济秩序的刑事犯罪，不存在欺诈发行、重大信息披露违法或者其他涉及国家安全、公共安全、生态安全、生产安全、公众健康安全等领域的重大违法行为

2. 缴纳覆盖面要求

根据前述规定：就险种覆盖而言，应当包含所有险种；就人员覆盖而言，应当全员缴纳。

在实务过程中，申报期前期社保、公积金缴纳的险种不全（如仅缴纳养老保险、医疗保险）、缴纳比例较低的情形较为普遍。就现阶段审核情况而言，前期覆盖面不广、缴纳比例不足未明确构成上市发行的实质性障碍，但企业应当于申报期内完成如下整改工作：

①逐步提高申报期人员的缴纳比例。就目前审核趋势来看，对社保和公积金覆盖率要求较高，申报期最近一期基本做到全员缴纳且险种齐全。

②针对仍未缴纳的人员，充分论证合理性并进行测算影响。就市场案例而言，常见的论证理由如表 2-75 所示。

表 2-75　未缴纳社保和公积金的常见情形及合理性论证

论证理由	提示
当月新入职员工尚未完成缴纳手续办理。根据前文规定，社保、公积金手续办理期限均为入职后 30 天	属于时间性差异，合理性强，符合规定
对于实习生，用人单位无须缴纳社保和公积金。《关于贯彻执行〈中华人民共和国劳动法〉若干问题的意见》（劳部发〔1995〕309 号）规定，在校生利用业余时间勤工助学，不视为就业，未建立劳动关系，可以不签订劳动合同	合理性强，符合规定。但应当注意公司是否与实习生签订劳动合同、产生事实劳动关系，如是则需缴纳社保和公积金
对于退休返聘人员，用人单位无须缴纳社保、公积金。根据《劳动合同法》（2012 年 12 月修订）和《最高人民法院关于审理劳动争议案件适用法律问题的解释（一）》（法释〔2020〕26 号），返聘员工享受基本养老保险待遇或领取退休金的，企业与其按劳务关系处理，不用为其缴纳社保、公积金	合理性强，符合规定
非城镇居民员工于户籍所在地购买城乡居民基本养老保险、城乡基本医疗保险	就法律法规而言，城乡居民保险如"新农合"不能替代职工社保，但从 IPO 审核导向及实践案例来看，审核给予一定宽松度，即需进行以下程序补充：获取对应人员声明；发行人给相关人员一定补贴；对未交金额进行利润影响测算；获取无违规证明；实际控制人出具责任兜底承诺

续 表

论证理由	提示
员工已在其他地区或单位参保	需注意用工风险等问题
对于劳务派遣员工,用人单位无须缴纳社保、公积金,由派遣单位进行缴纳	劳务派遣员工虽在财务上作为员工薪酬进行处理,但其劳动关系存在于劳务派遣单位和被派遣劳动者之间,故社保、公积金由派遣单位缴纳,合理性强,符合规定
对于非全日制用工,用人单位无须缴纳社保、公积金。根据《关于非全日制用工若干问题的意见》(劳社部发〔2003〕12号),非全日制用工,是指以小时计酬为主,劳动者在同一用人单位一般平均每日工作时间不超过四小时,每周工作时间累计不超过二十四小时的用工形式	用人单位仅须为非全日制用工购买工伤保险,无强制性要求缴纳社保、公积金,合理性强,符合规定
外籍员工公积金非强制购买。根据《中华人民共和国社会保险法》(2018年12月修订),外籍人员在华就业应按规定参加社会保险。根据《外国人在中国永久居留享有相关待遇的办法》(2012年9月),住房公积金非强制缴纳	合理性强,符合规定
员工自愿放弃社保、公积金缴纳	应当明确的是,社保公积金作为员工保障、福利的重要权益,发行人不可仅以员工自愿放弃为理由不进行缴纳,员工自愿放弃并不因此免除公司责任。其自愿放弃的动因应当满足本表格前述1—8项理由,不应当出现大面积自愿放弃缴纳的情况。针对已有情形,应当比照第4项内容中的提示进行程序补充

3. 缴纳基数及比例要求

就理论情况而言,社保、公积金缴纳原则上应按照职工工资总额即应发工资进行缴纳;就实践情况而言,公司所在地社会保险和住房公积金管理部门均会公布具体的社会保险、住房公积金缴纳标准基数(参见当地人力资源和社会保障局官网、住房公积金管理中心官网公开政策文件),其中缴纳的标准基数存在上限、下限规定。具体如表2-76所示。

表 2-76　社会保险及住房公积金的缴纳基数与比例

项目		缴纳基数		缴纳比例
		理论	实践	
社会保险	养老保险	职工工资总额	以当地标准,存在上限、下限约定	单位16%、个人8%(多数地区)
	医疗保险			未统一标准,以杭州地区为例:单位9.5%、个人2%
	工伤保险			不同行业风险程度差别费率且个人不缴费,以杭州地区为例:单位0.2%—1.5%
	失业保险			单位0.5%、个人0.5%(多数地区)
	生育保险			生育保险个人不缴费且现已与医疗保险合并
住房公积金		职工上一年度月均工资	以当地标准,存在上限、下限约定	5%—12%

基于地方性政策差异、经营层面压力、员工比例意愿等原因,部分企业未按照应发工资进行社保及公积金缴纳。现阶段审核情况尚未将之界定为实质性障碍,给予了一定的政策宽松度,但需补充如下程序进行夯实:①模拟足额缴纳情况进行利润影响测算;②获取无违规证明;③实际控制人出具责任兜底承诺。

4. 缴纳形式要求

本小节主要讲解由第三方代缴社保公积金的规范化要求。第三方代缴社保公积金多见于涉及异地经营、业务分布地域较广的企业。由于各地区业务规模不一,基于管理成本和管理效能的考虑,企业不会于所有地区均设立分公司、子公司,而当地员工因切身利益(如购房、子女教育)需于当地缴纳社保公积金,因此通过第三方如人力资源服务机构代为缴纳。

第三方机构代缴社保,会伴生伪造劳动合同、证明材料等法律合规风险。《社会保险基金行政监督办法》(2022年3月)第三十二条规定:用人单位、个人有下列行为之一,以欺诈、伪造证明材料或者其他手段骗取社会保险待遇的,按照《中华人民共和国社会保险法》(2018年12月修订)第八十八条的规定处理,其中包括:通过虚构个人信息、劳动关系,使用伪造、变造或者盗用他人可用于证明身份的证件,提供虚假证明材料等手段虚构社会保险参保条件、违规补缴,骗取社会保险待遇。社保代缴即为虚构劳动关系情形，是被明确禁止的，该办法的出台直指该问题，同时近年来 IPO 审核对第三方代缴社保公积金的情况关注程度越发加深，企业应保持重视。

提请企业尽快、尽早终止第三方代缴行为，通过设立分公司、子公司或劳务外包、劳务派遣形式（非重要岗位）降低第三方代缴社保公积金之比例。

5. 合规性总结

综合前述法律法规要求及实务案例，针对 IPO 进程中的社保公积金缴纳，提请公司完成合规性整改及兜底。具体方向性总结如表 2-77 所示。

表 2-77 社保公积金缴纳的整改方向与要求说明

整改方向	要求说明
关于登记备案	新设立子公司或分公司时，无论是否开始实际缴纳社保和公积金，应注意在法定时限内及时开户
关于缴纳覆盖面	逐步提高申报期人员缴纳比例，就监管趋势而言，其对社保和公积金覆盖率要求较高，申报期最近一期要基本做到全员缴纳且险种齐全；针对仍未进行缴纳的人员，充分论证合理性并测算影响金额
关于缴纳基数及比例要求	如具备条件，应当按照职工工资总额即应发工资进行缴纳；底线要求为高于公司所在地社会保险和住房公积金管理部门所公布的社会保险、住房公积金缴纳标准基数的下限。同时需模拟足额缴纳情况进行利润影响测算是否影响发行人发行业绩条件
关于第三方代缴	尽快、尽早终止第三方代缴行为，通过设立分公司、子公司或劳务外包、劳务派遣形式（非重要岗位）降低第三方代缴社保公积金之比例
由社保公积金主管政府部门出具无违法违规证明	证明公司在申报期内不存在因违反社会保险、住房公积金相关法律法规而受到相关主管部门的行政处罚且情节严重的情况。同时应当注意，部分政府部门出具声明时需要求社保、公积金缴纳比例达到一定规模，故覆盖面的提高应尽早提上议事日程
由公司控股股东、实际控制人出具承诺函	承诺若公司在任何时候因发生在本次发行前的与社会保险费和住房公积金缴纳有关的事项，而被社会保险管理部门或住房公积金管理部门要求补缴有关费用、滞纳金等所有款项，或被要求补偿相关员工所欠缴的社会保险费和住房公积金，或被有关行政机关处罚，或因该等事项所引致的所有劳动争议、仲裁、诉讼，将由其承担全部费用，或即时足额补偿公司因此发生的支出或所受损失，并承诺此后不向公司追偿，确保公司免受任何损失和损害

(五)劳务派遣与劳务外包

1. 法律法规要求

法律法规层面针对劳务用工,主要通过《中华人民共和国劳动合同法》、相关管理条例及暂行条例进行规定。具体如表 2-78 所示。

表 2-78　法律法规关于劳务用工的相关规定

文件依据	相关规定
《中华人民共和国劳动合同法》(2012年12月修订)	第五十九条　劳务派遣单位派遣劳动者应当与接受以劳务派遣形式用工的单位(以下称用工单位)订立劳务派遣协议。劳务派遣协议应当约定派遣岗位和人员数量、派遣期限、劳动报酬和社会保险费的数额与支付方式以及违反协议的责任。用工单位应当根据工作岗位的实际需要与劳务派遣单位确定派遣期限,不得将连续用工期限分割订立数个短期劳务派遣协议 第六十三条　被派遣劳动者享有与用工单位的劳动者同工同酬的权利。用工单位应当按照同工同酬原则,对被派遣劳动者与本单位同类岗位的劳动者实行相同的劳动报酬分配办法。用工单位无同类岗位劳动者的,参照用工单位所在地相同或者相近岗位劳动者的劳动报酬确定。劳务派遣单位与被派遣劳动者订立的劳动合同和与用工单位订立的劳务派遣协议,载明或者约定的向被派遣劳动者支付的劳动报酬应符合前款规定
《劳务派遣暂行规定》(2014年1月)	第三条　用工单位只能在临时性、辅助性或者替代性的工作岗位上使用被派遣劳动者。前款规定的临时性工作岗位是指存续时间不超过 6 个月的岗位;辅助性工作岗位是指为主营业务岗位提供服务的非主营业务岗位;替代性工作岗位是指用工单位的劳动者因脱产学习、休假等原因无法工作的一定期间内,可以由其他劳动者替代工作的岗位。用工单位决定使用被派遣劳动者的辅助性岗位,应当经职工代表大会或者全体职工讨论,提出方案和意见,与工会或者职工代表平等协商确定,并在用工单位内公示 第四条　用工单位应当严格控制劳务派遣用工数量,使用的被派遣劳动者数量不得超过其用工总量的 10% 第九条　用工单位应当按照《劳动合同法》第六十二条规定,向被派遣者提供与工作岗位相关的福利待遇,不得歧视被派遣劳动者 第二十八条　用工单位在本规定施行前使用被派遣劳动者数量超过其用工总量 10% 的,应当制定调整用工方案,于本规定施行之日起 2 年内降至规定比例。但是,《全国人民代表大会常务委员会关于修改〈中华人民共和国劳动合同法〉的决定》公布前已依法订立的劳动合同和劳务派遣协议期限届满日期在本规定施行之日起 2 年后的,可以依法继续履行至期限届满

续表

文件依据	相关规定
最高人民法院《关于审理劳动争议案件适用法律若干问题的解释(五)》征求意见稿	第一百十八条 用人单位将部分业务或职能工作发包给其他用人单位,如果存在以下情形,可以认定双方为劳务派遣关系:(一)工作时间、工作场所由发包方决定或控制;(二)生产工具、原材料由发包方提供;(三)承包方的生产经营范围与承包的业务没有关系;(四)其他符合劳务派遣的特征的情形

2. 定义与区别

(1)定义与特征

①劳务派遣与劳务外包。

上海市人力资源和社会保障局与浙江省、江苏省及安徽省人力资源和社会保障厅于2022年7月联合印发《长三角地区劳务派遣合规用工指引》,并于该指引中对劳务派遣和劳务外包下了较为明确的定义。具体如表2-79所示。

表2-79 劳务派遣和劳务外包的定义与主要特征

项目	定义与主要特征
劳务派遣	定义:企业(劳务派遣单位)以经营方式将招用的劳动者派遣至用工单位,由用工单位直接对劳动者的劳动过程进行管理的一种用工形式 主要特征:由劳务派遣单位招用劳动者,并与被派遣劳动者建立劳动关系,签订劳动合同;用工单位使用被派遣劳动者,但与被派遣劳动者不建立劳动关系,不直接签订劳动合同;被派遣劳动者的劳动过程受用工单位的指挥管理
劳务外包	定义:用人单位(发包单位)将业务发包给承包单位,由承包单位自行安排人员按照用人单位(发包单位)要求完成相应的业务或工作内容的一种用工形式 主要特征:发包单位与承包单位基于外包合同形成民事上的契约关系;发包单位和承包单位约定将发包单位一定工作交付给承包单位完成,由发包单位支付承包单位一定的费用;承包单位与所雇用的劳动者建立劳动关系并对劳动者进行管理和支配;发包单位不能直接管理与支配承包单位的劳动者

②委托加工。

委托加工属于企业生产方式中的一种,其定义来源于我国相关税收法规,是指由委托方提供原料和主要材料,受托方只收取加工费和代垫部分辅助材料进行加工生产。

(2)核心区别

①劳务派遣与劳务外包的区别。

根据《中华人民共和国民法典》(2020年5月修订)、《中华人民共和国劳动合同法》(2012年12月修订)、《中华人民共和国劳动合同法实施条例》(2008年9月)、《劳务派遣暂行规定》(2014年1月)、《关于审理劳动争议案件适用法律若干问题的解释(五)》征求意见稿、《长三角地区劳务派遣合规用工指引》(2022年7月)等法律法规及规范性文件的相关规定,劳务派遣与劳务外包用工在适用法律、承包人业务资质、协议条款内容、实际工作内容、生产场所及工具提供、用工管理权限、结算方式、报酬支付、风险承担、工作成果提交形式等方面存在实质性差别。具体如表2-80所示。

表2-80 劳务派遣与劳务外包的区别

区别	劳务派遣	劳务外包
适用法律	适用《中华人民共和国劳动合同法》(主要是劳动关系)	适用《中华人民共和国民法典》(主要是合同关系)
承包人业务资质	劳务派遣单位应先取得劳务派遣经营许可证,方可经营劳务派遣业务,向用工单位派遣劳动者	没有特别的资质要求。在劳务外包关系中,如外包的项目不涉及国家规定的特许内容,则无须办理行政许可证
协议条款内容	用工单位应与劳务派遣单位签订《劳务派遣协议》,就派遣的岗位名称、岗位性质、工作地点、用工人数、派遣期限、劳务报酬数额及支付方式、社会保险费数额及支付方式、派遣服务费标准及支付方式等事项做出约定	用工单位应与劳务单位签订《劳务外包协议》,发包方与承包方自行协商确定双方的合同关系,主要约定外包工作量的计量单位与结算方式、外包工作任务的具体内容、完成期限、外包人员的管理方式等
实际工作内容	劳务派遣用工只能在临时性、辅助性或者替代性岗位上实施	劳务外包根据发包方需求安排人员完成工作,对岗位没有特殊限定和要求
生产场所及工具提供	被派遣劳动者在用工单位的生产经营场所使用用工单位的设施设备,按照用工单位的安排或者以用工单位的名义提供劳动	发包人与承包人自行协商确定生产场所及工具提供等相关事宜
用工管理权限	劳务派遣单位派遣的劳动者由用工单位直接管理,被派遣劳动者根据用工单位相关岗位要求进行工作,受用工单位的规章制度管理	发包方将工作内容发包给劳务外包供应商,由其按合同约定安排人员完成,人员管理由劳务外包供应商自行负责
结算方式	用工单位根据劳务派遣单位派遣的劳动者数量、工作内容和时间等与被派遣劳动者直接相关的要素计算应付劳务派遣单位的服务费	在劳务外包关系中,发包单位根据外包业务的完成情况向承包单位支付外包费用

续 表

区别	劳务派遣	劳务外包
报酬支付	劳务人员薪酬及福利由用工单位决定,由用工单位支付派遣费用给劳务派遣单位后,劳务人员在劳务派遣单位领取	劳务人员薪酬由外包供应商决定,发包单位向外包供应商整体进行费用结算,由外包供应商支付劳务人员的薪酬、社保等
风险承担	用工单位系劳务派遣三方法律关系中的一方主体,需承担一定的用工风险。劳务派遣期间,被派遣的工作人员因执行工作任务造成他人损害的,由接受劳务派遣的用工单位承担侵权责任;劳务派遣单位有过错的,承担相应的责任。用工单位给被派遣劳动者造成损害的,劳务派遣单位与用工单位承担连带赔偿责任	劳务外包涉及两方关系,即发包单位与承包单位之间的合同关系及承包单位与劳动者的劳动合同关系。发包方与承包方,对于用工过程中对劳动者造成的损害,无共同承担责任的义务
工作成果提交形式	劳务派遣用工侧重于劳务派遣单位向用工单位提供人员,即核心在于"人",用工单位往往更加关注劳务派遣单位是否提供了足够数量的劳动者,并基于劳动者的数量与工作时长等向劳务派遣单位支付对应的服务费	劳务外包侧重于承包单位应在发包单位指定的时间内提供工作成果,即核心在于"工作成果",发包单位根据承包单位的工作成果向承包单位支付服务费

②劳务外包与委托加工的区别。

委托加工,又可称为外协加工。其与劳务外包相似之处为不进行"人的管理",只对工序及工作量进行要求。对于二者的区别则应做如下把握:委托加工是一种生产方式,其与劳务外包最大的不同在于,工作场地、主要生产设备均由受托加工方提供;劳务外包则主要于发包方处开展相关工作,由发包方提供工作场地、主要生产设备。

3. 核算与列报

委托加工物资的核算通过委托加工物资科目进行,相关发出、收回的流转处理较为清晰,本小节不再赘述。以下主要针对劳务外包及劳务派遣的会计处理分别进行说明。

(1)企业会计准则对职工的界定

根据《企业会计准则第9号——职工薪酬》(2014年2月)第三条:本准则所称职工,是指与企业订立劳动合同的所有人员,含全职、兼职和临时职工,也包括虽未与企业订立劳动合同但由企业正式任命的人员。

具体而言,本准则所称的职工至少应当包括:

第一,与企业订立劳动合同的所有人员,含全职、兼职和临时职工。按照《中华人民共和国劳动法》(2018年12月修订)和《中华人民共和国劳动合同法》(2012年12月修订)的规定,企业作为用人单位应当与劳动者订立劳动合同。本准则中的职工首先应当包括这部分人员,即与企业订立了固定期限、无固定期限或者以完成一定工作为期限的劳动合同的所有人员。

第二,未与企业订立劳动合同但由企业正式任命的人员,如部分董事会成员、监事会成员等。企业按照有关规定设立董事、监事,或者董事会、监事会的,如所聘请的独立董事、外部监事等,虽然没有与企业订立劳动合同,但属于由企业正式任命的人员,属于本准则所称的职工。

第三,在企业的计划和控制下,虽未与企业订立劳动合同或未由其正式任命,但向企业所提供服务与职工所提供服务类似的人员。其包括通过企业与劳务中介公司签订用工合同而向企业提供服务的人员,这些劳务用工人员属于本准则所称的职工。

(2)基于企业会计准则的判断处理

根据前述准则指引,未与企业订立劳动合同或未由其正式任命,但向企业所提供服务与职工所提供服务类似的人员作为职工认定,前置条件为需在企业的计划与控制之下。

根据劳务外包的定义与特征,劳务外包是指企业将其部分业务或职能工作发包给相关机构,由该机构自行安排人员按照企业的要求完成相应的业务或工作,发包企业对劳务外包单位的员工不进行直接管理,其工作形式和工作时间由劳务外包单位自行安排确定。就相关定义而言,劳务外包人员不属于发包方即企业计划、控制范围内,劳务外包主要系对工作量、服务内容进行购买,相关人员不应作为"职工"范围通过职工薪酬列报处理。而劳务派遣符合前述概念中对"人"进行考核负责的界定,应比照员工通过应付职工薪酬科目进行核算。

综上,我们归纳了劳务派遣与劳务外包在会计处理、现金流量表项目列示上的区别,具体如表2-81所示。

表 2-81　劳务派遣与劳务外包在会计处理、现金流量表列示的区别

项目	劳务类型	劳务派遣	劳务外包
计提会计处理	生产性劳务	借：生产成本 贷：应付职工薪酬	借：生产成本 贷：应付账款
	行政后勤性（如保洁、安保）劳务	借：管理费用 贷：应付职工薪酬	借：管理费用 贷：应付账款
现金流量表列示	生产性劳务	支付给职工以及为职工支付的现金	购买商品、接受劳务支付的现金
	行政后勤性（如保洁、安保）劳务	支付给职工以及为职工支付的现金	支付其他与经营活动有关的现金

4. 审核关注点及应对

（1）劳务派遣的 10% 红线

根据《劳务派遣暂行规定》（2014 年 1 月）第四条，用工单位应当严格控制劳务派遣用工数量，使用的被派遣劳动者数量不得超过其用工总量的 10%。此比例为红线性要求，不得突破，否则会构成发行上市的实质性障碍，其中用工总量为用工单位订立劳动合同人数与使用的被派遣劳动者人数之和。发行人应做到集团范围内所有公司主体均满足此要求，而非从集团层面合并计算考虑。

（2）真派遣、假外包

部分企业为避免逾越劳务派遣用工不得超过用工总量 10% 的红线，通过修改合同形式，将实质性的劳务派遣用工变更为劳务外包用工。该处理往往导致报告期数据呈现劳务派遣人员比例大幅下降、劳务外包人员比例大幅上升的特征，两种用工形式同时存在且界定模糊，成为监管机构反馈问询的重点。

针对此情形，提请企业充分理解前文阐述之劳务派遣、劳务外包的关键要件区别，务必确保作为劳务外包形式的用工，从业务资质、协议条款内容、实际工作内容、生产场所及工具提供、用工管理权限、结算方式、风险承担、工作成果提交形式上均满足劳务外包的特征并留存诸如协议、生产排班记录、考勤管理记录、人员管理记录、费用结算、发票等核心单据进行佐证。

（3）是否符合行业惯例

由于劳务外包对应考勤、生产排班、考核奖惩等管理事务都交由劳务外包公司派出的管理人员进行管理，劳务外包占比较高的企业或引发监管机构对大部分用工交由外部进行管理是否可行、是否符合企业运营实际之疑虑，并要求对行业惯例进行说明。根据案例经验，论证切入点如下：

①梳理外包管理的工作内容。

一般而言,外包供应商单位的权限及管理内容包括招聘与委派、考勤、排班、考核等方面。具体如表 2-82 所示。

表 2-82 外包管理的工作内容

项目	具体内容
招聘与委派	劳务外包供应商自行招聘员工,与员工签署劳动合同,并根据发行人对外包作业的要求,选派员工按要求完成作业量
考勤	驻场人员通过发行人的考勤系统,对其委派的劳务外包人员工作时间进行记录,并以此为作业量依据与发行人结算工资
生产排班	驻场人员根据发行人的生产计划及外包作业需求,对劳务外包人员进行相应的人数和作业安排
考核奖惩	劳务外包供应商自行根据考勤情况等核算薪酬,并直接向劳务外包人员发放薪酬
生产秩序	驻场人员负责巡检并维护生产秩序,督促其委派人员遵守厂区生产规范,及时处理涉及劳务外包人员的纠纷
员工关怀	驻场人员负责劳务外包人员的健康、精神状态,负责管理在厂期间的后勤保障
离职与调离	驻场人员根据发行人生产计划和外包工作需求,动态调整委派至发行人处人员数量,负责确定调离人员名单,并办理相关手续,或处理人员离职的手续

②说明公司的职责所在。

在劳务外包供应商进行前述管理的情况下,公司主要对劳务外包人员实施质量标准、操作规范、安全生产等方面的监督,以及在考勤、生产排班方面予以协助或提供指导意见。

③横向对比说明行业惯例。

其一,从外包供应商出发,了解其与向其他客户提供劳务外包服务管理模式是否与公司一致,是否符合各劳务外包供应商为其客户提供劳务外包服务的惯例。其二,从行业案例出发,通过公开信息渠道查询,论证近期过会同类型、同行业上市公司披露之管理形式,是否与公司情况一致。

④是否涉及关键、核心工序与技术。

劳务外包、劳务派遣、委托加工的共同特征系利用外部单位人员完成公司生产等相关事务,其如果涉及关键、核心工序及技术,则侧面说明公司不具备经营自主性及核心竞争力。因此,公司应当详细说明劳务外包、劳务派遣、委托加工业务所参与的工序环节及具体工作内容,用以证明系非关键工序,并从技术成熟、标准化操作、可替代性强的角度论证劳务用工不涉及公司核心技术。

⑤劳务用工单位资质、稳定性及公允性。

劳务用工占比较高的企业,如资质不健全、体量较小的外包单位,则会引发审核对公司用工合规性、稳定性及定价公允性的疑虑。针对此情形,公司应当着重论述劳务公司的经营合法合规性,如:其是否需要且具备必要的专业资质、公司与其业务交易的背景及是否存在重大风险等;劳务公司与发行人是否存在关联关系,劳务外包公司是否专门为发行人成立;交易定价依据及公允性,公司与劳务公司是否存在非业务的资金往来;结合当地劳动力市场情况、公司自有用工情况证明公司针对劳务用工的可选择面广、供应充足具备余地,不存在对主要劳务派遣及外包单位的用工依赖。

⑥用工成本差异分析。

劳务用工费用的结算主体为派遣单位或外包供应商单位,公司不直接对劳务人员进行工薪支付。故审核尤为关注:劳务外包、派遣人员的工资福利和社会保险是否符合有关规定;劳务用工成本与正式用工成本的差异情况;差异对发行人报告期成本费用和盈利的影响;是否存在利用劳务用工方式降低成本情形。

针对上述关注点,公司应当细化统计、量化分析进行应对。具体如下:

其一,梳理与劳务供应单位的合同,对其进行访谈并获取其声明,确认:劳务合同约定了劳务单位应与其委派的劳务人员建立劳动关系并签订劳动合同;劳务供应单位承担相关人员的工资与社会保险等费用,如有违反,劳务供应单位应承担相应的法律责任;劳务供应单位与委派至公司的员工不存在劳动纠纷或潜在纠纷。

其二,公开查询劳务用工单位经营情况,确认:提供劳务服务的供应商不存在涉及工资福利、社会保险缴纳合规性的行政处罚记录。

其三,量化分析劳务人员与正式人员用工成本差异,确认差异原因并确认对利润等关键性指标的影响。我们以劳务外包为例进行测算思路说明,具体如表2-83所示。

表 2-83　用工成本差异测算(以劳务外包为例)

项目	申报期
劳务外包单位工时用工成本/元	A
正式生产员工时薪/元	B

续　表

项目	申报期
单位工时用工成本差异/元	C＝B－A
单位工时用工成本差异率	D＝C÷B
外包人员总工时/万小时	E
差异总额/万元	F＝C×E
税后差异总额/万元	G
营业总成本/万元	H
差异总额占营业总成本比例	I＝F/H
扣非后归属于母公司股东净利润/万元	J
税后差异总额占扣非后归属于母公司股东净利润比例	K＝G/J
模拟后测算的归属于母公司股东净利润/万元	L＝J－G
模拟后测算加权平均净资产收益率	M

注：①劳务外包单位工时用工成本＝劳务外包费用/结算工时；正式生产员工时薪＝直接人工/总工时，为正式员工报告期内实际发生的成本费用；②根据《公开发行证券的公司信息披露编报规则第9号——净资产收益率和每股收益的计算及披露》(2010年1月)相关规定测算加权平均净资产收益率，其中归母净利润与扣非后归属于母公司股东净利润均使用模拟测算后的数值。

五、费用循环模块

费用循环以反映企业在运营过程中发生的与产品服务无直接关系、不直接挂钩的支出对应科目为子集，直观地体现了主要用于支持和维持企业正常运作的资源消耗情况。费用循环涉及的主要科目有损益类中的销售费用、管理费用、研发费用、财务费用。

（一）重点费用一览

企业日常经营活动中的支出涉及诸多方面，名目繁多。我们根据实务经验，按支出权重占比较高、存在一定核算复杂度、与其他财务指标关联度较强、审核关注度较高这四个标准对费用名目进行提取归纳，形成重点费用清单。具体如表2-84所示。

第二章 财务工作分模块规范化指引

表 2-84 重点费用清单及内容说明

费用大类	重点费用项	内容说明
销售费用	人工成本	费用主要构成项目,核算销售部门人员薪酬,与薪酬模块关联度高
	市场推广费	核算公司进行市场、渠道开拓所投入之广告费、展会费、电商费用等
	佣金	亦可称居间费,主要核算通过居间商达成订单后向居间商支付的销售佣金
	保险费	主要核算公司内外销投保的信用保险费用
	售后维保费	主要核算质保期内可能发生的售后维保费用
	差旅费	主要核算与销售相关的出差交通、食宿费用
	折旧及摊销费	核算分配至销售职能模块的费用,来源于设备折旧摊销、租赁费用摊销等,与对应资产模块关联度高
管理费用	人工成本	费用主要构成项目,核算管理部门人员薪酬,与薪酬模块关联度高
	咨询服务费	主要核算管理咨询费、中介机构费、信息技术服务费、认证服务费、检测服务费等
	行政及办公费	主要核算办公用品耗用、后勤费用等
	租赁费	主要核算不纳入新租赁准则核算之短期租赁或低价值租赁费用
	折旧及摊销费	核算分配至管理职能模块的费用,来源于设备折旧摊销、租赁费用摊销等,与对应资产模块关联度高
研发费用	人工成本	费用主要构成项目,核算研发部门人员薪酬,与薪酬模块关联度高
	材料支出	核算与研发项目直接相关的研发领料耗用支出
	服务费	主要核算与研发项目相关的委托开发费用、信息技术服务费、检测服务费等
	折旧及摊销费	核算分配至研发职能模块的费用,来源于设备折旧摊销、租赁费用摊销等,与对应资产模块关联度高
营业成本	运输费	根据新收入准则,为了履行销售合同而从事的运输活动属于合同履约成本,应纳入营业成本进行核算处理

针对费用循环,无论是企业内部管理经营分析维度的数据检视,还是审计、外部监管的审核,均绕不开三个核心关注要点:真实完整性、准确性、合理性。其中:真实完整性指向费用的产生是否有所依凭,凭据是否充分;准确性指向费用

计量的方式是否准确，列报的期间是否准确；合理性指向费用是否多角度可比，如同期可比、关联指标可比、横向行业可比。

基于此，本小节以重点费用名目为基础，围绕三大核心关注点进行实务层面的合规性说明。

(二)真实完整性要求

针对费用项，企业财务规范化进程的前期往往将眼光局限于发票这单一凭据，认为所支出者有发票可满足报税需求即合规，无发票如已进行纳税调增即无风险。发票作为税收征管凭据，其就证据链而言，是应当有的底线资料。凭票入账的核算管理思路导致费用支出的证据资料单薄，与业务情况无法匹配，无法满足审计、审核的要求。

针对费用的真实完整性，公司需按实际发生的所有费用入账，保证所有账务处理的费用均为已发生的费用，所有已发生的费用均已入账。在核算方面，做到"打开明细、拿出证据、说明内容"，落点到各重点费用项目，除发票、付款申请单、支付回单三项必备资料外，公司还应具备完善的核心资料。具体如表2-85所示。

表2-85 佐证费用真实性的核心资料

费用大类	重点费用项	佐证真实性的核心资料
销售费用	人工成本	经审批的工资单、工资发放记录
	市场推广费	推广协议、推广记录、审批记录、结算记录
	佣金	佣金协议、结算记录
	保险费	保险合同、保费清单
	售后维保费	计提层面：政策及计提明细。转销层面：相关维修、售后投入记录
	差旅费	交通单据、住宿水单、餐费记录
	折旧及摊销费	折旧摊销计提复核表
管理费用	人工成本	经审批的工资单、工资发放记录
	咨询服务费	服务协议、服务记录、成果交付记录(如有)、结算记录
	行政及办公费	办公用品领用记录、后勤运营费用结算记录
	租赁费	租赁协议、现场使用情况记录(或需)
	折旧及摊销费	折旧摊销计提复核表

续 表

费用大类	重点费用项	佐证真实性的核心资料
研发费用	人工成本	经审批的工资单、工资发放记录
	材料支出	领用单据、使用管理记录、报废记录
	服务费	服务协议、服务记录、成果交付记录(如有)、结算记录
	折旧及摊销费	折旧摊销计提复核表
营业成本	运输费	运输协议、运输情况明细、结算明细

不同名目的费用代表着不同的经济业务往来。除通用性的发票、付款单据之外,特定的核心资料才是证明费用真实列支的鲜活证据,公司务必积极获取、妥善留存。

(三)准确性要求

在确保费用满足真实列支这一大前提后,企业的进一步着力点则是费用的准确列报。就实务经验而言,建议企业做好如下三个层面的核算准备。

1. 名目统一,口径一贯

(1)名目统一

部分公司在IPO规范前针对费用的子明细项目无清晰的层级划分,仅设置一级明细且名目雷同、口径不一,导致费用明细繁多,给取数分析造成较大困难。

针对该情况,提请公司善用财务系统中的级次设置,由大至小、由宏观至微观进行明细及子明细规划,兼顾管理需求及汇总性取数需求。以销售费用为例,整改思路及效果展示如表2-86所示。

表 2-86　费用级次设置参考（以销售费用为例）

整改前明细设置	整改后明细设置			
	一级子明细	二级子明细	三级子明细	四级子明细
一级子明细	设置建议：最大集，一般为报告披露之费用项目、同类型费用之汇总	设置建议：同类费用中的单个具体费用	设置建议：单个具体费用的细分项	设置建议：根据管理需要、分析需要增添，如按组织、按区域等
工资——市场部	人工成本	工资		市场部
工资——运营部				运营部
工资——售后部				售后部
医疗保险		社保	医疗保险	
工伤保险			工伤保险	
养老保险			养老保险	
失业保险			失业保险	
生育保险			生育保险	
公积金		公积金		
办公费	行政及办公费	办公费		
水电费		水电费		
会务费		会务费		
油费		汽车费	油费	
ETC 费用			ETC 费用	
通信费		通信费	移动电话费	
移动电话费			固定电话费	
固定电话费		物业费		
物业费				
交通费	差旅费	交通费		
差旅费				
住宿费		住宿费		

第二章　财务工作分模块规范化指引

续　表

整改前明细设置	整改后明细设置			
	一级子明细	二级子明细	三级子明细	四级子明细
一级子明细	设置建议：最大集，一般为报告披露之费用项目、同类型费用之汇总	设置建议：同类费用中的单个具体费用	设置建议：单个具体费用的细分项	设置建议：根据管理需要、分析需要增添，如按组织、按区域等
租赁费	租赁费	租赁费	办公租赁	
			门店租赁	华南
				华东
				华西
业务招待费	业务招待费	业务招待费		
公路运费	运输费	运输费	公路运费	华东
				华南
				华西
				华北
水路运费			水路运费	
航空运费			航空运费	
广告费	市场推广费	广告费		
业务宣传费		业务宣传费		
展会费		展会费		
无形资产摊销	折旧与摊销费用	无形资产摊销		
使用权资产摊销		使用权资产摊销		
长期待摊费用摊销		长期待摊费用摊销		
固定资产折旧费		固定资产折旧		
招投标费	其他费用（将单个费用规模较小的项目合并）	招投标费用		
维修费		维修费		
其他费用		其他费用	如有条件可进一步细分	

如表2-86所示,整改前销售费用项下明细共36项,口径混杂;整改后于披露报出层面可归类合并为9项一级子明细,大为精简。亦可进一步打开二级、三级、四级子明细进行应对,满足多维度的分析核查需求。

(2)口径一贯

口径的统一、延续是费用同期可比、横向可比的重要前提,企业应该确保费用计量做到两个一贯:

①期间费用划分保持一贯。

一般而言,费用以不同的部门为载体进行支出,部门在企业中的职能属性决定费用项目的归属,企业应当严格遵循对应关系进行费用划分。具体对应关系详见"第二章'四、工薪循环模块'下的'(二)薪酬归集口径'中的'1.明确部门职能与报表项目的对应关系'"中的相关介绍。

同时,公司应当关注是否存在以单一部门进行归口支付、实际多部门受益需分摊之情况。例如,管理部门下辖之行政部进行所有邮寄费用的垫支,但使用邮寄服务的部门有多个,故应当根据实际使用部门进行费用划分。

②细化费用名目归属保持一贯。

此系针对费用具体明细的归属提出的要求,要求企业深刻理解各费用明细所核算涵盖之内容并进行准确归入、保持口径延续,不可当期将检测服务支出计入服务费,下期将同类同质的服务费计入其他费用或办公费用。

2.期间列报准确

费用跨期导致费用入账期间不准确,直接影响相邻两期的净利润水平,为审计及审核关注的重点事项。一份交由市场检验之财务数据,务必确保费用列报期间的准确性、不存在重大费用跨期事项。

企业应将"业务发生时点"作为费用入账时点的标尺,不断强化权责发生制意识。就实务层面而言,为从源头层面最大程度减少费用跨期事项,建议企业做好如下工作。

(1)获取底层业务记录,建立费用台账

部分费用项目由于存在一定的结算周期,结算时点晚于费用产生及财务结账时点,导致费用计量滞后。常见的示例如:运输费用,多数物流承运单位与企业的运费结算方式为月结、季结,当年12月份发生的运输费用,往往于次年1月、2月甚至更晚时点进行结算;佣金,部分居间商与公司结佣的基础为涉及客户之年度销售情况,故结算一般为报表日后;电商推广费,部分平台的营销费用按月度发布对账记录,于次月或按季度进行结算。

该类费用具备两个显著特点:其一,伴生于基础的经营业务,如运费,其与收入的实现密切相关,有发货即有运输费用支出义务的产生;其二,持续消耗、发生,一般此类费用均具备对应的消耗明细、发生明细记录,以用于双方审核结算。

基于此,建议公司:①与服务提供方进行联络沟通,于费用结算前获取相关费用的支出情况,如运输明细、电商费用后台消耗记录等;②明确费用产生的基础来源后自行收集整理数据,如佣金,可根据佣金协议识别涉及的客户、结佣期间、涉佣产品范围、佣金点数,导出销售记录进行汇总匡算。通过数据收集、台账建立,于报表结表前根据业务发生时间进行费用的准确计提,避免产生大额跨期。

(2)形成预提制度

基于底层业务记录的获取、费用台账的建立,可大大增加计提的准确性,但实务中难免存在结表时点计提依据相对不足的情况,如:物流公司运输明细尚无法拉取,电商平台营销推广数据尚无法查询导出,工资薪金数据尚未经人事等部门完成考核,等等。

针对此情形,我们提请企业立足当下,根据现有资料及历史经验进行费用预提。就数据层面的影响而言,是否预提的重要性远高于预提是否十分精确,无须"等所有菜齐了才下锅"。

一般而言,需进行预估计提的费用主要有:①工资薪金相关人工成本;②租赁费用;③物业水电费用;④运输费用;⑤已发生待审核之报销款;⑥佣金及居间费用;⑦售后维保费用;⑧持续产生、持续消耗的其他费用如服务费用、推广费用、保险费用等。

(3)落实报销、业务资料收齐之及时性

业务发生时点为费用入账时点的标尺,业务时点的判断来源于业务资料,其经手的人员是否及时提交、提交内容是否完备直接决定核算是否准确。

部分企业在规范化前期针对业务资料提交流程、费用报销流程未做制度化要求或执行流于形式。一大特点是业务部门给票即可,无配套业务资料要求或报销截止日的规定,业务已经办较长时间但对应单据仍留于经办人之手迟迟未上报,导致费用大额跨期。

针对此情形,提请企业务必制定并严格执行报销制度、业务资料汇总制度。制度流程中的控制重点如表2-87所示。

表 2-87　制度流程端对费用跨期的控制重点

控制重点	说明
强化报销时效性	规定报销截止日,尤其是针对重要的财务报表截止日时点如季度、中期、年度,应明确报销单据上交至财务部审核的时点(不晚于结表时点),超过该时点提交票据不予接收或进行相应处罚,督促员工及时获取并提交报销单据,提高员工报销及时性意识
业务资料收集形成制度	针对公对公费用支出,部分员工认为款已由公司支付,作为经办人完成事项跟进即可,无证据留存意识。公司应明确各业务经办中需获取、收集之资料,并下发至各业务部门,规定员工在完成业务时点后一定期限内需完整提交相关资料,建立奖惩制度,以有效提高资料收集的完备性与及时性
关注异常财务数据	就财务层面而言,可从数据上监控费用是否延迟入账,如预付款挂账时间较长,超出合同约定之交付、服务周期或意味着货品、服务已到货履约而相关部门未及时提交记录进行结转;其他应收款中备用金挂账时间较长或意味着业务已经办好而相关人员未提交报销凭据;等等

(4)期后跟踪统计进行兜底

通过获取底层业务记录建立费用台账、形成并有效执行预提制度、落实报销业务资料收集及时性这三项具有预备性的工作执行,公司费用期间列报准确性已得到大大加强。由于业务经营情况多样,前述工作执行中难免存在一定遗漏或未尽准确之处,因此公司需跟进期后费用的列支情况,从期后费用实际发生的层面对是否存在跨期进行跟踪统计。我们建议公司按照如下要求进行期后跨期情况的识别:

①统计期间为次年 1 月 1 日(以年度报表报出为例,中期同理)至报表报出时点。

②统计重点。其一,重点登记、查证容易跨期之费用,如前文提及易产生跨期的运费等;其二,样本可适当选取单笔发生金额较大的,如是小金额但出现频繁的,也应适当关注查证业务时间。

③登记格式。我们建议企业按照模板进行登记备查,以便自身进行影响汇总、责任落实并知会审计机构进行复核确认。具体参考格式如表 2-88 所示。

表 2-88　费用跨期情况统计台账示例

支付日期	业务发生日期	记账日期	费用类型 大类	费用类型 一级明细	费用类型 二级明细	金额	是否跨期	提交人	提交部门
可以未支付	根据业务资料填写	不做强制要求,部分业务单据提交时公司尚未记账,不影响对其是否跨期之判定					以业务日期为报告期且报告期未记账,则说明跨期	用于落实责任,跨期较长之部门无合理理由比照制度奖惩	

④以管窥豹。根据前述登记查实,如发现存在部分小额费用跨期,不可仅因单笔金额较小即判定总体影响较小,需确认单笔小额跨期是偶发还是广泛存在。如广泛存在,需进一步扩大样本重点查证其汇总性影响,避免遗漏。

(四)合理性要求

1. 变动合理性:确保费用可比

费用作为影响利润的重要指标,针对其各维度的比较分析贯穿于企业经营、财务分析、审计查证、审核关注过程中。

公司应当确保已发生的费用数据在以下方面可比较、能解释:

①绝对值同期可比,即就纵向角度而言,同一大类费用、同一费用名目的规模申报期各期间同比不应存在较大的波动,如存在较大波动,应当具备合理的业务动因。

②占比比例可比,主要系期间费用率(整体期间费用率、销售费用率、管理费用率、研发费用率等)、具体费用与相关基础业务的占比(如运费比例、佣金比例、推广费比例)变动是否合理,如存在较大波动,应当具备合理的业务动因。

③同行业可比,主要关注三项内容:其一,是否存在人无我有、人有我无的费用项目,是否具备合理的业务解释;其二,总体规模水平或比率是否与同行业上市公司平均水平一致;其三,变动趋势是否与同行业上市公司情况一致。

2. 业务合理性:重点费用的审核关注

与公司基础经营如销售业务关联度高的费用、大额偶发性费用、不具备实物载体所依托的虚拟性服务性费用、本身昭示着一定风险的费用在 IPO 阶段受到较为重点的审核关注。

基于实务经验与市场案例整理对应审核关注点,特针对物流仓储费、推广费、佣金、服务费、研发费用进行展开说明,提请企业于业务资料层面、核算层面逐项自查是否满足审核的细致要求,不足之处应及时整改夯实。

(1)两条红线

①红线1:不得巧立名目发生不实费用。

"结合费用发生的对方单位说明是否存在关联方或潜在关联方为发行人承担成本或代垫费用的情况,是否存在少计费用的情况。"该关注点于各板块监管问询问题中屡见不鲜,可谓通用性问题。

该问题要求企业针对申报期的期间费用,均能打开至交易末级,说明费用内容、对手单位、交易金额等。因此,企业应当具备底线思维,不可通过关联方或隐性关联方承担成本、代垫费用,不可与服务方串通巧立名目、虚增或调节费用,否则不合规情况将在此核查要求下暴露无遗,进而直接构成发行障碍。

②红线2:不得通过佣金或其他费用形式进行商业贿赂。

商业贿赂系为了获取商业利益而向他方提供财物、礼品或其他好处的行为。其破坏公平竞争的环境,将应该投入企业运营发展之资金用于不正当关系疏通而造成资源浪费,破坏商业伦理及道德。

根据《中华人民共和国刑法》(2020年12月修订)、《最高人民法院、最高人民检察院关于办理商业贿赂刑事案件适用法律若干问题的意见》(2008年11月)、《最高人民法院、最高人民检察院关于办理贪污贿赂刑事案件适用法律若干问题的解释》(2016年4月)等相关法律及司法解释,商业贿赂犯罪涉及刑法规定的诸如非国家工作人员受贿罪、对非国家工作人员行贿罪、受贿罪、单位受贿罪、行贿罪、对单位行贿罪、介绍贿赂罪、单位行贿罪八项罪名,为企业经营及IPO上市的红线,不可触碰。

就费用层面而言,公司应当严格杜绝通过佣金、居间费用或其他费用形式对客户、供应商等进行商业贿赂的行为。

(2)物流仓储费

①运输费。

对于非从事物流、货运或运输业务的企业来说,其运力主要来源于外部第三方物流企业。在运输费用由卖方承担的情况下,每一单货物的销售实现相伴产生运输发货的费用义务,收入与运输费用具备密切的关系。

基于此,就审核角度而言,审核方对各期运输费用与营业收入、销量的匹配关系尤为关注,以识别收入端或费用端是否存在入账不完整、期间记录有误等情况。其一般要求结合运输费用承担方式,区分运输业务提供商,从收入规模、销量、发货数量、货物质量、销售区域、运输里程、计费标准、运费单价等指标进行量化说明。

提请企业针对申报期的运输费用,妥善留存各主要物流公司的合同、运输情况明细、结算清单等并形成运费台账,方可进行前述层面的多维度数据匹配分析。运费台账示例如表2-89所示。

表2-89 运费台账示例

运输时间	物流提供方	客户名称	运送目的地	产品侧				运费结算侧			
				产品编码	产品名称	产品数量	产品质量	运输里程	运费数量	运输重量	结算单价	运费金额

②仓储费。

仓储费主要系企业将存货存放于第三方仓库而产生的仓储保管费用。就境内销售而言,主要系公司自身场地受限或提高远距离供货下的客户需求响应度,委托第三方物流仓储公司进行存货保管;就境外销售而言,多见于电商销售B2C模式,其中较为典型的系通过亚马逊平台进行的跨境电商销售,其由亚马逊提供FBA(Fulfilment by Amazon)代发货服务,亚马逊平台通常依据公司的日均存储体积按月收取仓储费用。

由于仓储费用与存货状态关系密切,审核方对仓储费用与相关存货的数量、仓储面积的量化匹配性尤为关注。提请企业针对申报期的仓储费用,妥善留存各主要仓储公司的合同、各时点(至少按月度)所存存货清单、仓储费用结算清单等并形成仓储费台账,以进行前述层面的多维度数据匹配分析。

此外,由于第三方仓储涉及异地存货管理的内控问题,虽然存放于第三方仓库的存货一般由各仓库管理主体进行保管,但企业应当进一步明确货物保管期间发生的货物灭失、毁损、短少等情况如何归责,双方复核归责后于合同中明确约定。同时,妥善留存公司货物的出入库记录,形成与对方定期进行明细对账等制度,定期及不定期地安排人员进行实地盘点并形成盘点记录。

(3) 推广费用

① 市场营销推广费用。

市场营销推广费用主要是指展会费、媒体等渠道广告投放费、宣传片拍摄费、活动宣传赞助费等。该类费用属于销售实现前的费用性投入,与收入不存在明确对应关系。因此就审核角度而言,审核方主要关注费用支付对象是谁、费用是否实际发生以及年度间费用波动原因。

故针对该类费用,企业应当确保交易单位不存在瑕疵、期间不存在记录错误。此外,由于推广费用往往不存在明确的成果交付,费用支出前务必审慎,进行相关前置审批留痕,同时应当根据前文提及之核心资料要求,于支出发生过程中妥善留存相关记录。

② 电商平台费用。

电商平台费用由线上销售渠道产生,主要包括各大电商平台之平台服务费、营销推广费、软件服务技术服务费等。电商平台的费用一般相伴电商销售业务产生且持续发生,为除产品成本外的主要支出项目。

就审核角度而言,审核方关注主要服务商情况、定价方式、结算方式、交易金额,电商费用与销售收入的匹配关系、费用率是否符合行业特征、电商费用及数据营销的具体效果(如页面浏览量、新增访问人数、新增客户数量、成交金额等指标)、各渠道获客成本等。

以下对境内外电商销售主流平台的费用内容、定价依据、结算方式进行总结说明,具体如表 2-90 所示。

表 2-90 境内外主流电商平台的费用内容、定价依据及结算方式

地区	平台	费用类型	定价依据	结算方式
境内	天猫	平台服务费、营销推广费、分销佣金、手续费、保险费、活动促销费	按成交金额的百分比结算、按点击收费或展示收费	平台收款账户自动划扣、预充值后按照实际使用情况扣款
境内	京东	推广服务费、分销佣金、软件服务费	按点击收费或展示收费、按成交金额的百分比结算、年费制	平台收款账户自动划扣、预充值后按照实际使用情况扣款
境内	抖音	平台服务费、营销推广费、分销佣金	按成交金额的百分比结算、按点击收费或展示收费	平台收款账户自动划扣、预充值后按照实际使用情况扣款
境外	亚马逊	平台服务费、营销推广费、促销活动费	按成交金额的百分比结算、按点击收费或展示收费等	平台收款账户自动划扣

由表2-90可知，电商费用服务提供主体基本为头部平台电商，其针对服务的定价、结算的方式均有明确的约定，各项费用的发生均具备后台流水记录作为支撑。因此，要求企业对相关服务的合同协议进行留档，定期导出相关费用消耗记录，作为费用计量计算的依据及后续业务关联度量化论证的依据。

（4）佣金

佣金（又称居间费）主要系通过居间商达成订单后向居间商支付的销售佣金，其发生情况与对应订单的销售实现情况关系紧密。

就审核角度而言，审核方的关注重点为：①对手单位基本情况如何，是否涉及商业贿赂、利益输送、关联关系；②与居间商的合同约定及服务内容；③通过居间商进行交易是否具备商业合理性、费用情况及费用率是否符合行业惯例与同行业可比；④通过居间费取得的业务金额占比是否较高，是否具备独立开拓业务的能力；⑤佣金涉及的下游客户、订单、产品是什么，是否与对应的销售收入情况匹配；⑥申报期内佣金比例、佣金规模是否变动平稳。

针对该问题，要求企业做到以下几点：

第一，杜绝以佣金形式进行商业贿赂、利益输送。

第二，与居间方合作前务必确认对方资质、背景，并签订条款完善、结算方式及结算依据明确的正式佣金协议。

第三，登记佣金结算的相关台账，作为费用计提、后续业务论证的依据。具体格式如表2-91所示。

表2-91 佣金台账示例

所属公司	客户名称	佣金收取方	佣金结算方式（比例、单价）	对应订单销售情况				实际应结算佣金金额	佣金实际归属期间	已支付佣金金额	佣金支付时间
				产品编码	产品名称	销售数量	销售金额				

（5）服务费

服务费主要包括管理咨询费、中介机构费、信息技术服务费、认证服务费、检测服务费等。

就审核角度而言,审核方关注重点为:①对手单位基本情况如何,是否涉及商业贿赂、利益输送、关联关系;②服务内容是什么,服务是否真实发生,是否有成果交付;③获取服务的必要性及原因;④是否依赖外部单位持续提供服务项目及其对公司经营的影响;⑤服务费用的计量尤其是期间是否准确。

针对该问题,要求企业做到以下几点:

第一,杜绝以服务费形式进行商业贿赂、利益输送,确保费用发生真实。

第二,确认服务方资质、背景,并正式签订条款完善、费用结算方式及结算依据明确的服务协议。

第三,妥善留存服务相关记录。不同于产品购销,服务没有实物交易,针对咨询培训、技术服务等内容,应当留存事前沟通、事中服务、事后成果交付(如有)等全流程证据链。

第四,严格根据服务期间进行入账,确保费用列报准确。

(6)研发费用

根据企业会计准则定义,研发费用系反映企业研究与开发过程中发生的费用化支出。由于研发费用情况决定公司能否享受高新技术企业认定的税率优惠、所得税汇算中加计扣除优惠,因而其是否满足真实性、合理性、准确性要求,不仅仅是财务层面问题,亦是税法合规问题。

就审核层面而言,研发费用历来为审核重点且审核尺度日渐趋严。根据监管规则指引、市场反馈案例及实务经验,提请企业进行如下合规性整改及落实:

①核算要求。

公司应根据《企业会计准则》、《高新技术企业认定管理办法》(2016年1月)和《高新技术企业认定管理工作指引》(2016年6月)的相关规定明确研发费用的核算范围,研发费用通常包括人工成本、研发耗材费、服务及外部检测费、差旅费、股份支付费用、折旧费及资产摊销、劳务费及其他费用。

研发业务发生的直接支出,如人工成本、研发耗材费、服务及外部检测费、差旅费、股份支付费用、折旧费及资产摊销、劳务费等,均纳入研发支出核算;研发业务发生的间接费用,如租赁费、行政物业水电费等,根据合理的比例计算应分摊金额,经审批后纳入研发费用核算范围。对于不同性质的费用,应按照对应原则进行归集,具体如表2-92所示。

第二章 财务工作分模块规范化指引

表 2-92 研发费用构成项目的归集原则

费用构成	归集原则
人工成本、股份支付费用及劳务费	以人员所属及所服务职能部门为判断标准，研发部门人员发生的人工成本、股份支付费用及劳务外包费用归集为研发费用
研发耗材费	根据材料领用部门及使用用途做出判断，如果材料用于研发活动，则归集为研发费用。公司定期复核并更新费用分配方式，确保分配合理
服务及外部检测费	根据服务、检测支出对应部门及用途做出判断，如果服务及外部检测等用于研发活动，则归集为研发费用
差旅费	以出差人员所属部门及差旅活动是否与研发项目状态匹配为判断标准，如果差旅活动与研发活动直接相关，则归集为研发费用
折旧费与资产摊销	以资产所在使用部门为判断标准，如果资产使用部门属于研发部门，则对应的折旧费与资产摊销归集为研发费用
其他费用	主要按实际支出情况归集

②合规性要求。

A.关注相关指标情况

应当重点关注并自查研发费用变动、与同行业对比及研发加计扣除规模合理性，具体如表 2-93 所示。

表 2-93 研发费用相关指标及关注内容

相关指标	关注内容
变动情况	●研发费用绝对值年际变动较大，与收入变动趋势等不匹配 ●研发费用内部结构如人工、材料占比年际变动较大
与同行业对比	●研发费用是否明显较同行业偏大，且无充分、合理的创新性、领先性依据 ●研发费用规模及费用占比较高且毛利率明显高于行业情况，或表明公司可能存在将生产性相关费用计入研发费用的问题 ●内部结构如人工、材料占比关系是否与同行业存在明显差异
参与加计扣除的研发费用规模	参与加计扣除的研发费用是否与会计报表中的研发费用存在较大差异，如前者明显偏小，或表明税务机关对会计报表所列示的研发费用进行大幅调减，则说明研发费用列报依据不充分、不真实

B.梳理研发流程

公司需制定书面化的研发流程，并确保各项目具备流程对应的关键性节点的资料。一般研发项目的主要流程说明及各流程的关键性资料如表 2-94 所示。

表 2-94　研发项目各阶段流程说明及关键性资料示例

阶段	流程说明	关键性资料
概念阶段	●需求收集：根据公司战略发展目标、行业及技术趋势、市场调研、用户反馈及竞争对手的发展方向等因素初步制定研发目标 ●项目评审：将收集到的需求整合、归纳，提炼出有价值、可行性高、能真正解决用户痛点且符合行业发展规律的需求 ●正式立项：对通过评审的项目进行立项申请	可行性研究报告、立项决议、立项报告、费用预算等
计划与决策阶段	●方案设计与早期验证：在概念得到支持与立项的基础上，完成项目方案的设计，针对硬件产品则进行系统组成及单元设计，对于软件产品则明确开发环境等，并进行方案与概念的验证 ●项目批准：全面衡量产品是否达到方案设定的目标，对是否终止或继续开发做出决策	设计和开发计划书、项目批准实施开发报告
开发阶段	●针对每个研发项目的特点合理配备专业人员，严格落实岗位责任制，确保研究过程的高效、可控 ●安排专人实时跟踪检查项目进展情况，评估各阶段研究成果，确保项目按期、保质完成，有效规避研发失败风险	工时表、领料单、费用审批单、中期检查报告等
验证阶段	●每个研发项目完成后组织非项目组成员的核心技术人员对研究成果进行内部独立评审和验收，也可由第三方验证机构验证产品的各项性能指标是否达到技术要求 ●对于核心研究成果，组织进行专利申请，加强研究成果的保护，促进研究成果转化为实际生产力	项目验收报告、研发成果报告、第三方鉴定报告、专利证书等
发布阶段	验收通过后，产品经理筹备产品发布，并组织培训材料，对相关人员进行培训	产品手册等

C.厘清研发人员

研发人员工资薪金支出即人工成本为研发费用的主要构成内容。针对研发人员，公司应厘清的合规性要求具体如表 2-95 所示。

表 2-95　研发人员层面的合规性要求

事项	要求
架构设置与稳定性	研发部门架构清晰、划分标准明确，研发人员应专职从事研发，不允许研发人员与其他部门人员如生产人员混同；研发人员应当保持稳定，不允许人员调动以拼凑研发费用
工作内容	研发部门下各机构、各人员研发工作内容应当明确，并留存围绕研发项目相关的研发工作记录

第二章　财务工作分模块规范化指引

续　表

事项	要求
工作记录	应具备考勤系统对研发人员进行工时留痕、记录、统计，统计结果作为研发费用内部各项目间人工成本划分归集以及非全勤情况下研发费用与其他费用划分的依据
专业胜任能力	研发人员学历构成、专业背景、工作年限情况均应符合学历相对较高、专业背景与公司主营业务及研发方向一致、经验水平与项目要求及研发投入相匹配等要求
薪酬水平	研发人员就其工作性质的创新性而言，其薪酬水平应当具备一定竞争力，确保公司部门间可比、同行业可比、同地区可比

D. 夯实研发材料

研发材料费用主要是指为实施研究项目而采购、领用的原材料或成品等相关支出，其为研发费用的主要构成内容。针对研发材料，公司应夯实并满足的合规性要求具体如表 2-96 所示。

表 2-96　研发材料层面的合规性要求

事项	要求
研发领料	● 研发领料流程应当独立，与生产性领料严格划分，并具备相关内控审批流程进行审核 ● 研发领料人员应为研发部门人员，领料时应当明确拟用于之研发项目情况并留痕记录。举例：研发人员在 ERP 系统中提交领料申请并注明项目编号等项目信息，经上级主管审批通过后，打印领料单并在领料单上签名，领料单提交给仓库管理员后领出材料，财务部门按月复核并汇总研发领料单据
研发材料及废料管理	● 应记录并妥善留存直接材料投入的具体去向相关数据及资料，包括直接投入数量、金额、废料情况，形成的样品情况 ● 应明确直接材料投入形成废弃料后是否能够再次利用，作为废弃料处理是否符合同行业通行做法，废弃料的处理记录与研发直接材料投入是否匹配 ● 研发样品会计处理。财政部于 2021 年 12 月 30 日发布了《企业会计准则解释第 15 号》，规定了企业将固定资产达到预定可使用状态前或者研发过程中产出的产品或副产品对外销售的会计处理及其列报，规定不应将试运行销售相关收入抵减成本后的净额冲减固定资产成本或者研发支出。即形成样品时，应归集成本金额计入存货，后续实现销售时，确认营业收入结转营业成本

E. 关注其他费用

研发费用的其他项目主要为折旧及摊销费用、服务费、委托研发与合作研发费用等，相关要求如表 2-97 所示。

表 2-97　其他研发费用项目的合规性要求

项目	要求
折旧及摊销费用	折旧及摊销费用主要系对应资产根据折旧、摊销政策计提产生,应关注费用摊入之设备是否为研发设备、设备是否专用,以及研发是否与生产设备混用
服务费	针对服务费用的关注与应对,详见"第二章'五、费用循环模块'下'(四)合理性要求'中的'2.业务合理性:重点费用的审核关注''(5)服务费'"相关说明。企业应当确保服务费用真实发生、有所记录,不存在通过服务费支出的方式进行商业贿赂及利益输送的情况
委托研发与合作研发费用	公司应当确保: ●受托单位或合作单位与公司及其控股股东、实际控制人、董事、监事、高级管理人员不存在关联关系,不存在利益输送 ●受托单位或合作单位资质、背景具备一定竞争力,可满足公司技术研发需求 ●公司应当具备自主研发实力,不应过度依赖委托研发或合作研发 ●双方关于研发成果的权属约定应当明确,不存在模糊或争议空间 ●针对合作研发过程,应当妥善留存描述及记录合作模式、研发目标、项目预算、费用承担方式、人力和资金安排的相关资料,用以分析说明公司与合作研发方各自的技术贡献、研发成果的权属、收益分配情况

F.《监管规则适用指引——发行类第 9 号》的明确要求

《科创属性评价指引(试行)》(2023 年 8 月)、《公开发行证券的公司信息披露内容与格式准则第 57 号——招股说明书》(2023 年 2 月)等规定了研发人员和研发投入的指标要求或披露要求。为规范研发人员、研发投入信息披露和中介机构核查工作,证监会于 2023 年 11 月 24 日制定了《监管规则适用指引——发行类第 9 号》,我们对其核心内容进行了概括提取,具体如表 2-98 所示,企业应当逐项进行把握。

表 2-98　《监管规则适用指引——发行类第 9 号》核心内容提取

大类	涵盖事项	内容概括
研发人员认定	研发人员概念	直接从事研发活动的人员以及与研发活动密切相关的管理人员和直接服务人员
	研发人员范围	主要包括:在研发部门及相关职能部门中直接从事研发项目的专业人员;具有相关技术知识和经验,在专业人员指导下参与研发活动的技术人员;参与研发活动的技工;等等
	除外人员	不得将与研发活动无直接关系的人员,如从事后勤服务的文秘、前台、餐饮、安保等人员,认定为研发人员
	非全时研发人员	既从事研发活动又从事非研发活动的人员,当期研发工时占比低于 50% 的,原则上不应被认定为研发人员

续 表

大类	涵盖事项	内容概括
研发人员认定	从事定制化产品研发生产或提供受托研发服务的人员	原则上不能将单纯从事受托研发的人员认定为研发人员
	研发人员聘用形式	研发人员应与公司签订劳动合同。劳务派遣人员原则上不能被认定为研发人员，其他形式合同人员需审慎论证
研发投入认定	研发投入概念	与企业研发活动直接相关的支出
	研发投入范围	通常包括研发人员职工薪酬、直接投入费用、折旧费用与长期待摊费用、设计费用、装备调试费、无形资产摊销费用、委托外部研究开发费用、其他费用等
	研发投入计算口径	本期研发投入的计算口径原则上为本期费用化的研发费用与本期资本化的开发支出之和。当存在国拨研发项目时，发行人采用净额法核算政府补助，可以按照总额法进行相应调整
	研发人员职工薪酬	存在非全时研发人员时，应能够清晰统计相关人员从事不同职能的工时，合理分摊。将股份支付费用计入研发支出的，应具有明确、合理的依据
	共用资源费用	研发活动与其他生产经营活动共用设备、产线、场地等资源，应当准确记录相关资源使用情况，并将实际发生的相关费用按照工时占比、面积占比等标准进行合理分配
	国拨研发项目支出	从政府取得的经济资源适用《企业会计准则第14号——收入》的，相关支出原则上不得计入研发支出
	受托研发支出	若发行人无法控制相关研发成果，发行人应按照《企业会计准则第14号——收入》中合同履约成本的规定进行会计处理，最终计入营业成本，相关支出原则上不得计入研发支出
	委外研发	应签订委外研发合同，研发项目应与发行人的研发项目或经营活动直接相关，委外研发具有必要性、合理性和公允性，研发成果归属于发行人
	研发过程中产出的产品	对于研发过程中产出的产品或副产品，其成本原则上不得计入研发投入
内控要求	制度要求	研发活动和研发人员认定制度、研发业务流程、研发项目管理、研发人员管理等，应明确研发支出的开支范围、标准、审批程序
	管理要求	应建立研发项目的跟踪管理系统以及与研发项目相对应的人财物管理机制，有效监控、记录各研发项目的进展情况 按照研发项目设立台账归集核算研发支出，准确记录员工工时，核算研发人员薪酬，归集研发领料用料和资产摊销

六、长期资产循环模块

长期资产循环以反映企业生产经营所依托的使用寿命较长资产相关科目为子集，直观地体现了企业的长期性资产投入金额及状况，以无形资产、固定资产、在建工程为核心。长期资产循环涉及的主要科目有：资产类中的投资性房地产、固定资产、在建工程、使用权资产、无形资产、长期待摊费用、其他非流动金融资产、其他权益工具投资；负债类中的租赁负债；损益类中的资产处置收益。

(一)资产权属问题

《首次公开发行股票注册管理办法》(2023年2月)第二章《发行条件》第十二条规定，发行人应当资产完整，不存在涉及主要资产、核心技术、商标等的重大权属纠纷，重大偿债风险，重大担保、诉讼、仲裁等或有事项。

资产权属主要为法律层面问题，但财务人员应当在日常工作中对主要资产保持以下几个方面的关注及监控，及时识别相关风险并提示、知会公司法务部门、申报律师团队：

①与生产经营相关的重要资产如房产土地、专利、关键核心设备等应当为自有，如非自有则需多方论证租赁资产是否影响公司生产经营及技术独立性、稳定性，如租赁存在不确定性则需确定后续的应对方案等。

②针对权属不属于公司的资产或与他人共有之资产：第一，备查核实其权属归属对象，是否系关联方并构成对关联方资产依赖、关联方利益输送；第二，是否进行相应资产租赁等费用支出，入账是否完整，支出对价是否公允。

③定期获取并复核借款协议、企业信用报告等资料，确认公司是否将资产用于对外担保、违规担保。

④权证应当及时进行办理，申报期各期末如存在未办妥权证项目，需进行资产内容、净值、原因等事项披露。

⑤资产质押、抵押的公开与非公开查询途径，详见"附录'二、公开信息平台'"相关内容。

(二)资产核算规范性指引

1. 明细账设置及优化

公司应当设置固定资产等长期资产明细账,将其嵌入 ERP 系统模块,由设备管理部门、财务部门共享数据内容并维护相关字段信息。

(1)明细账设置

以固定资产为例,一般而言明细账应当包含的信息内容如表 2-99 所示。

表 2-99 固定资产明细账示例

资产编码	资产名称	规格型号	资产类型	权属单位	设备供应商	使用部门	存放地点	购入时间	验收时间	数量	金额	折旧年限	资产状态	折旧方法	残值率	本期折旧	累计折旧
			房屋及建筑物										正常在用				
			机器设备										闲置				
			运输设备										维修停用				
			办公、电子及其他设备										报废待处置				

(2)优化与更新

固定资产明细账应能同时满足财务层面核算需求及日常资产管理需求。大部分需整改的企业固定资产卡片信息仅可满足其中一方需求,实用性不足,应着力优化。内容如下:

①明确使用部门。使用部门字段的增加,一方面可强化责任人,由使用部门负责日常资产的管理及保管维护;另一方面,使用部门决定了资产折旧与摊销计入的费用、成本科目,与财务核算联动。

②服务于日常管理及盘点。首先,应当增加存放地点字段,便于盘点时定位资产位置以及时找到相关资产;其次,由于部分固定资产分部件进行采购,财务层面将按部件入账列示,实物投入使用状态时已组装为产线,导致盘点时无法对应。针对此情况,应当发挥能动性,于卡片账中加入类似字段,既可满足盘点对应需求,亦可满足财务核算需求。具体如表 2-100 所示。

表 2-100　卡片账的优化示例

资产编码	资产名称	规格型号	使用部门	存放地点	购入时间	验收时间	数量	所属产线名称	所属产线数量
A1							2	A	2
A2							4		
A3							2		
A4							4		

③保持卡片账的更新。设备管理部门作为日常跟进资产使用状态的第一责任部门，应当以明细账为基础，按制度对资产进行盘点，关注是否存在明细账有而实物资产不存在、实物资产不存在而明细账有、使用状态异常等情况，并知会财务部门进行同步处理。

2. 入账依据及入账时点的判定

（1）入账依据务必充分

我们已在前述诸多循环模块中强调发票在证实业务真实性及支撑性上并非核心资料，在此再次强调企业应当摒弃凭票入账的思维。落点到各资产项目，除发票、付款申请单、支付回单三项必备资料外，应具备完善的核心证据资料，如表2-101所示。

表 2-101　佐证资产真实性的核心资料

资产大类	资产项目	佐证真实性的核心资料
固定资产	房屋建筑物	竣工验收报告、竣工决算报告、造价审核报告、不动产证书
	机器设备	合同、到货签收单、重大关键设备调试运行记录、验收单
	运输设备	合同、交车记录、车辆登记证、行驶证
	办公、电子及其他设备	合同、到货签收单

第二章　财务工作分模块规范化指引

续　表

资产大类	资产项目	佐证真实性的核心资料
无形资产	土地使用权	招挂牌记录、土地出让协议、税费缴纳凭据、不动产证书
	软件	合同、安装运行记录、上线验收单
	商标等知识产权	转让协议、产权证书①
在建工程	工程建造	主体及附属工程建造协议、工程进度资料、监理报告
	软件实施	合同、安装运行记录

（2）入账时点的判定

企业应以"资产达到可使用状态"为入账时点的标尺。一般而言，如资产无须进行安装、前置调试工作，可于到货签收时进行入账；如需安装、调试、建造等，需经多方验收并达到预定可使用状态进行入账。

我们根据实务经验对判定资产入账时点的参考证据进行归纳，具体如表2-102所示。

表2-102　资产入账时点的参考证据

资产大类	资产项目	入账时点参考证据
固定资产	房屋建筑物	●房屋建筑物达到可使用状态，需完成基础通水、通电及装修（非必要条件，部分仓储性厂房等仅完成基础地面找平、框架粉刷即可使用，需根据实际情况判定）、消防等生产安全条件具备。企业应当获取前述节点相应时间性证据进行判定，不可早于前述时点 ●达到可使用状态不要求实际使用，但仍应妥善留存实际入驻、使用的记录及时间性证明，不可出现已入驻使用但未转固的情况 ●竣工验收单由于需多部门联合签署，偏向为行政性手续，存在一定的流程时间，并非入账依据（相对可使用状态偏晚），但可用于参考
	机器设备	不需安装：到货签收记录 需安装：到货单、安装运行记录、内外部验收单
	运输设备	车辆登记证
	办公、电子及其他设备	不需安装：到货签收记录 需安装：到货单、内外部验收单

---

① 根据《企业会计准则第6号——无形资产（2006）》第十一条，企业自创商誉以及内部产生的品牌、报刊名等，不应确认为无形资产，故不在此讨论范围内。

续表

资产大类	资产项目	入账时点参考证据
无形资产	土地使用权	根据土地出让协议或不动产证书载明的使用权开始时点
	软件	上线验收单所载之上线时点
	商标等知识产权	协议约定的转让完成时点
在建工程	工程建造	工程进度资料、监理报告所载工程量完成时点
	软件实施	安装运行记录所载工时、节点完成时点

3. 完整性的确认

长期资产完整性要求资产原值入账金额完整、不存在遗漏。如企业已按照入账依据的要求充分获取相应资料证据，入账价值的核实确认将水到渠成。本小节对原值佐证的常见依据及易错事项提示如下。

(1) 佐证原值的常见证据

我们根据实务经验对判定入账原值准确性的参考证据进行归纳，具体如表2-103所示。

表 2-103 资产入账原值的参考证据

资产大类	资产项目	入账原值参考证据
固定资产	房屋建筑物	竣工决算报告所载金额
	机器设备	合同所载价值以及达到预定可使用前的必要支出依据
	运输设备	合同所载价值以及达到预定可使用前的必要支出依据
	办公、电子及其他设备	合同所载价值以及达到预定可使用前的必要支出依据
无形资产	土地使用权	土地出让协议列明的土地出让金额、契税等相关支出
	软件	合同金额并考虑最终实施结算金额
	商标等知识产权	合同金额
在建工程	工程建造	工程进度资料、监理报告所载工程量折算金额
	软件实施	安装运行记录所载工时折算金额

(2) 不可依赖单一证据

由表2-103可见，合同作为双方经济业务往来的权责约定文本，一般而言，其所载资产价值即为资产价值，系入账原值主要参考依据。但应注意，实务中或存在工作内容、优惠条款等情势变更但合同未及时增补修改的情况，因此不可依赖单一证据，还需关注资金流、累计开具发票金额等其他维度的证据，如存在付款金额远超合同金额、开票金额与合同金额不一致等情况，应核实原因并最终确认金额影响。

4. 折旧与摊销

（1）政策的定调

折旧方法适用于固定资产，摊销方法适用于无形资产与长期待摊费用，其决定了资产原值以何方式计入损益，对报表利润影响较大，因此对于折旧与摊销政策应审慎定调且一经确认不得随意变更。

就准则要求而言，企业应当根据固定资产、无形资产等长期资产有关经济利益的预期实现方式合理选择折旧与摊销方法。可选用的折旧与摊销方法及适用场景说明如表 2-104 所示。

表 2-104　不同折旧与摊销方法及适用场景

项目	方式	月折旧/摊销计算公式	特点及说明
折旧方法	年限平均法	月折旧额=（固定资产原值－预计净残值）/（固定资产的使用年限×12）	最常见和简单的折旧方法；将资产的成本均匀分摊到其预计使用寿命内的每个会计期间。适用于固定资产价值相对稳定且其使用寿命相对均匀的情况
	工作量法	月折旧额=固定资产当月工作量×单位工作量折旧额 其中，单位工作量折旧额=固定资产原值×（1－预计净残值率）/预计总工作量	根据实际工作量计提折旧额的一种方法；根据资产的实际使用量或产量来确定折旧额度，适用于资产的价值与产量或使用量直接相关的情况；可以弥补平均年限法只重使用时间、不考虑使用强度的缺点，如矿业
	双倍余额递减法	月折旧额=（固定资产原值－预计净残值）×月折旧率 其中，月折旧率=2/预计使用年限×100%/12。注意在固定资产折旧年限到期两年内，将固定资产账面净值扣除预计净残值后的余额平均摊销	属于加速折旧的方法，将资产的成本在前几个会计期间以较高的速度折旧，然后在后续会计期间以较低的速度折旧。适用于具有较高技术性和陈旧度快速增加的资产
	年数总和法	月折旧额=（固定资产原值－预计净残值）×月折旧率 其中，月折旧率=（预计使用年限－已使用年限）/{[预计使用年限×（预计使用年限+1）]÷2}×100%/12	同双倍余额递减法，属于加速折旧方法的一种

续 表

项目	方式	月折旧/摊销计算公式	特点及说明
摊销方法	直线摊销法	月摊销额＝无形资产原值/(无形资产的使用年限×12)	最常见和简单的摊销方法,将资产的成本均匀分摊到其预计使用寿命内的每个会计期间。适用于无形资产或长期待摊费用价值相对稳定且其使用寿命相对均匀的情况
	工作量法	月摊销额＝无形资产当月工作量×单位工作量摊销额 其中,单位工作量摊销额＝无形资产原值/预计总工作量	将成本按照每个工作量单位或销售单位(产品或服务)的销售数量进行摊销。适用于无形资产或长期待摊费用且取决于工作量或销售单位数量的情况,如采矿权
	双倍余额递减法	月摊销额＝无形资产原值×月折旧率 其中,月折旧率＝2/预计使用年限×100％/12。注意在无形资产摊销年限到期两年内,将摊销方法转为直线法	属于加速摊销的方法,摊销额度在每个会计期间逐渐减少,适用于无形资产或长期待摊费用的价值在初始阶段迅速下降然后稳定的情况
	年数总和法	月摊销额＝无形资产原值×月摊销率 其中,月摊销率＝(预计摊销年限－已摊销年限)/{[预计使用年限×(预计使用年限＋1)]÷2}×100％/12	同双倍余额递减法,属于加速摊销方法的一种

公司应当依据表2-104中各折旧摊销方法之特点及适用场景进行选择。一般而言,主流的折旧与摊销方式分别为平均年限法、直线摊销法。针对该两类方法,企业进行具体折旧政策制定时应当注意:

①年限的确定。

折旧与摊销年限并非物理使用年限,而系经济层面之资产可产生效益的年限。企业应当对特定资产进行年限评估以确定合理的区间,同时参照税法规定、市场案例进行年限的确定。

A.税法规定

根据《中华人民共和国企业所得税法实施条例》(2019年4月)第六十条除国务院财政、税务主管部门另有规定外,固定资产计算折旧的最低年限如表2-105所示。

表 2-105 税法规定的资产折旧最低年限

资产类别	折旧最低年限/年
房屋、建筑物	20
飞机、火车、轮船、机器、机械和其他生产设备	10
与生产经营活动有关的器具、工具、家具等	5
飞机、火车、轮船以外的运输工具	4
电子设备	3

虽然允许会计角度与税务角度存在一定差异（通过递延所得税项目进行调整），但折旧年限制定时仍应将税法规定作为参考，如无特殊情况不低于税法规定的折旧年限。

B. 案例情况

就市场案例而言，各类资产项目折旧、摊销年限的相对主流区间如表 2-106、表 2-107 所示。

表 2-106 常见的固定资产会计折旧年限

固定资产项目	折旧年限/年	残值率/%
房屋建筑物	20—30	5
运输设备	4—5	5
机器设备	3—10	5
电子设备及其他	3—5	5

表 2-107 常见的无形资产会计折旧年限

无形资产项目	预期使用寿命依据	期限/年	残值率/%
软件	预计收益年限	3—5	0
专利权、商标权	预计收益年限	5—10	0
土地使用权	土地使用权登记使用年限	50	0

针对市场案例，企业应兼听则明而非照搬照抄，最终以自身实际情况来确定。

②残值率的确定。

就市场案例而言，固定资产残值率一般为 5%，无形资产一般无残值率。企业应兼听则明而非照搬照抄，最终以自身实际情况为准。

③注意同行业可比。

一般而言,同行业尤其是同类型上市及拟上市公司,相关资产内容及工艺技术相对趋同,企业在制定政策时应从自身情况出发,充分选取、参考行业样本,确保与行业内公司折旧摊销政策、方法不存在重大差异或虽有差异但理由充分。

(2)核算与管理提示

①基础要求。

固定资产当月入账折旧下月计提、当月处置折旧当月仍应计提,无形资产及长期待摊费用当月入账摊销当月计提、当月处置当月不计提摊销。

②闲置资产的折旧问题。

闲置资产就折旧角度来说结论较为明确,即资产即使处于闲置状态,未提足折旧前亦应当保持折旧计提,不可因闲置状态而停止折旧。同时,闲置资产作为资产非正常运行的特殊状态,还需关注其是否存在减值迹象、产生减值损失。企业对闲置资产的管理要求如表 2-108 所示。

表 2-108 闲置资产的管理要求

事项	要求
财务指标监控	如公司收入规模增幅有限或下降、产能利用率明显不足,则代表一定规模的资产可能处于闲置状态,应予以关注
日常管理监控	日常管理或监控过程中着重关注资产是否未正常运行、是否积灰及其成新度等
闲置后的处理	针对界定为闲置的资产,应贴标或以其他方式标注并对铭牌所载资产编码登记、汇总成册;针对已汇总的闲置资产清单,落实责任部门,逐一确认闲置原因,判断后续用途,并对其价值情况进行评估,判断是否需进行减值准备计提

③不饱和生产的折旧问题。

部分企业由于产品特性、当地生活习惯(多见于海外生产主体)或用工政策等因素,生产具备明显的淡旺季,导致生产淡季固定基础制造费用如机器设备折旧等较高,与产量较不匹配。在此情形下,如果仍将前述固定基础制造费用计入生产成本参与核算,将导致产品成本畸高、月度单位产品成本波幅明显,对毛利率影响较大。

针对淡季之不饱和生产,公司可采取两类方式进行处理:其一,延续前述处理,但对成本及分析影响应当备查留底;其二,公司可对制造费用构成项目进行拆解,分为较为固定的制造费用与浮动的制造费用(与产量关联明显),将生产淡季产生的正常产能外的固定制造费直接转入"营业成本",不参与成本核算。方式一经选定,应当保持一贯,不得随意变更。

5.减值的关注与测试

长期资产之减值准备与存货跌价准备计提思路基本一致,如果资产的可收回金额低于其账面价值,差额应当计提减值准备,可收回金额的确定为长期资产减值的核心程序。可收回金额应当根据资产的公允价值减去处置费用后的净额与资产预计未来现金流量的现值两者之间较高者确定,处置费用包括与资产处置有关的法律费用、相关税费、搬运费以及为使资产达到可销售状态所发生的直接费用等。

应注意的是,不同于存货,长期资产减值损失一经确认,在以后会计期间不得进行转回,应于计提前审慎复核、严谨确认。

以下对区分实物资产与无形资产、商誉等非实物资产,进行减值关注的实务提示:

(1)实物资产

①识别。

就实物资产而言,企业应当结合日常管理、盘点及资产情况进行跟踪,至少于资产负债表日逐一比照企业会计准则提示的减值迹象进行自检,判别是否可能产生减值。具体如表2-109所示。

表2-109　比照企业会计准则进行减值情况自检的要求

准则规定(《企业会计准则第8号——资产减值》规定,存在下列迹象的,表明资产可能发生减值)	自检要求
资产的市价当期大幅度下跌,其跌幅明显高于因时间的推移或者正常使用而预计的下跌	针对现有固定资产,尤其是高价值固定资产,应当注意市场价格变动的对比,可通过市场价格查询、新购入同类资产比价等途径进行。应着重关注资产属于热点资产或随行就市情况明显、企业购入时价格较高的情况。举例如下:新冠疫情初期口罩供不应求,口罩机、熔喷布设备昂贵,基于我国制造业的高水平及快速响应能力,后续设备供应充足后,市场采购价值及可产生之经济效益大大降低

续 表

准则规定(《企业会计准则第8号——资产减值》规定,存在下列迹象的,表明资产可能发生减值)	自检要求
企业经营所处的经济、技术或者法律等环境以及资产所处的市场在当期或者将在近期发生重大变化,从而对企业产生不利影响	●关于经济:主要关注资产实现经济效益所依赖的市场经济环境是否处于重大变动、不稳定状态,多发于境外经营不确定所致的供销渠道不稳定等情况 ●关于技术:主要关注所处的细分行业是否存在技术的重大突破、更迭、大变化导致设备所含技术面临淘汰等情况 ●关于法律:主要关注政策面是否对资产相关衍生产出存在禁止等变更
市场利率或者其他市场投资报酬率在当期已经提高,影响企业计算资产预计未来现金流量现值的折现率,导致资产可收回金额大幅度降低	需关注报告期内国内市场基准利率是否发生大幅上调的情况,多适用于原以收益法测算是否减值的资产对象,持续评估复核
有证据表明资产已经陈旧过时或者其实体已经损坏	日常管理、跟踪及资产负债表日盘点,关注资产是否破损、功能是否损坏、成新度(账面价值÷账面原值)是否明显较低等情况,并妥善留存盘点、观察记录
资产已经或者将被闲置、终止使用或者计划提前处置	●在财务指标上,如公司收入规模增幅有限或下降、产能利用率明显不足,则代表一定规模的资产可能处于闲置状态,应予以关注 ●日常管理、跟踪及资产负债表日盘点,关注资产是否已闲置、停用,并妥善留存盘点、观察记录
企业内部报告的证据表明资产的经济绩效已经低于或者将低于预期,如资产所创造的净现金流量或者实现的营业利润(或者亏损)远远低于(或者高于)预计金额等	偏重经营情况的分析,关注公司获利能力,如主要产品毛利率情况是否稳定、营业收入及净利润走势、现金流量情况等
其他表明资产可能已经发生减值的迹象	其他情况兜底复核

②测试。

公司如出现前述减值迹象,则减值测试应提上议事日程进行测算处理。根据实务经验,归纳常见的减值测试思路如表2-110所示。

第二章 财务工作分模块规范化指引

表 2-110 常见的减值测试思路

计算公式	可回收金额的确定		
	方法	测试思路	适用对象及条件
减值准备金额＝｜可回收金额－资产账面价值｜	市场法	公允价值减去处置费用后的净额	●相关资产有较为活跃、成熟的交易市场且具备一定的交易量(越频繁,参照样本量越大越好) ●公允值所选取参照样本与相关资产存在可比较的指标、技术参数
	收益法	资产预计未来现金流量的现值	●资产所产生的经济效益范围、期间金额较为明确或可划分(如对外出租的不动产、产品) ●计算思路:以资产使用期限为未来现金流量产生期间,参考报告期内公司借款利率、加上风险收益率等进行折现,测算未来现金流量
补充提示	●如相关资产可同时采用市场法、收益法,则应当使用两种方法进行测算,取较高者作为可回收金额 ●由于收益法、市场法均具备一定取值、计算要求,如涉及资产较为复杂,应当聘请专业的评估机构参与可回收价值的评估 ●应当关注测试所依赖的参数、数据于报告期内的变化,并及时更新		

(2)无形资产及商誉

因企业合并所形成的商誉和使用寿命不确定的无形资产,无论是否存在减值迹象,每年都应当对其进行减值测试。

①无形资产减值测算说明。

参照《企业会计准则第 8 号——资产减值》处理,思路基本同固定资产减值模块内容,此不赘述。

②商誉减值测算说明。

商誉系非同一控制下企业合并下购买方对合并成本大于合并中取得的被购买方可辨认净资产公允价值份额的差额。商誉减值测试应遵循的步骤如表 2-111 所示。

表 2-111 商誉减值测试应遵循的步骤

项目	内容
步骤一	先行识别、界定其所来源的资产组或资产组组合
步骤二	针对资产组未来可产生的现金流进行预测折现作为可回收金额
步骤三	将二者进行对比,如可回收金额低于包含商誉金额的资产组账面价值,则需计提减值

由表 2-111 可知,商誉减值测试的逻辑虽线性明了,但由于过程中涉及资产组界定、未来现金流预测等,应当保持口径统一、审慎计算,针对过程中存在一定专业要求的指标,则应合理借助评估机构等外部专家工作。

近年来,无论是 IPO 审核还是上市公司监管,针对商誉减值测试是否规范、是否存在利用商誉减值进行利润调节的关注度较高,不合规的警示、处罚案例也较多,提请公司依据《会计监管风险提示第 8 号——商誉减值》要求规范落实减值测试流程。

(三)资产盘点指引

1. 前提:铭牌制定

铭牌,又称资产标签,其记录显示固定资产编码、资产名称、规格型号、启用时间、使用部门、品牌等信息并贴标于相关资产上,具体如图 2-2 所示。

A公司
固定资产标牌

资产编码:JQSB000001	启用时间:20230119
资产名称:全自动机器产线	使用部门:
规格型号:autorobot	品牌:

图 2-2　固定资产铭牌示例

公司日常管理有赖于铭牌制度的建立与执行。只有确保所有资产均有专属铭牌,方能满足日常管理对资产的跟踪要求,方能于盘点时将资产信息与固定资产卡片账进行对应,否则固定资产盘点将始终为模糊化比对而流于形式。

2. 事前准备

(1)首次盘点的终局意识

存货项目种类繁多、体量较大、流动性较强,导致初次盘点往往效果不佳,需多次复盘整理方可满足预定目标。固定资产等长期资产往往位置固定、较为独立、特征明显、体量适中或较小,因此针对固定资产等长期资产的盘点,企业应当具备终局意识,即在首次全面盘点过程中,对固定资产等长期资产进行彻底清查、造册对比，切忌盘点要求落实不到位、盘点过程中态度松散，争取高效完成初始盘点梳理，后续只需定期复核维护，以节约管理成本。

(2) 制订盘点计划

资产盘点前应当制订完整的盘点计划。计划内容应当含参与部门、分组及分工、盘存范围及地点、盘点时间、回收资料范围及时间要求等内容，并确保盘点前通过内网或邮件进行广泛知会。具体提示如表 2-112 所示。

表 2-112 制订盘点计划应考虑的内容

计划内容	要求提示
参与部门	应当包含资产管理部门、财务部门、资产保管或使用部门
盘点范围	包括存放在公司或异地之所有长期资产，如房屋建筑物、机器设备、运输设备、其他设备、运行的软件、在建工程
时间要求	应当安排在资产负债表日，或尽量临近资产负债表日进行

(3) 盘点清单准备并分发

应当提前拉取、汇总盘点清单并分发至各组人员。盘点清单中应包括但不限于以下信息：资产编码、资产名称、规格型号、资产类型、设备供应商、使用部门、存放地点、数量、购入时间、验收时间、是否一致、资产状态等。

3. 事中关注

(1) 盘点程序

盘点人员根据固定资产铭牌报出型号、规格、清点数量，与盘点表进行核对是否相符，同时应当关注资产是否存在破损、停用、闲置、待报废等情况，并对盘点情况予以充分记录。对于盘点表，应当逐页签字并于盘点过程中留影记录。

(2) 盘点意识

同存货处指引，长期资产盘点亦应当具备双向复核意识，即：从盘点表到实物核实账载资产的存在性、记录数量的准确性；从实物到盘点表，盘点过程中挑选存放现场的资产，核实其在盘点表中具备，确认资产的完整性。

(3) 盘点差异

针对盘点存在差异的情况，应当现场查明原因，复盘人再次进行盘点，如仍存在差异，予以记录并跟进事后处理。

(4) 在建工程盘点

在建工程由于处于建造中，其状态日新月异，针对其盘点应当把握时效性，务必于资产负债表日进行实地盘点,并通过留存影像、实地走访记录等,确认建造阶段是否达到预计可使用状态等。

4. 事后处理

(1)盘点资料汇总

盘点完毕后,确保盘点资料无缺页、签字等信息无遗漏后进行汇总,一式两份,分别由财务部门、资产管理部门留存备查。

(2)盘盈及盘亏的处理

盘点过程中若出现盘盈、盘亏情况,应当整理资产清单,联合资产管理部门、使用部门、采购部门、财务部门进行逐条查证确认。具体处理如表2-113所示。

表2-113 盘点差异的处理

盘点结果	处理
资产盘盈	固定资产盘盈可能是由以前年度已直接记入当期损益、向关联方借用或其他关联方已支付未记账所致。对于以前年度已直接记入损益情况,应当核实资产购入、使用的相关记录,确定实际应入账的年度及价值,考虑是否作为前期差错进行追溯调整。对于账务漏记部分,应该进行差错更正
资产盘亏	核实盘亏的原因,如实际已报废,应该进行相应的账务处理并考虑是否进行追溯调整。如由其他方挪用未入账导致,应该进行差错更正

(四)租赁准则与使用权资产核算

财政部于2018年度修订了《企业会计准则第21号——租赁》(以下简称"新租赁准则"),自2021年1月1日起执行。针对经营过程中依赖外部租赁,尤其是存在多项、高价值租赁的企业,报表项目及计量将产生较大变化。此模块拟以承租人视角,进行新租赁准则应用的简要讲解。

1. 明确核算范围

根据修订后的新租赁准则,在租赁期开始日,公司对除短期和低价值资产以外的租赁应确认使用权资产,其中短期租赁及低价值租赁概念如表2-114所示。

表2-114 短期租赁及低价值租赁的概念

概念	说明
短期租赁	短期租赁是指租赁期不超过12个月的租赁。包含购买选择权的租赁不属于短期租赁

续　表

概念	说明
低价值资产租赁	低价值资产租赁是指单项租赁资产为全新资产时价值较低的租赁。根据《〈企业会计准则第21号——租赁〉应用指南》，低价值资产租赁的标准应该是一个绝对金额，即仅与资产全新状态下的绝对价值有关，不受承租人规模、性质等影响，也不考虑该资产对于承租人或相关租赁交易的重要性。常见的低价值资产的例子包括平板电脑、普通办公家具、电话等小型资产 《〈企业会计准则第21号——租赁〉应用指南》例45中指出，通常情况下，符合低价值资产租赁的资产全新状态下的绝对价值应低于40,000元。国际会计准则理事会（"IASB"）曾考虑将标的资产的价值定为5,000美元或更低的数额。因此，建议承租人参照上述数量级标准来认定低价值资产租赁，最高不要超过40,000元

2. 建立租赁台账

明确核算范围后，企业应当于日常管理中建立租赁台账，比照核算范围标准，确认是作为短期租赁或低价值租赁进行核算，还是通过使用权资产、租赁负债相关科目进行核算。租赁台账格式及所涵盖内容（包括但不限于）具体如表2-115所示。

表2-115　租赁台账示例

所属主体	出租人	承租人	租赁期限	租赁面积	月租金	租赁地点	租赁用途

企业应针对所有租赁情况进行登记，确保完整性，已结束租赁项亦应留存相关记录，不得随意删除。

3. 主要会计处理及现金流量表列报

（1）会计处理

提请企业区分出租人、承租人身份，区分经营租赁、融资租赁性质，区分短期租赁或低价值租赁、长期租赁类型，进行相应初始计量、变更、终止的会计处理。《企业会计准则第21号——租赁》及其应用指南已有详尽指引及案例内容以供参考，企业需参照执行。

（2）现金流量表列报

根据财政部公布的《企业会计准则实施问答之租赁准则实施问答说明》（2021年4月），租赁相关现金流量列报项目具体如表2-116所示。

表 2-116　租赁相关现金流量列报项目

内容	现流表列示
偿还租赁负债本金和利息所支付的现金	筹资活动现金流出
支付的按租赁准则简化处理的短期租赁付款额和低价值资产租赁付款额以及未纳入租赁负债的可变租赁付款额	经营活动现金流出
支付的预付租金和租赁保证金	筹资活动现金流出
支付的按租赁准则简化处理的短期租赁和低价值资产租赁相关的预付租金和租赁保证金	经营活动现金流出

七、非经常性项目循环模块

根据《公开发行证券的公司信息披露解释性公告第 1 号——非经常性损益》(2023 年 12 月)(以下简称《解释 1 号》),非经常性损益是指与公司正常经营业务无直接关系,以及虽与正常经营业务相关,但由于其性质特殊和偶发性,影响报表使用人对公司经营业绩和盈利能力做出正常判断的各项交易和事项产生的损益。其常见的构成科目内部并无较强关联关系,于此处集中说明主要系其共同的偶发性特点及 IPO 过程中净利润一般以"扣非"为标准进行把握。

非经常性项目循环涉及的主要科目有:负债类中的递延收益;损益类中的公允价值变动收益、投资收益、资产处置收益、其他收益、营业外收入、营业外支出。

(一)非经常性损益项目及构成内容一览

1. 主要构成项目及内容

根据《解释 1 号》,我们结合实务经验对非经常性损益包含项目、涵盖内容、关联科目进行归纳说明,具体如表 2-117 所示。

表 2-117　非经常性损益项目涵盖内容提示及关联科目

项目	涵盖内容提示	关联科目
非流动资产处置损益	处置固定资产、无形资产利得或损失	资产处置收益
	处置投资性房地产损益（如公司主体为房地产企业则为经常性损益）	其他业务收入、其他业务成本
	处置长期股权投资利得或损失	投资收益
	固定资产报废利得或损失	营业外收入或营业外支出
计入当期损益的政府补助，但与公司正常经营业务密切相关、符合国家政策规定、按照确定的标准享有、对公司损益产生持续影响的政府补助除外	绝大多数政府补助项目，除外项目详见后文"易存在分歧及理解偏差的项目"中提示	其他收益、营业外收入
除同公司正常经营业务相关的有效套期保值业务外，非金融企业持有金融资产和金融负债产生的公允价值变动损益以及处置金融资产和金融负债产生的损益	远期外汇合约等交易性金融资产未到期持有期间产生之公允值变动、到期产生之投资损益；不存在控制、共同控制或重大影响、无活跃市场报价之低比例对外投资主体（简称"三无投资"，目前主要列报至"其他非流动金融资产"科目）的公允估值变动及处置产生的投资收益	公允价值变动损益、投资收益
计入当期损益的对非金融企业收取的资金占用费	对非金融单位计提的资金拆出相应利息收入	财务费用
委托他人投资或管理资产的损益	一般为理财产品未到期公允价值变动及到期收益	公允价值变动损益、投资收益
对外委托贷款取得的损益		财务费用
因不可抗力因素，如遭受自然灾害而产生的各项资产损失		资产减值损失
单独进行减值测试的应收款项减值准备转回	以前年度单项计提，后续款项收回所转回之坏账准备	信用减值损失
企业取得子公司、联营企业及合营企业的投资成本小于取得投资时应享有被投资单位可辨认净资产公允价值产生的收益		营业外收入

续　表

项目	涵盖内容提示	关联科目
同一控制下企业合并产生的子公司期初至合并日的当期净损益	如：2023年3月31日，A公司收购同一控制下B公司，B公司自期初至合并日3月31日的利润表项目均为非经项目	被收购方期初至合并日的当期净损益科目
非货币性资产交换损益	非货币性资产交换，是指企业主要以固定资产、无形资产、投资性房地产和长期股权投资等非货币性资产进行的交换，该交换不涉及或只涉及少量的货币性资产（即补价）	根据总体为利得还是损失分别计入营业外收入、营业外支出
债务重组损益	债务重组涉及债权人和债务人，对债权人而言为"债权重组"，对债务人而言为"债务重组"，为便于表述统称为"债务重组"。根据准则的规定，债务重组是指在不改变交易对手方的情况下，经债权人和债务人协定或法院裁定，就清偿债务的时间、金额或方式等重新达成协议的交易	投资收益
企业因相关经营活动不再持续而发生的一次性费用，如安置职工的支出等	以国有出资企业重组较为常见 根据《关于企业重组有关职工安置费用财务管理问题的通知》（2009年6月），职工安置费用包括以下三类：解除、终止劳动合同的职工的经济补偿，以及为移交社会保障机构管理的职工一次性缴付的社会保险费；重组企业根据自身财务状况发放给离退休人员在国家规定的基本养老保险之外的各项补贴；内退人员内退期间的生活费和社会保险费 整合费用：对相关企业进行整合的费用	相关薪酬、费用对应损益类科目
因税收、会计等法律法规的调整对当期损益产生的一次性影响		所得税费用
因取消、修改股权激励计划一次性确认的股份支付费用	因取消、修改股权激励计划视同加速行权一次性确认的费用	各费用科目
对于现金结算的股份支付，在可行权日之后，应付职工薪酬的公允价值变动产生的损益	对于现金结算的股份支付，企业在可行权日之后不再确认成本费用，应付职工薪酬公允价值的变动应当计入当期损益公允价值变动损益	公允价值变动损益

续 表

项目	涵盖内容提示	关联科目
采用公允价值模式进行后续计量的投资性房地产公允价值变动产生的损益		公允价值变动损益
交易价格显失公允的交易产生的收益	多为关联方交易定价明显不公允的情况,仅收益计入非经常性损益,且全额计入,非超过公允价格的部分,其损失部分需作为经常性损益	不公允定价之营业收入或成本费用项目
与公司正常经营业务无关的或有事项产生的损益		视不同或有事项而定
受托经营取得的托管费收入		营业收入①
除上述各项之外的其他营业外收入和支出	一般而言,为其他收益、营业外收入、营业外支出上述内容外的其他项下项目	营业外收入、营业外支出、其他收益
其他符合非经常性损益定义的损益项目	不在前述范围内的其他非经常损益项目,其中大额项目需以注解形式于非经常性损益披露模块中补充文字说明,如立即可行权一次性确认损益的股份支付费用	相关科目

2. 易存在分歧及理解偏差的项目

(1)官方解读

《监管规则适用指引——会计类第1号》(2020年11月)中关于非经常性损益的认定指出,监管实践发现,部分公司在认定非经常性损益时对《解释1号》的理解存在偏差和分歧。其就具体事项如何适用上述原则给出了指导意见,具体如表2-118所示。

---

① 如果其直接成本可识别并作为营业成本计量,则可按收入减除成本后的毛利额计入非经常性损益。

表 2-118　存在理解偏差和分歧项目的官方解读

项目	指导意见
软件产品增值税退税款	公司收到的软件产品增值税退税是否属于非经常性损益,其判断的关键为:一是该增值税退税是否与公司正常经营业务密切相关;二是其是否属于定额定量的政府补助。非经常性损益判断标准中的定额定量标准侧重于此项政府补助是否属于国家持续的产业政策扶持,是否具有可持续性。公司收到的增值税退税如果与其主营业务密切相关、金额可确定且能够持续取得,能够体现公司正常的经营业绩和盈利能力,则不属于非经常性损益
因重组标的业绩未达承诺确认的业绩补偿和计提的商誉减值	并购重组交易安排中,交易标的出售方一般会对交易完成后交易标的在一定期间的利润做出承诺。标的资产未按预期实现承诺利润时,出售方会以股份或现金方式对收购方给予补偿。由于上述补偿仅针对并购重组交易完成后的特定期间,正常经营情况下,企业取得业绩补偿款不具有持续性,应作为非经常性损益。同时,因并购重组产生的商誉,其减值与企业的其他长期资产(例如固定资产、无形资产等)减值性质相同,属于企业日常经营活动,不应被认定为非经常性损益
实施重大资产重组发生的中介机构服务费	《解释1号》中列举的企业重组费用,主要包括安置职工的支出、整合费用等,并不包括重大资产重组的中介机构费用。并购重组是企业的正常经营活动,涉及的资产也属于经营性资产,券商、会计师等中介机构的费用是发生此类交易的必要合理支出,不应被认定为非经常性损益
募集资金使用之前产生的定期存款利息	虽然募集资金产生的定期存款利息与公司的日常经营活动无关,且存在偶发性,但公司发行股份募集资金本质上属于一种融资行为,在募集资金投入使用之前和之后,分别以定期存款和形成的募投项目两种方式为企业带来收益,两者只是资产以不同的形态存在从而带来不同的收益。此外,如果将募集资金产生的存款利息收入扣除,会导致计算净资产收益率和每股收益等指标时,出现分子和分母不匹配的结果。因此,募集资金在使用之前产生的定期存款利息不属于非经常性损益
非金融企业收取的资金占用费	《解释1号》中列举的项目虽然包括"计入当期损益的对非金融企业收取的资金占用费",但并不意味着资金占用费性质的收入必然属于非经常性损益,公司仍可以依据自身情况做出具体判断。如果产生资金占用费的业务与公司的日常经营活动直接相关,且并非临时或偶发的,则该资金占用费可不被认定为非经常性损益

第二章 财务工作分模块规范化指引

续 表

项目	指导意见
房地产企业出售项目公司股权产生的处置损益	出于税收或者其他一些因素的考虑,房地产企业可能以转让子公司股权的形式,实现对房地产存货或其他物业资产的转让。在判断相关处置损益是否构成非经常性损益时,不能简单地认为处置公司股权产生的损益一概属于非经常性损益,而应结合非经常性损益定义视具体情况进行判断。在具体分析时,公司应穿透该股权形式,根据项目公司所开发基础资产的性质和类别,分析该项转让是否与公司常规业务相同。通常而言,基础资产在合并财务报表可能的资产类别包括存货(开发成本、开发产品等)、固定资产、无形资产和投资性房地产等。如果公司常规业务是房地产项目开发完成后出售,则通过转让股权方式把一项待开发的土地使用权和部分开发成本一次性出售所取得的投资收益,视为非经常性损益,这与公司处置固定资产或投资性房地产等长期资产适用的判断类似。但是,如果转让股权所对应的基础资产实质上是已开发完成的房屋存货,出售开发完成的房屋属于公司的常规业务,且公司能提供充足的证据(例如近年来出售类似项目子公司股权的频率足够高、金额足够大等)证明其为常规业务,公司均通过这种方式来获利,则股权处置损益可不被认定为非经常性损益
企业集团中关于非经常性损益的判断	公司在编制合并财务报表时,应当将整个企业集团视为一个会计主体,按照统一的会计政策,反映企业集团整体财务状况、经营成果和现金流量。然而,在界定非经常性损益项目时,对于企业集团内的损益项目应基于单独公司进行判断。例如,企业集团内的母公司取得某项与其日常经营业务无关的收益,被认定为非经常性损益。在合并财务报表中,该项收益并不能因为合并范围内有子公司存在相关经营范围而被重新认定为不属于非经常性损益

(2)其他提示

除了上述官方解读释疑的项目外,我们根据实务经验对其他可能存在判断错误的情况进行了归纳,具体如表 2-119 所示。

表 2-119 存在理解偏差和分歧项目的其他项目提示

项目	是否为非经常性损益项目的判断
符合终止确认条件的票据贴现产生的贴现息(计入投资收益)	考虑到票据业务作为公司日常经营收付的主要手段,其交易流转具备日常性、频繁性,应当作为经常性损益项目列示
股份支付费用	针对存在服务期,分期确认、摊销的股份支付费用,作为经常性损益项目列示;针对一次性授予立即可行权的股份支付费用,作为非经常性损益项目列示
水利基金	作为经常性损益项目列示,不过大多数地区已不要求缴纳水利基金

(二)政府补助

政府补助系重要的非经常性损益项目构成,其反映了企业从政府无偿取得货币性资产或非货币性资产的情况。提请企业围绕政府补助做好如下工作。

1. 台账建立及资料留存

就日常核算、外部复核而言,主要关注政府补助来源、是否符合政府补助定义、金额计量是否准确;就信息披露角度而言,IPO申报财务报告于合并财务报表注释项目中划定专门模块对政府补助进行细化披露说明(涵盖补助项目名称、依据文件、收到时间、金额等)。

因此,基于日常核算及披露需求,提请企业财务部门会同政府补助申请部门,对补助项目(原则上是所有补助项目,除非金额极小)进行台账登记并妥善留存补助下发依据之文件、银行收款记录等资料。具体参考格式如表2-120所示。

表 2-120 补助登记台账示例

所属主体	编号	补助项目名称	补助下发依据指导文件(含文件字号)	补助金额	补助形式(银行存款、减免等)	打款人	收款时间	收款金额

2. 与资产相关还是与收益相关的判定及会计处理

(1)界定

①与资产相关的政府补助。

与资产相关的政府补助是指公司取得的、用于购建或以其他方式形成如固定资产、无形资产等长期资产的政府补助,常见的如机器换人补贴、技改补贴、工程建造补贴等。

②与收益相关的政府补助。

与收益相关的政府补助是指除与资产相关的政府补助之外的政府补助,绝大多数补助属于此形式。

(2)会计处理

①与资产相关的政府补助。

与资产相关的政府补助可冲减相关资产账面价值或确认为递延收益。确认为递延收益的,在相关资产使用寿命内按照合理、系统的方法分期计入当期损益(与本公司日常活动相关的,计入其他收益;与本公司日常活动无关的,计入营业外收入)。

②与收益相关的政府补助。

用于补偿本公司以后期间的相关成本费用或损失的,确认为递延收益,并在确认相关成本费用或损失的期间,计入当期损益(与本公司日常活动相关的,计入其他收益;与本公司日常活动无关的,计入营业外收入)或冲减相关成本费用或损失;用于补偿本公司已发生的相关成本费用或损失的,直接计入当期损益(与本公司日常活动相关的,计入其他收益;与本公司日常活动无关的,计入营业外收入)或冲减相关成本费用或损失。

3. 总额法还是净额法核算

总额法是指将政府补助全额一次或分次确认为收益,不作为相关资产账面价值或者成本费用等的扣减、冲抵项。净额法是指将政府补助作为相关资产账面价值或者成本费用等的扣减、冲抵项。

企业应当根据经济业务实质,对某一类政府补助业务采用总额法还是净额法进行判断。一般而言,对同类型政府补助业务只能选用一种方法并一贯运用,不得随意改变。我们根据实务经验,针对核算方式易选取错误的补助项目进行总结,具体如表2-121所示。

表2-121 部分补助项目核算方法提示

补助项目	核算方法
机器换人、技改补贴等资产投资补偿	总额法或净额法均可
增值税即征即退	总额法
进项税加计扣除	总额法
财政贴息	净额法

4. 其他收益与营业外收入等科目的列报区分

(1)其他收益与营业外收入

根据报表科目定义,其他收益反映计入其他收益的政府补助,以及其他与日常活动相关且计入其他收益的项目;营业外收入反映企业发生的除营业利润以外的收益,主要包括与企业日常活动无关的政府补助、盘盈利得、捐赠利得(企业接受股东或股东的子公司直接或间接的捐赠,经济实质属于股东对企业的资本性投入的除外)等。

对上述内容进行提取可知,如补助与公司日常活动相关则计入其他收益,如与公司日常活动无关则计入营业外收入,此为区分二者的关键点。就实务而言,因何为日常活动于准则层面未有明确说明,相关判别存在一定模糊度,我们根据市场案例及实务经验,对二者的区分进行总结,具体如表 2-122 所示。

表 2-122　其他收益与营业外收入的区分

科目	特征与范围	项目举例
其他收益	政府补助项:针对资产性支出或费用性支出的补偿、返还	资产补助(总额法下计入递延收益摊销入其他收益)、房租补贴、研发费用补助、出口信用保险补助、专利补助、社保费用返还、税费返还
	政府补助项:就补助所依据指标、内容而言,与企业日常性的经营相关,如基于收入、基于出口额、基于税项等	产业补贴、稳岗补贴、外经贸发展补贴等
	其他非政府补助项	进项税加计抵减、代扣个人所得税手续费、债务重组收益、直接减免的增值税
营业外收入	除上述其他收益所涵盖内容之外,即偶发性、明显与日常经营无关的补助项目,如上市奖励、大赛补助等	

(2)营业外收支与资产处置收益

营业外收支与资产处置收益区分主要适用于固定资产等长期资产处置产生损益如何归属这一场景。就实务经验而言,如所处置资产功能层面尚可使用,具备交易对手、交易对价进行处理,则相关损益计入资产处置收益;如所处置资产本身处于破损或报废等无价值状态,则处理时相关损益计入营业外收支。

5.财政贴息的处理

(1)场景一:财政将贴息资金拨付给贷款银行,由贷款银行以政策性优惠利率向公司提供贷款

公司可采取以下两种会计处理中的任意一种,一经选定应当保持一贯,不得随意变更。方式一为:以实际收到的借款金额作为借款的入账价值,按照借款本金和该政策性优惠利率计算相关借款费用。方式二为:以借款的公允价值作为借款的入账价值并按照实际利率法计算借款费用,实际收到的金额与借款公允价值之间的差额确认为递延收益,在借款存续期内采用实际利率法摊销,冲减相关借款费用。

(2)场景二:财政将贴息资金直接拨付给公司

将对应的贴息冲减相关借款费用。

6.软件产品增值税即征即退中的软件收入核定

(1)政策内容及背景

根据财政部、国家税务总局财税〔2011〕100号文件,软件产品销售收入实际税率超过3%的部分经主管税务部门审核后实施即征即退政策。针对嵌入式软件产品,由于其以设备为载体统一定价销售,需对其中的软件收入进行厘定。

(2)计算前提

嵌入式软件产品需要区分软件收入,参与计算的产品需满足以下限定条件:产品需用到软件著作权(于发票栏备注软件事项);产品毛利率需大于10%。

(3)计算公式

对于嵌入式软件产品的软件收入,一般根据税法相关说明:硬件收入=总成本[①]×1.1,软件收入=开票总收入-硬件收入。

(三)营业外收支的细项关注

由于营业外收支的性质特殊性和偶发性,其发生规模的大小、所构成的内容、是否涉及其他风险,往往引发报表使用者、监管机构的特殊关注。

除前文已提及的政府补助、非流动资产毁损报废利得及损失外,我们对营业外收支的其他细项内容及关注点、风险点进行了归纳提取。具体如表2-123所示。

表2-123 营业外收支的细项关注点及风险点

科目	子项构成	关注点及风险点
营业外收入	接受捐赠	受赠对象是否存在关联关系;捐助背景及合理性;是否经常性产生,是否对公司独立经营或持续经营能力产生影响。此外,企业接受股东或股东的子公司直接或间接的捐赠,经济实质属于股东对企业的资本性投入的,则应当计入资本公积
	盘盈利得	盘盈规模及原因;是否说明公司内部管理、控制存在问题
	赔偿收入	赔偿来源及合理性,如与供应商相关、供应商质量赔款等,是否说明部分存货存在减值风险

---

① 针对软件相关成本均进入研发费用的企业,所有成本均为硬件成本。

续　表

科目	子项构成	关注点及风险点
营业外支出	对外捐赠	捐赠对象是否存在关联关系；捐赠用途及合理性，如是公益性捐赠，其是否符合其程序、标准，税项扣除上是否超额超限（在年度利润总额12%以内的部分）
	赔偿支出	赔偿对象及合理性；如为员工赔款，是否存在工伤事故等；如为客户赔款，是否系产品等存在质量问题，应当关注应收账款可回收性、存货减值风险
	罚款支出	罚款规模及其合理性，尤其关注是否存在行政性处罚、处罚规模，或构成影响发行条件的法律障碍
	盘亏损失	盘亏规模及原因；是否说明公司内部管理、控制存在问题

第三章　公共性专题说明

针对各循环均有所关联或跳脱循环外的公共性内容,本章以专题形式进行补充说明,力求将本财务规范指南应用性进一步提高。

一、财务流程性规范

财务工作常以核算主体为界、循环科目为域进行分隔,相关人员在界域内各司其职,进行对应内容的执行与落地,部分企业因工作内容的分隔对财务流程的总体关注度不够。财务流程整体是否设置合理、通畅合规直接反映了企业内部控制是否有效,提请企业关注与规范如下内容。

(一)工作岗位和岗位职责

1. 岗位配备健全,财务力量充实

IPO审核对企业财务核算能力要求极高,企业需能及时、准确地产出各类底层财务数据并进行有效的汇总分析。现有财务基础较为薄弱的企业应尽快完成财务人员的配置与培养,以满足IPO审核要求。我们建议:

第一,根据实际情况增配财务人员,加强财务力量。

就上市需求而言,财务团队的基础岗位配备、职责及核心工作具体如表3-1所示。

表 3-1　IPO 财务团队岗位、职责及核心工作

岗位	职责	IPO 核心工作
财务总监	●建立财务管理体系、财务核算体系、财务管理制度，全面负责财务会计工作、资金管理工作、财务信息化建设工作 ●负责编制财务预算计划，完成财务决算工作并予以执行及纠偏 ●对公司的对外投资进行财务监控 ●参与公司经营决策，基于财经信息分析，为公司管理提供历史数据支撑及前瞻性预测 ●负责集团层面的税务筹划工作 ●负责银行等外部渠道融资的组织协调工作 ●负责审计、税务、银行、统计等外部相关单位的日常关系维护	牵头财务核算，分析体系的搭建及落地，与业务部门进行实时沟通，加强业财融合，同时维护外部关系
财务经理	●协助财务总监进行管理体系、核算体系、财务制度的建立与完善 ●协助财务总监进行财务管理，完成财务预决算、常规及专项财务分析等工作 ●保证公司财务人员及时、准确、全面地完成公司财务核算任务，审核各类财务报表 ●根据公司经营情况和相关税收政策，做好各项税金的预测、测算和分析工作，复核税务申报的准确性 ●完成日常前置的财务流程审批工作	协同财务总监开展日常工作，着重组织完成各财务模块的核算工作
收入会计	●负责收入模块的会计记账 ●负责公司税务申报及退税等工作 ●负责核对客户往来对账，会同销售部门进行催款 ●负责其他与收入相关的工作	根据定调原则准确记录收入并留底相关确认依据，跟踪回款
成本会计	●负责成本模块的会计记账 ●完成成本的料、工、费归集、核算，及时提供成本信息 ●进行成本分析，对异常情况进行判断和处理 ●保持与成本相关的部门如生产部、仓储部、技术产品部的沟通与数据反馈，确保成本核算的实时性与准确性	根据定调原则准确精细化核算成本，并保持核算基础资料的实时性
其他循环会计	包括但不限于工薪循环、费用循环、资金循环、长期资产循环等内容，职责框架基本同收入、成本会计	确保循环内科目记账的准确性、及时性
出纳	●办理银行收支、账户开销户和现金支取手续 ●负责支票、汇票、发票、收据管理 ●登记出纳日记账、借款台账、票据台账，妥善保管现金、银行对账单、借款合同等资金相关单据 ●协助会计完成其他日常非核算记账类工作	办理与资金相关的业务并完成日常日记账、相关台账之登记与资料留存

企业比照上述架构及职责于申报期前期搭建团队并熟悉、强化相关职责，可有效支撑财务运转工作并满足 IPO 层面的审核需求。后续随企业经营规模的扩大及管理的不断优化，可进一步搭建下辖部门，如：专职资金管理筹划以提升资金使用效率的资金部；基于历史财务数据进行分析监控、大模型处理、前瞻性财务预测的财经分析部；同时具备 IT 背景与财务背景，因地制宜进行财务流程信息化建设的财务信息部；与业务密切融合，有效服务业务、赋能业务的 BP(Business Partner)部；等等。

第二，基于建制相较完善的财务团队，由代理记账转为自主记账，逐步引入标准核算科目思路、权证发生制入账思维、IPO 高标准规范化观念并落地执行，保证从自基础建账到财务报表及时准确产出，最终完成业财融合的三阶段财务工作。

第三，提高财务人员的稳定性，确保申报环节材料制作与反馈回复的良性对接。

第四，财务人员应具备相应的专业知识和专业技能，具备会计从业资格，应当专职为企业服务，不能兼职发行人主体外其他单位记账工作。

2. 合理设置岗位，分离不相容职务

不相容职位的设置核心意义在于"牵制"，通过岗位分离使重要内控节点不限于一人之手，避免串通而流于形式。我们根据实务经验，归纳几组常见的应分隔、不相容关系，具体如表 3-2 所示。

表 3-2　常见的不相容岗位示例

岗位 1	岗位 2	不相容说明
实际控制人	财务总监	二者不应为近亲属
出纳	取得和复核银行对账单工作	不得交叉
公司财务专用章	公司法人印鉴	不得由同一人保管
制单人	复核人	不得为同一人
内部审计人员	财务人员	不得交叉
经办人	审批人	不得为同一人

(二)凭证与档案管理

1. 凭证需清晰明了，签章完备

会计核算以合法合规的凭证为依据：会计记账凭证摘要应当清晰明了地说明业务内容；记账凭证需有制单、记账和审核人员签章或系统留痕；记账人与审核人员应当分隔。

2. 凭证要素应齐全

记账凭证所附原始凭据应当齐全。以主要业务为例,所附原始凭据如表3-3所示。

表3-3 主要业务后附原始凭据示例

主要业务	后附原始凭据
采购业务	记账凭证后附付款申请单、合同或订单、发票、入库单、银行付款单据
销售业务	记账凭证后附发货通知单、合同或订单、出库单、物流单、签收单、发票、收款单
非经营性资金往来事项	记账凭证后附付款申请单、银行付款单据、合同或协议

3. 档案资料优化管理

（1）会计档案管理有序

原始凭证应按月装订成册,根据会计年度逐月排列后由财务部安排专人保管;总账和银行明细账、现金明细账应按年打印,由总账会计作为装订人、会计机构负责人作为审核人、会计工作负责人作为批准人进行签字或盖章。

（2）业务资料归口管理

资料提供困难、责任落实不清是影响IPO工作推动的常见问题。建议公司将各业务部门作为档案管理第一责任部门,以部门为单元建立其负责业务的资料档案清单,连续编号、妥善保管。按照一定频次如月度,将部门所收集规整的资料原件及清单归口至专门的档案管理部门或行政部门,自行备份扫描件或副本。

（3）信息化建设

信息化建设是企业提高经营效能和管理效率的重要途径,也是社会发展大势所趋。就档案管理层面而言,建议企业逐步建立并实施电子档案系统,根据监管要求和现时需要逐步实现全面的电子档案管理。举例而言:针对合同、订单、签收单、验收单等核心资料,开发相关模块,由经办人定期上传扫描件,开放权限至需取用对应资料的部门,做到信息共享、随时可查;针对经销商较多、存在库存管理需求等场景的企业,可以在做好系统隔离的前提下适当将端口开放给合作单位,提高资料收集效率,增加可追溯查询的年限。

二、历史沿革中的财务视角

就 IPO 企业而言,历史沿革指的是其设立以来出资、股权的演变情况,在辅导与审核过程中主要从法律视角进行把握。本专题主要提示与财务方面存在一定关联度、出现频次相对较高的内容。

(一)注册资本应缴足

《公司法》及《首次公开发行股票并上市管理办法》对 IPO 企业注册资本的缴纳均有所涉及与要求,具体如表 3-4 所示。

表 3-4　相关文件对 IPO 企业注册资本缴足的要求

文件依据	要求
《公司法》(2023 年 12 月修订)	第四十七条　有限责任公司的注册资本为在公司登记机关登记的全体股东认缴的出资额。全体股东认缴的出资额由股东按照公司章程的规定自公司成立之日起五年内缴足 第九十六条　股份有限公司的注册资本为在公司登记机关登记的已发行股份的股本总额。在发起人认购的股份缴足前,不得向他人募集股份
《首次公开发行股票并上市管理办法》(2020 年 7 月)[①]	第二章《发行条件》第十条　发行人的注册资本已足额缴纳,发起人或者股东用作出资的资产的财产权转移手续已办理完毕,发行人的主要资产不存在重大权属纠纷

(二)出资形式应合规

企业出资形式主要分为货币及非货币出资两种形式,其合规性要求具体如表 3-5 所示。

表 3-5　不同出资形式下的合规性要求

形式	合规性要求
货币出资	出资人应确保打款形式合规,包括但不限于: ●出资金额符合增资协议要求 ●出资人为协议约定享有席位的人员 ●打款回单摘要、用途务必备注投资款 ●出资时间不存在超出约定时间范围等

---

①　该文件已被《首次公开发行股票注册管理办法》(2023 年 2 月)所替代,相关内容仅供参考。

续表

形式	合规性要求
非货币出资	如以生产经营设备、特许经营权、专利、商标等实物资产、无形资产出资，需证实并确保： ● 出资的资产权属完全归属于该出资人，不存在权属瑕疵 ● 标的资产需进行评估作价。《公司法》第四十八条明确规定"对作为出资的非货币财产应当评估作价，核实财产，不得高估或者低估作价"

如未按上述要求合规出资，则需以货币出资补足的形式进行夯实出资或减资，实务中以前者居多。应评未评的则需追溯补充评估，如评估值低于出资份额，则需进行夯实出资。

(三) 出资不实或出资瑕疵的界定与应对

1. 现金出资

部分企业采用现金形式进行设立出资或前期出资，同"第二章'一、资金循环模式'中的'(二)现金管理与现金交易'"所述，资金以现金形式进行流转留痕往往不足、可验证性较弱，就出资层面而言易引发出资是否切实、是否存在瑕疵的疑虑，应做的梳理与应对具体如表3-6所示。

表3-6 现金出资的效力与应对

情形	效力与应对
收现后存在对应银行缴存记录	如公司于现金收款后邻近时点将等额资金缴存银行，且具备银行存现记录，则出资效力较高
收现后不存在银行缴存记录或记录遗失	应确认现金去向，是否形成相关资产，是否进行其他支取使用，使用记录与出资额是否可明确对应： ● 如可清晰梳理资金流向及资产形成过程，具备相应证据资料印证支撑，则出资效力有所保证 ● 如无法落实前述内容，则需根据情形程度确认应界定为出资不实还是出资瑕疵： ——针对出资不实：应调减实收资本项目，由原股东补充出资 ——针对出资瑕疵：出于谨慎性考虑，可由原股东进行出资夯实，但无须调减净资产项目，夯实出资金额计入资本公积

2. 抽逃出资

在注册资本实缴登记制背景下，部分企业的股东为满足注册资本缴纳的要求，同时基于资金压力等原因，将出资款缴纳给公司后又以各种形式转出，导致资金并未实际用于公司经营。

根据最高人民法院关于适用《公司法》若干问题的规定(三),以下情形可认定为股东抽逃出资:①制作虚假财务会计报表虚增利润进行分配;②通过虚构债权债务关系将其出资转出;③利用关联交易将其出资转出;④其他未经法定程序将其出资抽回的行为。

根据《公司法》(2023年12月)第二百条:公司的发起人、股东在公司成立后,抽逃其出资的,由公司登记机关责令改正,处以所抽逃出资金额百分之五以上百分之十五以下的罚款;对直接负责的主管人员和其他直接责任人员处以三万元以上三十万元以下的罚款。

公司股东应当严格履行出资义务,不得出现上述抽逃出资的行为。针对申报期内出现的实收资本缴款后股东以借款形式借出的,应当评估其法律影响,并及时完成计息与偿还。

(四)验资及验资复核流程

2014年3月,我国正式改革实施注册资本登记制度,将注册资本实缴登记制改为认缴登记制,即:市场监督管理部门对公司注册资本金额进行登记,不再登记实收资本金额,不再收取增资相关验资报告等证明文件。

出资是否到位意义重大,其关乎公司净资产是否扎实、股东是否履行相应义务、上市后公众利益是否可能受损,故IPO审核过程中要求历史沿革中的历次出资由申报会计师出具验资报告进行鉴证。

1. 验资报告须由会计师事务所总所盖章出具

如验资报告系会计师事务所分所出具的,可采取以下方式之一进行补正:①报送加盖原会计师事务所总所公章的验资报告;②提交总所授权该分所承担验资业务,以及总所完成复核程序的证明文件;③由其他会计师事务所出具对该验资报告进行复核的报告。

2. 出具验资报告的会计师事务所须具有证券从业资质

如存在不满足此条件的历史出资,则应由具备资质的会计师事务所重新出具验资报告或出具验资事项复核报告。

(五)股份制改制要求

1. 股份制改制需验资

股份制改制需经有证券从业资质的会计师事务所以经审计的股改基准日母公司净资产数据进行折股、验资。

2. 股份制改制需评估

股份制改制需经有证券从业资质的评估机构出具评估报告。

3. 改制时点净资产要求

第一,折股时净资产金额不得小于股本金额,折股后股本最大不得超过原净资产金额。假设基准日净资产总额为600,实收资本、资本公积均为200,盈余公积和未分配利润均为100,我们针对三类折股情形进行举例说明。具体如表3-7所示。

表 3-7 三类折股情形示例

情形	举例
折股后股本不变	股本200、资本公积400
折股后股本部分增加	股本280、资本公积320
折股后股本变更为净资产数	股本600

此外,部分企业在股改时点注册资本未实缴或未缴足,通过股改净资产折股完成注册资本实缴。虽然该处理与现有法律法规不存在冲突,但相关市场案例较少,建议企业在股改前缴足注册资本,减少不必要的审核麻烦。

第二,折股净资产不得使用评估金额,需为审计后的股改基准日母公司净资产金额。

第三,股改净资产折股前应确认不存在历史出资瑕疵或出资不实的问题。

第四,折股后股份数不低于IPO规定的主体要求,即主板不低于5000万股,科创板、创业板、北交所不低于3000万股。

4. 涉税提示

针对股份制改制净资产折股或资本公积转增股本导致个人股东股份数增加的,个人股东应当缴纳个人所得税。

（六）明股实债问题

部分企业的外部股东向公司投资时约定公司需每年按照固定利率支付其利息，并设定投资期限，于投资期限届满后公司需赎回股权。

针对前述回购情形及具有第三方收购、对赌、定期分红等约定的投资形式，应根据协议约定进行分析：如投资回报不与公司的经营业绩挂钩，不是根据企业的投资收益或亏损进行分配，而是向投资者提供保本保收益承诺，根据约定定期向投资者支付固定收益，并在满足特定条件后由被投资企业赎回股权或者偿还本息的，依据《证券期货经营机构私募资产管理计划备案办法》（证监会令［第203号］），符合明股实债的界定标准。

发行条件规定，控股股东和受控股股东、实际控制人支配的股东所持发行人的股份权属应当清晰。以股权投资形式存在的债权投资，历来为监管机构关注的重点问题。总结如表3-8所示。

表3-8 明股实债的相关规定及问询处理

项目	内容
相关法律法规	●国家税务总局《关于企业混合性投资业务企业所得税处理问题的公告》（2013年7月） ●财政部等部门《关于进一步规范地方政府举债融资行为的通知》（财预〔2017〕150号） ●《证券期货经营机构私募资产管理计划备案办法》（证监会令［第203号］） ●银监会《G06理财业务月度统计表》（2017年）
监管层问询及处理	●淮北矿业（600985.SH，原名雷鸣科化）并购重组案例：监管层持续针对明股实债问题进行问询，公司多次回复论证后直至将"明股实债"份额进行清理后过会 ●宁德时代（300750.SZ）首次公开发行案例：监管层关注"明股实债"所带来纠纷或潜在纠纷，需要上市公司如实披露约定，上市公司需表明投资对其经营成果影响较小，并不会构成实质性上市障碍

鉴于各类法律法规文件、审核出具的问询意见之指导思想，明股实债问题对股份权属清晰的判定影响较大，或构成公司上市障碍，提请公司关注并及时进行清理考量。

三、关联方及关注点

(一)完整性识别及统计

1. 关联方的认定

(1)文件规定

针对关联方关系的认定,我们基于现有法律法规及监管规则指引进行了提取归纳。具体如表3-9所示。

表3-9 各指导性文件对关联方的认定

指导文件	内容规定	备注
《公司法》(2023年12月修订)	第二百六十五条 (四)关联关系,是指公司控股股东、实际控制人、董事、监事、高级管理人员与其直接或者间接控制的企业之间的关系,以及可能导致公司利益转移的其他关系。但是,国家控股的企业之间不仅因为同受国家控股而具有关联关系	
《企业会计准则第36号——关联方披露》	第四条 下列各方构成企业的关联方: (一)该企业的母公司 (二)该企业的子公司 (三)与该企业受同一母公司控制的其他企业 (四)对该企业实施共同控制的投资方 (五)对该企业施加重大影响的投资方 (六)该企业的合营企业 (七)该企业的联营企业 (八)该企业的主要投资者个人及与其关系密切的家庭成员。主要投资者个人,是指能够控制、共同控制一个企业或者对一个企业施加重大影响的个人投资者 (九)该企业或其母公司的关键管理人员及与其关系密切的家庭成员。关键管理人员,是指有权力并负责计划、指挥和控制企业活动的人员。与主要投资者个人或关键管理人员关系密切的家庭成员,是指在处理与企业的交易时可能影响该个人或受该个人影响的家庭成员 (十)该企业主要投资者个人、关键管理人员或与其关系密切的家庭成员控制、共同控制或施加重大影响的其他企业	

续　表

指导文件	内容规定	备注
《公开发行证券的公司信息披露编报规则第 15 号——财务报告的一般规定》（2023 年 12 月）	第五十九条　公司应按照《企业会计准则》及中国证监会有关规定中界定的关联方，披露关联方情况	
《上海证券交易所上市公司关联交易实施指引》（2011 年 5 月）	第八条　具有以下情形之一的法人或其他组织，为上市公司的关联法人： （一）直接或者间接控制上市公司的法人或其他组织 （二）由上述第（一）项所列主体直接或者间接控制的除上市公司及其控股子公司以外的法人或其他组织 （三）由第十条所列上市公司的关联自然人直接或者间接控制的，或者由关联自然人担任董事、高级管理人员的除上市公司及其控股子公司以外的法人或其他组织 （四）持有上市公司 5％以上股份的法人或其他组织 （五）本所根据实质重于形式原则认定的其他与上市公司有特殊关系，可能导致上市公司利益对其倾斜的法人或其他组织，包括持有对上市公司具有重要影响的控股子公司 10％以上股份的法人或其他组织等 第九条　上市公司与前条第（二）项所列主体受同一国有资产管理机构控制的，不因此而形成关联关系，但该主体的法定代表人、总经理或者半数以上的董事兼任上市公司董事、监事或者高级管理人员的除外 第十条　具有以下情形之一的自然人，为上市公司的关联自然人： （一）直接或间接持有上市公司 5％以上股份的自然人 （二）上市公司董事、监事和高级管理人员 （三）第八条第（一）项所列关联法人的董事、监事和高级管理人员 （四）本条第（一）项和第（二）项所述人士的关系密切的家庭成员 （五）本所根据实质重于形式原则认定的其他与上市公司有特殊关系，可能导致上市公司利益对其倾斜的自然人，包括持有对上市公司具有重要影响的控股子公司 10％以上股份的自然人等	
《上海证券交易所上市公司自律监管指引第 5 号——交易与关联交易》（2023 年 1 月）		此文件自发布之日起施行，《关联交易实施指引》同时废止，但此文件未对关联方关系内容进行规定

续　表

指导文件	内容规定	备注
《上海证券交易所股票上市规则》（2023年8月）	6.3.3　上市公司的关联人包括关联法人（或者其他组织）和关联自然人 具有以下情形之一的法人（或者其他组织），为上市公司的关联法人（或者其他组织）： （一）直接或者间接控制上市公司的法人（或者其他组织）； （二）由前项所述法人（或者其他组织）直接或者间接控制的除上市公司、控股子公司及控制的其他主体以外的法人（或者其他组织）； （三）关联自然人直接或者间接控制的或者担任董事（不含同为双方的独立董事）、高级管理人员的，除上市公司、控股子公司及控制的其他主体以外的法人（或者其他组织）； （四）持有上市公司5％以上股份的法人（或者其他组织）及其一致行动人 具有以下情形之一的自然人，为上市公司的关联自然人： （一）直接或者间接持有上市公司5％以上股份的自然人； （二）上市公司董事、监事和高级管理人员； （三）直接或者间接地控制上市公司的法人（或者其他组织）的董事、监事和高级管理人员； （四）本款第（一）项、第（二）项所述人士的关系密切的家庭成员 在过去12个月内或者相关协议或者安排生效后的12个月内，存在本条第二款、第三款所述情形之一的法人（或者其他组织）、自然人，为上市公司的关联人 中国证监会、本所或者上市公司可以根据实质重于形式的原则，认定其他与上市公司有特殊关系，可能或者已经造成上市公司对其利益倾斜的法人（或者其他组织）或者自然人为上市公司的关联人	
《上海证券交易所科创板股票上市规则》（2023年8月）		未对关联方关系内容进行规定

第三章 公共性专题说明

续 表

指导文件	内容规定	备注
《深圳证券交易所股票上市规则》（2023年8月）	6.3.3 上市公司的关联人包括关联法人（或者其他组织）和关联自然人 具有下列情形之一的法人或者其他组织，为上市公司的关联法人（或者其他组织）： （一）直接或者间接地控制上市公司的法人（或者其他组织） （二）由前项所述法人（或者其他组织）直接或者间接控制的除上市公司及其控股子公司以外的法人（或者其他组织） （三）持有上市公司5%以上股份的法人（或者其他组织）及其一致行动人 （四）由上市公司关联自然人直接或者间接控制的，或者担任董事（不含同为双方的独立董事）、高级管理人员的，除上市公司及其控股子公司以外的法人（或其他组织） 具有下列情形之一的自然人，为上市公司的关联自然人： （一）直接或者间接持有上市公司5%以上股份的自然人 （二）上市公司董事、监事及高级管理人员 （三）直接或者间接地控制上市公司的法人（或者其他组织）的董事、监事及高级管理人员 （四）本款第（一）项、第（二）项所述人士的关系密切的家庭成员。在过去十二个月内或者根据相关协议安排在未来十二个月内，存在第二款、第三款所述情形之一的法人（或者其他组织）、自然人，为上市公司的关联人 中国证监会、本所或者上市公司根据实质重于形式的原则，认定其他与上市公司有特殊关系、可能或者已经造成上市公司对其利益倾斜的自然人、法人（或者其他组织），为上市公司的关联人	

续 表

指导文件	内容规定	备注
《深圳证券交易所创业板股票上市规则》(2023年8月)	7.2.2 上市公司的关联人包括关联法人和关联自然人 7.2.3 具有下列情形之一的法人或者其他组织,为上市公司的关联法人: (一)直接或者间接控制上市公司的法人或者其他组织 (二)由前项所述法人直接或者间接控制的除上市公司及其控股子公司以外的法人或者其他组织 (三)由本规则第7.2.5条所列上市公司的关联自然人直接或者间接控制的,或者担任董事(独立董事除外)、高级管理人员的,除上市公司及其控股子公司以外的法人或者其他组织 (四)持有上市公司5%以上股份的法人或者一致行动人 (五)中国证监会、本所或者上市公司根据实质重于形式的原则认定的其他与上市公司有特殊关系,可能造成上市公司对其利益倾斜的法人或者其他组织 7.2.4 上市公司与本规则第7.2.3条第二项所列法人受同一国有资产管理机构控制而形成第7.2.3条第二项所述情形的,不因此构成关联关系,但该法人的董事长、经理或者半数以上的董事属于本规则第7.2.5条第二项所列情形者除外 7.2.5 具有下列情形之一的自然人,为上市公司的关联自然人: (一)直接或者间接持有上市公司5%以上股份的自然人 (二)上市公司董事、监事及高级管理人员 (三)直接或者间接控制上市公司的法人或者其他组织的董事、监事及高级管理人员 (四)本条第一项至第三项所述人士的关系密切的家庭成员,包括配偶、父母、配偶的父母、兄弟姐妹及其配偶、年满十八周岁的子女及其配偶、配偶的兄弟姐妹和子女配偶的父母 (五)中国证监会、本所或者上市公司根据实质重于形式的原则认定的其他与上市公司有特殊关系,可能造成上市公司对其利益倾斜的自然人 7.2.6 具有下列情形之一的法人或者自然人,视同为上市公司的关联人: (一)因与上市公司或者其关联人签署协议或者作出安排,在协议或者安排生效后,或者在未来十二个月内,具有本规则第7.2.3条或者第7.2.5条规定情形之一的 (二)过去十二个月内,曾经具有第7.2.3条或者第7.2.5条规定情形之一的	

第三章　公共性专题说明

续　表

指导文件	内容规定	备注
《北京证券交易所股票上市规则(试行)》(2023年8月)	12.1 (十三)关联方,是指上市公司的关联法人和关联自然人 具有以下情形之一的法人或其他组织,为上市公司的关联法人: 1.直接或者间接控制上市公司的法人或其他组织 2.由前项所述法人直接或者间接控制的除上市公司及其控股子公司以外的法人或其他组织 3.关联自然人直接或者间接控制的或者担任董事、高级管理人员的,除上市公司及其控股子公司以外的法人或其他组织 4.直接或间接持有上市公司5%以上股份的法人或其他组织 5.在过去12个月内或者根据相关协议安排在未来12个月内,存在上述情形之一的 6.中国证监会、本所或者上市公司根据实质重于形式的原则认定的其他与公司有特殊关系,可能或者已经造成上市公司对其利益倾斜的法人或其他组织 上市公司与上述第2目所列法人或其他组织受同一国有资产管理机构控制的,不因此构成关联关系,但该法人或其他组织的董事长、经理或者半数以上的董事兼任上市公司董事、监事或高级管理人员的除外 具有以下情形之一的自然人,为上市公司的关联自然人: 1.直接或者间接持有上市公司5%以上股份的自然人 2.上市公司董事、监事及高级管理人员 3.直接或者间接地控制上市公司的法人的董事、监事及高级管理人员 4.上述第1、2目所述人士的关系密切的家庭成员,包括配偶、父母、年满18周岁的子女及其配偶、兄弟姐妹及其配偶,配偶的父母、兄弟姐妹、子女配偶的父母 5.在过去12个月内或者根据相关协议安排在未来12个月内,存在上述情形之一的 中国证监会、本所或者上市公司根据实质重于形式原则认定的其他与上市公司有特殊关系,可能或者已经造成上市公司对其利益倾斜的自然人	

(2)整合说明

根据上述文件规定,我们进一步综合整理应作为关联方进行分析、披露的关系,具体如表3-10所示。

表 3-10　整理汇总后的关联关系范围

类型	范围
关联法人或组织	●合营企业、联营企业、参股企业 ●直接或者间接控制上市公司的法人或其他组织 ●直接或者间接控制上市公司的法人或其他组织直接或者间接控制的除上市公司及其控股子公司以外的法人或其他组织 ●关联自然人直接或者间接控制的或者担任董事(不含同为双方的独立董事)、高级管理人员的,除上市公司、控股子公司及控制的其他主体以外的法人(或者其他组织) ●持有上市公司5%以上股份的法人(或者其他组织)及其一致行动人 ●持有对上市公司具有重要影响的控股子公司10%以上股份的自然人等(上交所已废止,IPO参考) ●在过去十二个月内或者根据相关协议安排在未来十二个月内符合前述条件的历史关联方或潜在关联方
关联自然人	●直接或者间接持有上市公司5%以上股份的自然人 ●上市公司董事、监事和高级管理人员 ●直接或者间接地控制上市公司的法人(或者其他组织)的董事、监事和高级管理人员 ●直接或者间接持有上市公司5%以上股份的自然人;上市公司董事、监事和高级管理人员;直接或者间接地控制上市公司的法人(或者其他组织)的董事、监事和高级管理人员的关系密切的家庭成员,包括配偶、父母、配偶的父母、兄弟姐妹及其配偶、年满十八周岁的子女及其配偶、配偶的兄弟姐妹和子女配偶的父母 ●可能导致上市公司利益对其倾斜的自然人,包括持有对上市公司具有重要影响的控股子公司10%以上股份的自然人 ●在过去十二个月内或者根据相关协议安排在未来十二个月内符合前述条件的历史关联方或潜在关联方

上市企业应当严格遵照不同板块规定对上述关联方关系进行界定,确保不存在遗漏披露、重大交易前未经事先审批及公告(如适用)。

针对IPO企业,建议在上述关系范围内从严出发考虑,包括但不限于:①不考虑或弱化对应比例要求;②不仅仅从控制角度出发,如存在共同控制、重大影响,或仅持股亦可纳入范围;③关联自然人之关系密切家庭成员均应进一步纳入范围。IPO企业应力求在最大层面上进行关联交易的充分识别并于财务报告中披露。

2. 关联交易的范围

把握关联交易,我们需明确其构成也即内容范围,还需明确其统计跨度也即时间范围。具体如表3-11所示。

第三章 公共性专题说明

表 3-11 关联交易的内容与时间范围

项目	范围
内容范围	根据企业会计准则及各板块上市规则要求,关联交易范围内容归纳如下: ● 采购端:购买原材料、燃料、动力、产成品、其他资产,接受服务 ● 销售端:销售原材料、燃料、动力、产成品、其他资产,提供服务 ● 担保 ● 资金往来(拆借、贷款存款、股权投资) ● 租赁 ● 代理、受托或委托销售、许可协议 ● 共同投资、共同研发 ● 代表企业或由企业代表另一方进行债务结算。 ● 关键管理人员薪酬 ● 其他通过约定可能引致资源或者义务转移的事项
统计的时间范围	● 关联方关系形成时点至关联方关系结束时点(如董监高离职、关联企业非关联化转让等情形) ● 关联方关系结束后十二个月产生的交易情况

(二)关联方交易策略

交易作为商业行为其本身并无优劣之分,但由于关联关系这种相对紧密联系的存在,基于其产生的交易是否影响业务独立性、是否定价公允、是否存在利益输送等问题将相伴产生,历来为审核关注的重点,可谓 IPO 反馈阶段的必问事项。

根据实务经验,针对关联方交易提请企业做好如下应对与规范:

1. 如无必要,不应发生

企业进行关联交易前,务必审视确认该交易是否具备现时的需求、具有合理的交易场景。如果与关联方的交易不是非做不可的或可用其他外部单位替代的,则不应开展关联交易。

2. 确有必要,量级把控及独立性关注

如确实存在较为现时、必要的关联交易需求,例如计划外临时性订单需紧急供货、现有外部供应商暂无法满足缺口故向关联方进行采购等,允许进行一定体量的关联交易,但务必确保:

第一,关联交易金额占总体的比例较低,且在申报期内呈现逐年下降的趋势;

第二,不存在生产、经营等核心环节依赖关联方进行生产运营支持、供货或去化等情况。

3. 已产生交易,确保公允

定价不公允的关联交易反映企业存在利益输送、利润调节的可能。针对公允性的把握,企业务必做好如下合规应对:

(1)明确定价机制

针对关联交易对象,应当一视同仁,参照现有的定价制度、业务类型、产品成本、市场行情等进行定价,确保定价有依据。

(2)备查公允性佐证资料

针对已产生的关联交易,企业应当备查定价、比价相关资料,避免后续应对审核及监管时相关信息无法查询查证,难以有效说明定价依据及公允性。具体而言:

①存在可比价的其他非关联方销售、采购。

进行相同或类似产品销售或采购清单整理留存,并汇总比价情况,具体如表3-12所示。

表3-12 关联交易比价记录示例

序号	向关联方销售/采购产品名称	产品规格	客户/供应商名称	销售/采购金额	销售/采购数量	平均价格
			关联方			
			其他非关联方A			
			其他非关联方B			

注意,由于产品相同或近似,上述比较结果应当基本一致,如存在较大差异则需说明合理化的理由。

②不存在可比价的其他非关联方销售、采购。

如针对关联方的销售采购内容较为细分,不存在向其他非关联客户销售采购相同或类似产品的情况,则应当从公开市场出发,留存对应询价记录、市场价格查询记录等,说明交易定价公允性。

由于部分关联交易标的非大宗商品,其公开渠道可查询的价格信息较少,导致比价时较为困难,仅依赖定价策略的逻辑推演进行说明,证据力上稍显欠缺。因此,建议企业在经营层面可行的前提下,应当货比三家、分散风险,将相关交易分布于关联方与非关联方间且尽量提高非关联方的交易占比,一来使得公允比价有现时外部情况作为依据,二来减少对关联方的依赖、增强独立性。

4. 关联交易非关联方化问题

关联交易非关联化是指企业通过一系列措施和手段将关联方单位转变为非关联方,使与之进行的交易形式上非关联方化,用以规避关联交易相关约束的行为。由于其并未改变关联交易的实质,属于不合规的运作方式,企业不得涉及。针对监管存在疑虑的两种主要情形,企业应从如下方面做好自证与应对:

(1)疑虑情形一:通过股权转让,将关联单位的股权转让给无关第三方代为经营,实际仍由关联方隐形控制

企业的自证与应对方向:股权转让后,公司与原关联交易单位不再产生业务往来(非必要,但较为有利);联络原关联方及受让股权的第三方进行访谈,确认转让背景等情况;获取转让双方相关资金流水进行穿透核实,确认不存在代持等安排;对原关联单位转让后的经营情况进行查证,确认受让股权的第三方实质控制、管理公司并享受收益;对转让后关联交易规模、背景、定价等进行汇总梳理与查证,确认合规性。

(2)疑虑情形二:通过无关第三方与关联方进行间接交易

企业需确保经得起穿透核查,不存在中转、间接与关联方进行交易的情况。

(三)关联方资金拆借

关联方资金拆借作为关联交易的构成内容之一,对外拆出资金表明公司利益受到侵占,向关联方拆入资金则表明对关联方存在一定程度的依赖,故其相较其他关联交易,本身缺乏必要性及合理性且暴露了企业内部控制问题,应当从以下方面进行合规性把握。具体如表 3-13 所示。

表 3-13　关联方资金拆借的合规性要求

项目	合规性要求
清理要求	最优:申报期不发生关联方资金拆借行为。底线:申报期初期对已产生的拆借行为完成清理、结息,申报期中后期不发生资金拆借行为
计息公允性	公司资金拆借往来单位均需签订相应合同,登记相关资金拆借台账并基于资金拆借规模、占用的天数、利率(参照一定标准,如同期银行贷款利率等)进行计息收取或兑付
实质性穿透	针对已产生的资金拆借,需说明备查并完成:资金拆借的背景及原因;资金拆借后的用途及流向(需备查相关流水进行追踪说明);对拆借单位及主要供应商、客户进行访谈等,核查确认是否通过私下利益交换等方式进行利益输送

续　表

项目	合规性要求
内控管理	制定《资金管理制度》《防范控股股东、实际控制人及其他关联方资金占用制度》并有效执行，确保公司后续不存在资金被控股股东、实际控制人及其控制的其他企业以借款、代偿债务、代垫款项或其他方式占用的情况

(四)关联交易审批及披露规则

针对上市公司,我们汇总了各板块的关联交易审议及信息披露标准。具体如表 3-14 所示。

表 3-14　各板块关联交易审议及信息披露要求

板块	指导文件	文件要求	
^	^	股东大会审议标准	信息披露标准
上交所主板	《上海证券交易所股票上市规则》(2023年8月)	除本规则第 6.3.11 条的规定外,上市公司与关联人发生的交易金额(包括承担的债务和费用)在 3000 万元以上,且占上市公司最近一期经审计净资产绝对值 5%以上的,应当按照本规则第 6.1.6 条的规定披露审计报告或者评估报告,并将该交易提交股东大会审议	●与关联自然人发生的交易金额(包括承担的债务和费用)在 30 万元以上的交易 ●与关联法人(或者其他组织)发生的交易金额(包括承担的债务和费用)在 300 万元以上,且占上市公司最近一期经审计净资产绝对值 0.5%以上的交易
上交所科创板	《上海证券交易所科创板股票上市规则》(2023年8月)	上市公司与关联人发生的交易金额(提供担保除外)占上市公司最近一期经审计总资产或市值 1%以上的交易,且超过 3000 万元,应当比照第 7.1.9 条的规定,提供评估报告或审计报告,并提交股东大会审议	●与关联自然人发生的成交金额(提供担保除外)在 30 万元以上的交易 ●与关联法人发生的成交金额(提供担保除外)占上市公司最近一期经审计总资产或市值 0.1%以上的交易,且超过 300 万元

续　表

板块	指导文件	文件要求	
		股东大会审议标准	信息披露标准
深交所主板	《深圳证券交易所股票上市规则》（2023年8月）	除本规则第6.3.13条的规定外，上市公司与关联人发生的成交金额超过3000万元，且占上市公司最近一期经审计净资产绝对值超过5%的，应当及时披露并提交股东大会审议，还应当披露符合本规则第6.1.6条要求的审计报告或者评估报告	● 与关联自然人发生的成交金额超过30万元的交易 ● 与关联法人（或者其他组织）发生的成交金额超过300万元，且占上市公司最近一期经审计净资产绝对值超过0.5%的交易
深交所创业板	《深圳证券交易所创业板股票上市规则》（2023年8月）	上市公司与关联人发生的交易（提供担保除外）金额超过3000万元，且占公司最近一期经审计净资产绝对值5%以上的，应当提交股东大会审议，并参照本规则第7.1.10条的规定披露评估或者审计报告	● 与关联自然人发生的成交金额（提供担保除外）超过30万元的交易 ● 与关联法人发生的成交金额（提供担保除外）超过300万元，且占公司最近一期经审计净资产绝对值0.5%以上的交易
北交所	《北京证券交易所股票上市规则（试行）》（2023年8月）	上市公司与关联方发生的成交金额（提供担保除外）占公司最近一期经审计总资产2%以上且超过3000万元的交易，应当比照本规则第7.1.17条的规定提供评估报告或者审计报告，提交股东大会审议	● 公司与关联自然人发生的成交金额（提供担保除外）在30万元以上的关联交易 ● 与关联法人发生的成交金额（提供担保除外）占公司最近一期经审计总资产0.2%以上的交易，且超过300万元

针对IPO企业，就审批层面而言，应参照上市公司要求通过有权机构的审批；就披露层面而言，于财务审计报告中做到发生即披露，确保披露充分性。

四、股份支付

股份支付因实务中股权激励方式多样、千人千面，因此可研究拓展的案例容量及边界纵深较广。针对此专题，以把握股份支付的概念、会计处理、合规性为主要脉络，着眼于主流、常规情形进行讲解说明。

(一)股份支付的概念与类型

1. 股份支付的定义

根据《企业会计准则第 11 号——股份支付》,股份支付是指企业为获取职工和其他方所提供的服务而授予权益工具或者承担以权益工具为基础确定的负债的交易。其中,权益工具是指企业自身权益工具。

2. 股份支付的类型

(1)以结算方式区分

股份支付分为以权益工具及现金方式进行结算两大类型,其结算方式概念、核心特点等介绍如表 3-15 所示。

表 3-15 不同结算方式的股份支付介绍

结算方式	概念	核心特点	集团内股份支付归属
以权益工具进行结算	以股份或其他权益工具作为对价进行结算	授予的是增发或转让产生的股份或其他权益工具	结算企业以其本身权益工具结算的;接受服务企业没有结算义务或授予本企业职工的是其本身权益工具
以现金方式进行结算	以股份或其他权益工具为基础计算确定的交付现金或其他资产作为对价进行结算	直接给予被授予对象现金或其他资产,至于给多少以挂钩的权益工具价值一定标准进行计算确定	接受服务企业具有结算义务且授予本企业职工的是企业集团内其他企业权益工具

(2)拟上市公司股权激励模式

根据实务情形分析,拟上市公司选择的股权激励方式基本为以权益工具进行结算的股权激励,实际授予方式包括直接授予与间接授予。直接持股即被授予对象直接在拟上市公司层面通过增资或者股权受让的方式持有拟上市公司股权;间接持股即设立持股平台,使被激励对象通过持股平台间接持有拟上市公司股权。持股方式不影响股份支付费用的确认,股份支付费用的确认均应按授予拟上市公司股份数量与所授予股份的公允价值和授予价格来确认。这两种方式应考虑的因素、股份支付的效果及相应的税务成本可能存在一定差异,企业应根据自身的实际情况、股权激励的目标等综合考虑。本小节主要分析相应股份支付费用的确认,对于相应方式的选择不再展开说明。

同时,对于拟上市公司除了主动进行的股份激励之外,还应综合分析公司历史沿革历次股权变动中是否隐含股权激励,即包括员工在内的服务提供方,以低于公允价值的价格受让了公司股权。

(二)是否构成股份支付的判断

1. 构成股份支付的核心特征

构成股份支付,应具备以下三个核心特征:①属于公司与职工或其他方进行的交易;②交易目的系获取职工或其他方的服务;③交易的对价或其定价与企业自身权益工具未来的价值密切相关,对价低于公允价值。

2. 构成股份支付的一般情形

向公司提供服务的受让方以低于公允价值的价格获取公司的股份。

3. 易混淆的情形

我们结合财政部会计司发布的股份支付准则应用案例、《企业会计准则》及《监管规则适用指引——发行类第 5 号》中关于股份支付的相关内容,对在企业日常经营活动中判断是否构成股份支付易产生混淆的情形进行如下说明:

(1)向员工外的其他方进行激励

股权激励常见对象为公司员工,但定义中亦提及"其他方"。实务中存在向外部顾问、供应商、服务商等对公司经营存在贡献(可以为历史贡献)的非任职人员授予份额,如满足前述核心特征,应当确认股份支付。

(2)持股方式转换等股权结构调整

解决股份代持等规范措施,家族内部财产分割、继承、赠与等非交易行为,以及资产重组、业务并购、持股方式转换等导致股权变动的,在有充分证据支持相关股份获取与发行人获得其服务无关的情况下,一般无须作为股份支付处理。

(3)多种增资情形

原有股东等比例增资,不作为股份支付;非按原持股比例等比例增资,实际控制人或其他对公司存在服务的股东超过原持股比例低价新增股份,确认股份支付。

(4)暂时持有

根据股份支付准则应用案例,实际控制人、普通合伙人仅以代持身份暂时持有受让股份,未从受让股份中获得收益,如满足以下条件,可不进行股份支付确认：①受让前应当明确约定受让股份将再次授予其他激励对象；②对再次授予其他激励对象有明确合理的时间安排；③在再次授予其他激励对象之前的持有期间，受让股份所形成合伙份额相关的利益安排（如股利等）与代持未形成明显的冲突。

(5) 大股东兜底式股权激励计划

根据股份支付准则应用案例，公司控股股东承担员工因股票价格下跌而产生的损失，属于集团与职工之间发生的交易；该交易安排要求员工为获得收益（享有股票增值收益且不承担贬值损失）连续为公司提供服务，因此该交易以获取员工服务为目的；该交易的对价与公司股票未来价值密切相关。综上，该交易符合股份支付的定义，适用股份支付准则。具体处理为：控股股东交付现金的金额与公司股票价格下行风险相关，属于为获取服务承担以股份为基础计算确定的交付现金的交易，在控股股东合并报表中，应作为现金结算的股份支付处理。公司作为接受服务企业，没有结算义务，应作为权益结算的股份支付处理。

(6) 利润分享计划

利润分享计划，是指公司因职工提供服务而与职工达成的基于利润或其他经营成果提供薪酬的协议，其不享有或承担权益工具公允价值变动的收益和风险，不属于股份支付，应作为职工薪酬准则的规范范围。

(三) 股份支付计量及主要因素说明

1. 会计处理与计量

我们整理了相对常见的以权益工具进行结算的股份支付于不同阶段、情形下的会计处理与计量，具体如表 3-16 所示。

表 3-16 权益工具结算的股份支付会计处理与计量

类型	阶段	行权条件/情形	会计处理与计量
权益工具结算		股份支付费用总额	＝授予股份数×（授予日单位股份公允价值－单位受让成本价）
	初始授予	立即可行权[①]	将股份支付费用总额计入相关成本或费用，相应增加资本公积
	初始授予	非立即可行权	不作会计处理

第三章　公共性专题说明

续　表

类型	阶段	行权条件/情形	会计处理与计量
权益工具结算	等待期间②	非立即可行权之服务期限条件	每个资产负债表日,根据最新取得的可行权职工人数变动等后续信息做出最佳估计,修正预计可行权的权益工具数量,按照授予日公允价值与入股成本价之差计入成本费用、资本公积。就具体操作(其他类型下不赘述)而言: ●适用服务期限条件的:股份支付总额除以服务月数再乘以报表期间月数得出报告期间费用,同时考虑人员离职变动,针对已离职的进行冲回,新授予的进行补充确认
		非立即可行权之业绩条件	●适用业绩条件的:应当在授予日根据最可能的业绩结果预计等待期的长度,如为市场条件不可修改等待期,非市场条件可根据情况修改等待期。在等待期内对预计可满足行权条件的费用进行估计,如等待期为3年的: ——第一年确认A1=第一年预计最终行权数量×单位公允价值与入股成本之差/3 ——第二年确认A2=第二年预计最终行权数量×单位公允价值与入股成本之差/3－A1 ——第三年(等待期结束落定、完成考核)A3=实际可行权数量×单位公允价值与入股成本之差－A2－A1
	可行权日③	未达到服务期限条件(离职)	离职日尚未行权的部分,股份支付费用可以冲回
		未达到市场条件	已经确认的成本费用不能冲回
		未达到非市场条件	已经确认的成本费用可以冲回
	行权		

①实务中需要关注是否存在隐含的服务期。
②等待期间是指可行权条件得到满足的期间。可行权条件为服务期时,等待期就是服务期,按服务期进行摊销。
③可行权日是指可行权条件得到满足、职工和其他方具有从企业取得权益工具或现金的权利的日期,可行权日之后不再对已确认的相关成本或费用和所有者权益总额进行调整。

2. 主要因素说明

(1)授予日的判定

授予日,是指股份支付协议获得批准的日期,为处理股份支付的起点。根据实务经验,针对授予日的判定提示,整理如表 3-17 所示。

表 3-17　授予日的判定提示

项目	内容
获得批准的定义	根据《企业会计准则讲解(2010)》，获得批准是指企业与职工或其他方就股份支付的协议条款和条件已达成一致，该协议获得股东大会或类似机构的批准。达成一致则是指，双方在对该计划或协议内容充分形成一致理解的基础上，均接受其条款和条件
实务中的界定要件	基于批准的定义，授予日满足以下要件后即可确认： ● 激励对象已和公司签订入股协议 ● 根据股份支付准则应用案例指导，需股东大会或类似机构(如授权董事会)批准确认具体的激励对象及股份数量
其他提示	关于工商时间与款项支付时间： 虽然认股款项支付时间、工商变更或行政许可时间非授予日的判定时点，但由于非上市主体股东大会等批准日期属于内部信息，存在一定的处理空间，故审核方亦会关注款项支付时间、工商变更时间与授予日的差异情况，提请企业根据协议打款，及时办理变更，确保逻辑通顺合理 一般情况下，相应的股权激励方案获得批准与实际入股不应存在太长的时间差，除非有非常合理的理由。因股份支付费用往往对 IPO 公司的业绩影响比较大，不同期间确认费用可能对申报期业绩有较大的影响，故务必关注业务的合理性

(2)可行权条件

①可行权条件的类型。

可行权条件分为服务期限条件及业绩条件，其中业绩条件可进一步分为市场条件与非市场条件。具体如表 3-18 所示。

表 3-18　可行权条件的类型与说明

大类	细分条件	说明
服务期限条件		履行一定期限的服务才可行权
业绩条件	市场条件	市场条件是指行权价格、可行权条件以及行权可能性与权益工具的市场价格相关的业绩条件，如股份支付协议中关于股价至少上升至何种水平才可行权的规定。该条件不影响预计可行权情况的估计，但会影响授予日公允价值的确定
	非市场条件	非市场条件是指除市场条件之外的其他业绩条件，如股份支付协议中关于达到最低盈利目标或销售目标才可行权的规定。该条件不会影响授予日公允价值的确定，但影响预计可行权情况的估计

②隐含服务期的两种情形。

一般而言，以下两类情形被认为属于隐含服务期的股权激励。

第一,离职强制退股且退股价格较低。

针对立即可行权一次性授予的股份支付,如后续员工离职,协议要求强制退股且退股价格明显低于公允价值,由于其未充分享受股份收益,会引发是否实际激励计划暗含服务期需分摊确认股份支付的疑虑。

针对此情况,需做到以下二者之一,方可视为无服务期限要求:持股计划不强制要求员工退股,由员工自主决定股份处理事宜并协商定价;持股计划可规定离职需转让股份,但实际转让价格应当以公允价值为基础协商确认,不得明显偏低。

第二,以IPO成功为可行权条件等非明确时间的服务期。

根据股份支付准则应用案例,针对部分IPO企业的股权激励计划,员工须服务至公司成功完成IPO,否则其持有的股份将以原认购价回售给实际控制人。该约定表明,公司员工须完成规定的服务期限方可从股权激励计划中获益,这属于可行权条件中的服务期限条件。而公司成功完成IPO属于可行权条件中业绩条件的非市场条件。公司应当合理估计未来成功完成IPO的可能性及完成时点,将授予日至该时点的期间作为等待期,并在等待期内的每个资产负债表日对预计可行权数量做出估计,确认相应的股权激励费用。

(3) 公允价值的取值依据与影响期间

① 取值依据。

根据《监管规则适用指引——发行类第5号》(2023年2月)5-1增资或转让股份形成的股份支付,在确定公允价值时,应综合考虑如下因素:入股时期、业绩基础与变动预期、市场环境变化;行业特点、同行业并购重组市盈率、市净率水平;股份支付实施或发生当年市盈率、市净率等指标;熟悉情况并按公平原则自愿交易的各方最近达成的入股价格或股权转让价格,如近期合理的外部投资者入股价,但要避免采用难以证明公允性的外部投资者入股价;采用恰当的估值技术确定公允价值,但要避免采取有争议的、结果显失公平的估值技术或公允价值确定方法,如明显增长预期下按照成本法评估的净资产或账面净资产。

针对拟上市企业,外部投资入股价格作为市场认可的交易对价,其公允性证明力相对较强,可作为优先选择。

② 影响期间。

针对外部投资者入股价格,应当考虑股权激励时点与外部投资入股时点的时间跨度以确定其是否可作为公允价进行参考计量。具体如表3-19所示。

表 3-19　公允价值的取值时间范围参考

时点	时间跨度	是否可作为公允价值使用
股权授予早于外部投资者入股	小于 6 个月	是。如其间多次入股或多次授予,选取与股权授予时点最接近时点之入股价格
	大于 6 个月	否
股权授予晚于外部投资者入股	小于 12 个月	是。如其间多次入股或多次授予,选取与股权授予时点最接近时点之入股价格
	大于 12 个月	可参考

(四)其他事项备查提示

1. 可行权条件的有利修改与不利修改

可行权条件的有利修改是指因股份支付协议条款修改导致股份支付公允价值总额升高以及其他对职工有利的修改。该情况下,应当区分修改发生于等待期内还是等待期外,对新增的股份支付费用进行补充确认。

可行权条件的不利修改是指以减少股份支付公允价值总额或通过其他不利于职工的方式修改条款和条件。针对此情况,会计处理上应当视同修改从未发生,按照原有情况延续处理。

2. 激励计划的取消

应当加速行权确认激励费用。

3. 将母公司股份授予子公司员工进行股权激励

母公司应当确认长期股权投资及资本公积,子公司应当确认成本费用项目,合并角度抵消长期股权投资与资本公积。

4. 非经常性损益的界定

针对立即可行权一次性授予计入成本费用的股份支付,应当将其作为非经常性损益项目进行列报。同时注意,即使一次性计入费用亦应当区分受益对象进行科目入账,不可均计入管理费用。

针对存在一定可行权条件,如服务年限需分期确认的股份支付,应当作为经常性损益项目进行列报。

五、企业各业务模块内控的要求

根据《企业内部控制基本规范》(2008年5月)的定义,内部控制是指由企业董事会、监事会、经理层和全体员工实施的,旨在实现控制目标的过程。控制目标则系合理保证企业经营管理合法合规、资产安全、财务报告及相关信息真实完整,提高经营效率,改善经营效果,促进企业实现发展战略;就IPO企业而言,内部控制的执行情况系监管机构判断企业治理是否有效、风险是否可控的重要落点。其对内对外之重要性不言而喻。

部分公司在规范化前期内部控制缺失或流于形式,审批流程往往局限于单个主体如实际控制人对资金的把控上,不能有效把控管理、经营风险最终损害公司及社会公众的利益。本小节旨在针对处于前期规范阶段,对内控涉及哪些环节、如何建立、有效运行的要求存在疑问的企业进行讲解。

(一)制度建立的前期准备

IPO过程中不少企业在制度建立上贪快求全,或依赖外部写手进行通用性撰写,或下载公开模板直接套用。上述处理虽可让企业在短时间内"拥有"一套制度,但其内容必然空洞且流于形式。

应当明确的是,一家有规模、能盈利的企业,内部势必有一套运行机制支撑其运转,其体现的形式或许较为粗糙,如员工手册、权限审批说明等,但其本质却为公司内部控制管理的体现。内部控制制度的建立,即是对前述既成机制、规则进行成文化、系统化的过程。

提请企业在制度建立前完成如下前期准备工作。

1. 明确各业务循环关键控制节点、控制措施及风险所在

我们将组织架构、发展、人力资源、社会责任、企业文化、资金活动、采购业务、资产管理、销售业务、研究与开发、工程项目、担保业务、业务外包、财务报告、全面预算、合同管理、内部信息传递、信息系统等十八项企业经营管理领域串联整合为资金循环、销售与收款循环、采购与付款循环、筹资与投资循环、长期资产循环、工薪与人事循环、生产与仓储循环、研究与开发循环等业务循环,并对不同的业务循环及其主要环节下的关键审批控制节点、应具备的控制措施、隐含的内控风险进行提炼说明。

考虑到篇幅限制,相关内容已作为本书配套文档使用,可参见本指南配套文档《各循环领域内部控制节点及要求汇总》。

此外我们提示企业,针对控制节点的设置与留痕,不应拘泥于纸质形式。部分企业业务规模较大,如审批等需以纸质审批单为载体,则流转效率低、保管要求高、追溯难度大。因此,在系统安全、稳定、操作日志及留痕明确且相对不可逆的前提下,可通过 OA 系统、ERP 系统等进行线上化审批,提高经营效率。

2. 结合公司情况进行"本地化"处理并查漏补缺

对前述各业务循环的通用性内部控制内容进行了解与备查后,企业应当复盘整理自身实际情况,对其中的"审批及控制节点""具体控制措施说明"两项核心内容进行本地化修改与增删,将完成后的成果(以下简称《内控流程汇总》)作为后续拟定制度的基础来源。

建议公司按照四个阶段进行《内控流程汇总》的定稿成型,具体如图 3-1 所示。

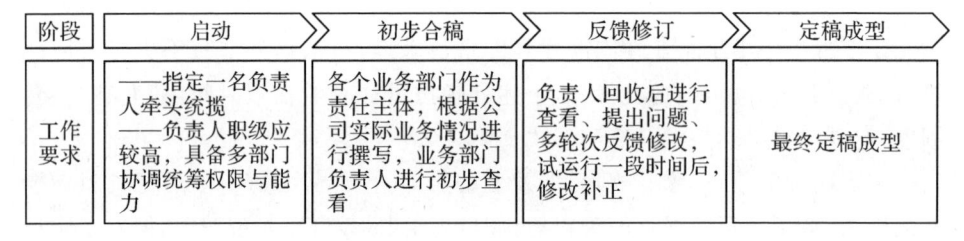

阶段	启动	初步合稿	反馈修订	定稿成型
工作要求	——指定一名负责人牵头统揽 ——负责人职级应较高,具备多部门协调统筹权限与能力	各个业务部门作为责任主体,根据公司实际业务情况进行撰写,业务部门负责人进行初步查看	负责人回收后进行查看、提出问题、多轮次反馈修改,试运行一段时间后,修改补正	最终定稿成型

图 3-1 《内控流程汇总》的工作阶段与要求

(二)制度的建立与发布

《内控流程汇总》是内部控制的核心与灵魂。在此基础上,公司方可引用、借鉴内部控制制度的一般框架。具体而言,公司应参考上市公司已公告的制度和线上文库模板,聘请律师或合规团队进行细节把控等,成体系地导入内容,完成制度的成文撰写工作。如此,建立的内部控制制度方能形实兼备。

根据实务经验,需于 IPO 申报前完成拟制的制度清单(包括但不限于)如表 3-20 所示。

第三章 公共性专题说明

表 3-20 应拟制的制度清单及涵盖内容参考

制度类别	对应制度	应涵盖之内容	制定优先等级
公司治理层面	《公司章程》	《公司章程》规定了公司的组织结构、运营方式和内部规则。包括以下几个主要内容：公司名称和注册信息、主要业务目的和经营业务范围、股东和股权结构、组织机构和权力分配、股东会和董事会的规定、财务管理原则和利润分配政策、解散和清算的程序和方式	高
	《股东大会议事规则》	股东大会召集和通知、出席和代表、表决权和表决程序、决议通过和生效、记录和公告相关规则规定	
	《董事会议事规则》	董事会召集和通知、出席和代表、表决权和表决程序、决议通过和生效、记录和公告相关规则规定	
	《监事会议事规则》	监事会召集和通知、出席和代表、表决权和表决程序、决议通过和生效、监督及问责、记录和公告相关规则规定	
	《独立董事工作制度》	独立董事职责的一般规定、任职条件、选举更换、职权与义务、工作条件	
	《董事会专门委员会工作制度》	专门委员会一般是指审计委员会、薪酬与考核委员会、战略与投资委员会，工作制度包括机构及人员组成、职责权限、决策程序、议事细则	
	《总经理工作细则》	总经理的任免、职权、职责、工作机构、议事程序、报告事项、薪酬及奖惩	
	《董事会秘书工作细则》	董事会秘书的任职资格、职责、任免、法律责任	
	《累积投票制度》	累积投票，是指股东大会在根据《公司章程》相关规定选举董事或监事时采用的一种投票方式。累积投票制度包括董事或监事候选人的提名、董事或监事选举的投票与当选	
	《对外担保管理制度》	对外担保的权限范围、对外担保的日常管理、被担保方的资格、对外担保的信息披露、法律责任	
	《授权管理制度》	授权管理是指公司股东大会对董事会的授权，董事会对董事长、总经理的授权，以及公司在具体经营管理过程中的必要授权。授权管理制度包括授权原则、决策权限划分、授权须履行的程序、被授权的职责	

续 表

制度类别	对应制度	应涵盖之内容	制定优先等级
公司治理层面	《关联交易决策制度》	关联交易遵循的原则、关联交易控制和日常管理的职责部门、关联方和关联关系、关联方报备、关联交易的决策程序、关联方资金往来、关联交易定价、关联交易的信息披露、日常关联交易披露和决策程序的特别规定、溢价购买关联人资产的特别规定、关联交易披露和决策程序的豁免	高
	《对外投资管理制度》	对外投资决策的审批权限、对外投资决策的程序、对外投资的组织机构、对外投资的资产、财务、人事管理、检查和监督、重大事项报告及信息披露	
	《信息披露管理制度》	信息披露的内容与披露标准、未公开信息的传递/审核/披露流程、信息披露事务负责人在信息披露中的职责、董事和董事会/监事和监事会/高级管理人员等的报告审议和披露的职责、董事/监事/高级管理人员/公司各部门和下属公司负责人履行职责的记录和保管制度、未公开信息的保密、知情人的范围和保密责任、财务管理和会计核算的内部控制及监督机制、对外发布信息的申请/审核/发布流程、与投资者/证券服务机构/媒体等的信息沟通与制度、对外发布信息的申请/审核/发布流程、涉及子公司的信息披露事务管理和报告制度、责任追究机制以及对违规人员的处理措施	
	《内部审计制度》	内部审计机构和人员、职责和权限、审计范围和内容、审计的种类及方式、审计的工作程序及质量、审计报告和信息披露、审计档案、审计环境保障及奖惩	
	《子公司及分公司管理制度》	组织管理、经营及投资决策管理、人事及薪酬福利管理、财务管理、信息披露、监督审计、考核与奖惩	
财务管理层面	《财务管理制度》	编制财务管理制度,对公司资金、流动资产及非流动资产、成本费用、税务、往来款等进行管理,对财务核算以及会计档案管理等进行规定和控制,加强公司财务管理,规范财务工作	高

第三章 公共性专题说明

续 表

制度类别	对应制度	应涵盖之内容	制定优先等级
财务管理层面	《货币资金管理制度》	规定相关岗位对应的工作职责：现金管理，如现金额度及缴存、现金适用范围、现金提取、日记账、收支、盘点、保管等；票据管理，如使用开具、接收、背书、贴现、保管和盘点等；银行账户管理，如开销户、清查核对、预留印鉴网银使用管理、银行余额对账、外币账户管理等	高
	《筹资管理制度》	对融资需求编制、筹资方案的拟订与审批、筹资合同的审核与签订、筹集资金的收取与使用、还本付息的审批与办理等筹资业务环节制定了相关制度，明确筹资方式、筹资规模的限制、筹资决策和资金偿付的审批权限等	中
	《预算管理制度》	编制预算管理制度。对全面预算进行分类管理，包括经营预算（如研发预算、采购预算、生产预算、销售预算、费用预算等）、投资预算、筹资预算和财务预算等。公司按照上下结合、分级编制、逐级汇总的程序进行预算编制，并通过明确各机构职责权限，规范预算执行、调整、分析、考核等流程，确保预算执行得到有效控制，预算考核合理到位，从而促进公司预算目标的实现	中
	《现金使用的规定与通知》	现金收取/支付范围规定、现金限额管理、现金收取和支出管理、现金保管、现金盘点、处罚	高
	《财务部出纳岗位工作标准》	岗位性质、管理上级和业务范围、工作任务、职权与职责	高
	《会计核算管理制度》	对会计核算制度、日常会计核算、会计科目核算、会计核算的岗位分工与职责、报告编制、会计政策及估计、会计凭证、会计档案、财务清查、财务结账、财务报告编制及对外提供、财务分析及资料存档等相关流程和职责权限做出规定	中
	《备用金管理制度》	规范备用金和费用报销的管理流程，对备用金限额、审批、支付、登记、催收、归还与清理、费用报销等流程的职责权限做出规定	中

续 表

制度类别	对应制度	应涵盖之内容	制定优先等级
销售管理层面	《销售业务管理制度》	制定销售与收款管理制度,设置从事销售业务的相关组织机构,规定相关岗位对应的工作职责。对销售计划、客户开发、信用管理、产品报价、订单与销售合同签订、合同管理、销售发货、销售发票开具和管理、销售货款的确认和回笼、会计记录、销售对账、退换货、坏账核销、出口管理、仓储运输管理等相应流程和职责权限及制约等进行规范	高
	《应收款管理制度》	相关部门(财务部/销售部)管理职责、事前控制(签约到发货)、事中控制(应收账款管理和催收)、事后处理(坏账管理)、预警管理	高
	《经销商管理制度》	经销商合同的签订、经销商的评估与遴选、经销商的退出、信用政策与管理、价格与销售政策、库存管理、终端销售管理、经销商的考核、退换货机制	中
采购与生产管理层面	《采购业务管理制度》	制定采购、付款、供应商管理相关制度,设置从事采购业务的相关组织机构,规定相关岗位对应的工作职责。对明确物料需求、供应商筛选和审批、合同签订、采购计划制订、采购定价,采购订单审批、验收、付款、采购对账等环节流程、职责和审批权限进行规定	高
	《应付账款管理制度》	应付账款确认、应付账款记录和监控、应付账款支付	高
	《仓库管理制度》	对仓储流程、原材料收货、原材料核对、原材料检验、原材料入库、原材料出库、成品入库、成品出库、成品退库、系统登记、库房货物贮存防护、物资摆放、存货标签、存货定期盘点和盈亏处理、库龄分析、存货报废、仓库的安全和环境卫生等环节流程、职责和审批权限进行规定	高
	《生产流程制度》	对生产准备及计划、生产过程、生产变更、产品标识、BOM表维护、质量检验、抽样检验、成本核算、不合格品处理等生产环节流程、岗位职责和审批权限进行规定	高
	《安全生产制度》	部门职责、安全目标、安全检查流程	中

续　表

制度类别	对应制度	应涵盖之内容	制定优先等级
采购与生产管理层面	《委托加工物资管理制度》	对委托加工业务内容和范围、预算或计划、供应商开发、定价、协议和合同签订、委托加工物料收发管理、验收、采购发票、付款、对账等环节流程、职责和审批权限做出规定,对公司委外加工流程和加工物料进行管理,规范委外加工行为,防范委外加工行为风险	中
	《外协管理制度》	外协加工适用条件、职责、外协加工及管理程序	中
	《异地存货管理制度》	存货的接收与记录、存货的调拨与出库、存货的盘存及日常管理、存货的记录与报告、存货安全防护措施	中
	《盘点管理制度》	职责分工、盘点准备、盘点过程控制、盘点差异处理(应对定期盘点、日常循环盘点、不定期盘点进行区别说明)	高
研发流程层面	《产品开发部组织管理制度》	对研发立项申请、审批、变更、材料领用、费用记录、总结报告及审批、账务处理等进行说明	高
	《产品设计开发制度》	开发方式、开发程序、开发部门及人员职责	高
	《知识产权管理办法》	对专利申请、审核、保管、转让岗位职责和审批权限等做出规定	中
行政办公管理及其他类	《固定资产管理制度》	对固定资产的购置、合同订立、验收、保管、使用、维护、借用、调拨、处置、定期盘点、财产记录、权证管理、账实核对等环节的流程、岗位职责和审批权限做出规定	高
	《工程项目管理制度》	对项目投资预算、可行性研究、招投标、供应商资质审查、供应商选择、合同签订、工程进度监督和管理、项目质量和成本控制、工程验收、在建工程转固、财务记录、付款审批、合同台账登记等环节的流程、岗位职责和审批权限做出规定	高
	《合同管理制度》	对合同管理的部门及职责、合同的制定、审核和审批、履行和纠纷处理、变更和解除、档案保管、合同章的使用等内容做出规定与说明	中
	《档案管理制度》	机构设置及档案员职责、文件材料的归档、档案的管理、档案的利用、档案的鉴定/销毁/移交	中

续　表

制度类别	对应制度	应涵盖之内容	制定优先等级
行政办公管理及其他类	《商检制度》	商检是指对提供产品或服务的供方的评价，确保选择合格的供方来保证公司的服务质量。商检制度应包括部门职责、商检流程（选择供方、供方行为监督、合格供方评审）	低
	《一般性招待管理制度》	部门职责、接待对象及程序、就餐及住宿管理	低
	《出差管理制度》	出差申请、报销标准、报销要求及审核流程	中
	《薪酬管理制度》	部门职责、薪酬构成、工资管理（薪酬总额、薪酬预算、工资核算、工资发放、工资查询与保密、工资调整）、福利管理、职位结构与薪酬确认	高
	《劳动人事管理制度》	对人力资源需求计划、员工招聘和录用、内部人事调动、员工任免和辞退、劳动合同流程及管理、商业秘密及信息安全、员工奖惩、休假、培训开发、考勤管理、薪酬管理、考核、激励、薪酬发放等环节的流程、岗位职责和审批权限做出规定	高
	《劳动合同管理制度》	劳动合同签订、劳动合同期限、劳动合同类型、劳动合同执行、劳动合同变更、劳动合同解除、经济补偿与赔偿、劳动争议处理	高
	《考勤管理制度》	工作时间、迟到与早退、加班、请假、旷工	中
	《员工奖惩制度》	奖惩类别及情形、异议申诉	中
	《网络管理及信息安全制度》	部门职责、与外部机构（如公安）的联系、安全教育与培训、办公计算机使用与管理、网络的接入/使用/维护、机房管理、计算机软件购置/安装/维护、公司邮箱规范安全使用、安全保护技术措施、巡视上报、用户登记、账号使用登记和操作权限管理、数据备份与恢复、数据传输流程	高
	《计算机淘汰制度》	计算机的定义及管理、采购规则、申购/升级/淘汰流程	低
	《文件权限管理制度》	部门职责、文件分类、文件制定和审批、文件的标识和发放、文件管理、文件领用、文件借阅、外来文件控制、文件修改、文件作废	低

续表

制度类别	对应制度	应涵盖之内容	制定优先等级
行政办公管理及其他类	《节能减排管理制度》	部门职责、监督管理、宣传教育、检查与考核	低
	《商标管理办法》	目标与策略、部门职责、注册流程、转让与受让、使用管理、印制管理、档案管理、评估管理、保护管理	中
	《重大事故报告制度》	事故分类、事故等级划分、部门职责、事故报告、事故调查、事故处理、事故统计	中
	《印章管理制度》	对印章种类、刻制、保管、使用申请及审批、登记备查簿、印章销毁等流程、职责和审批权限做出规定	高

制度建立完成后，应当及时发布使用以对运行效果进行确认。制度的修改需经有关部门审批，同时应当于文档中明确注明制度的版号，并以附件、附录形式记录各版次修改前后内容对比及原因。

（三）制度的落地执行

不经实践的制度不过白纸一张。如何完成制度的落地执行，使之真正服务于企业管理，做到降低经营风险、保护企业资产、提升管理效率，我们建议公司以内部检查为主，同时有效利用外部手段进行监督。

1. 定期及不定期自检

针对内部控制的运行情况，企业应从以下三个维度出发进行日常监控及成果梳理：

①第一责任人定期记录。每个制度都有其对应的部门和人员岗位职责，相关的人员应当作为对应内部控制、管理流程的第一责任人，定期记录内部节点的运行情况[①]。格式参考如表 3-21 所示。

---

① 根据业务繁忙程度及管理效果进行确定，制度实施前期应当密切观察、记录，运行效果较好时则适当缓和。

表 3-21　内部控制运行情况的记录格式

业务流程	节点	控制措施	执行情况记录	记录时点	责任人

②部门交叉巡检。责任人对其工作完成情况之记录或存在有所保留、弱化问题的可能,因此应形成不同部门间交叉检查的方案流程,以便更为客观地进行对制度运行情况的观察与记录。交叉检查过程中,提请公司注意不相容岗位信息保密性问题。

③内部审计持续督导。内部审计部职责系对公司内部控制制度的建立和实施、公司财务信息的真实性和完整性等情况进行检查监督,具备岗位专业度及职责专一性,应当在自检流程中发挥核心及持续督导的作用。其工作要求详见"第三章'五、企业各业务模块内控的要求'中的'(四)内部审计的工作要求'"。

④建立奖惩机制。为加快整改速度,解决内部控制运行中的"老大难"问题,提请企业建立相关奖惩制度:根据实施情况与效果,对节点运行通畅、整改落实效率高、整改效果突出的部门及人员进行奖励;对错误频发、改善意愿较低的部门及人员进行惩戒。

2. 有效利用外部监督

内部控制的落地执行同样需要借助外部手段,如咨询公司的介入与培训、年度审计时外部审计机构的审计等,从更为系统和前沿的视角提出内部控制的优化方向,更为客观地评价公司存在的问题。

(四)内部审计的工作要求

1. 现状与误区

为满足管理需求、上市审核要求并完善治理结构,公司应当在董事会之审计委员会中下设内审部门,对公司及子公司、公司职能部门内部控制和风险管理的有效性、财务信息的真实性和完整性以及经营活动的效率和效果等开展独立、客观的监督和评价活动。

就现实情况而言,部分企业对内部审计工作重视度不够,易产生如下工作误区:①职责不分。内审部门应独立、客观地行使审计职权,不得置于财务部门的领导之下,或者与财务部门交叉办公。部分企业内审人员由财务人员担任或兼任,这不符合岗位分离和不相容原则,影响独立性。②无工作成果。部分企业内审人员虽非由财务人员担任,但仅有内部审计之名而无内部审计之实,内审人员由其他部门人员挂职、兼职,实际并不从事内审工作,导致在辅导验收或现场检查环节监管约谈时一问三不知(如工作职责、依据的文件、汇报对象),可对外提供的工作成果为零。

上述问题的产生反映出公司内部控制流于形式、有效性存疑,或导致辅导验收及现场检查难以通过审核,影响 IPO 进程。

2. 核心工作要求

公司制定的《内部审计制度》对内审工作流程、要求、职责做了较为详尽的说明,内审人员应当以此为依据开展工作、进行成果留痕。本小节主要根据实务经验,对现场审核的关注点进行提示说明。具体如表 3-22 所示。

表3-22　内审工作的审核关注点与要求

关注点	要求说明
对公司各业务的熟悉程度	如前文所述,内部审计对内部控制活动进行监督评价,其应当收集公司各业务制度,对核心业务、核心节点了解、熟悉
是否进行控制测试、穿行测试并留痕	基于对公司制度、内部控制节点的了解,内部审计部门应当定期、不定期地向各业务部门获取拟测试内控运行情况对应的业务样本资料,并妥善留存资料及评价结果
是否对财务工作进行监督并留痕	内审部门与财务部门互相独立,内审部门针对财务预算及执行、财务报告、会计报表、会计账簿及相关原始凭证的真实、合法及有效情况等进行监督。故提请内审人员,应当定期或不定期获取企业财务报表、查看财务数据,并进行简要分析留痕,有必要时约谈财务人员了解情况并形成访谈记录
是否具备工作计划、工作成果与汇报	内审部门应当制订书面工作计划(如半年度、年度),根据计划完成对应工作后定期(如按月度、季度等)出具类似内部控制自我评价报告形式的工作成果,并留存相关工作成果的汇报、沟通记录,如与审计委员会的沟通等

提请已建立内审部门的企业,反思与复盘是否已符合上述工作要求,确保内部审计工作实质开展并经得起监管机构的现场核查。

(五)备查性文件

1.体系文件

以下文件形成了具有统一性、公认性和权威性的中国企业内部控制规范体系。

(1)《企业内部控制基本规范》(2008年5月)

2008年5月22日,财政部会同证监会、审计署、银监会、保监会联合发布的《企业内部控制基本规范》,自2009年7月1日起在上市公司范围内实施,鼓励非上市的大中型企业执行。

(2)《企业内部控制规范配套指引》(2010年4月)

2010年4月26日,为细化《企业内部控制基本规范》所提出的目标、原则和各项要求,财政部会同证监会、审计署、银监会、保监会联合发布本文件(含应用指引、评价指引、审计指引),鼓励非上市大中型企业提前施行,自2011年1月1日起在境内外同时上市的公司施行,自2012年1月1日起在上海证券交易所、深圳证券交易所主板上市的公司施行;在此基础上,择机在中小板和创业板上市的公司施行。

2.监管类文件

内部控制运行之有效性历来为监管机构审核的重要关注点,特整理文件依据及要求,具体如表3-23所示。

表3-23 涉及内部控制的监管文件

监管文件	涉及内部控制的内容
《首次公开发行股票注册管理办法》(2023年2月)	第十一条 发行人内部控制制度健全且被有效执行,能够合理保证公司运行效率、合法合规和财务报告的可靠性,并由注册会计师出具无保留结论的内部控制鉴证报告
《监管规则适用指引——发行类第5号》(2023年2月)	5-8 财务内控不规范情形:发行人申请上市成为公众公司,需要建立、完善并严格实施相关财务内部控制制度,保护中小投资者合法权益,在财务内控方面存在不规范情形的,应通过中介机构上市辅导完成整改(如收回资金、结束不当行为等措施)和建立健全相关内控制度,从内控制度上禁止相关不规范情形的持续发生
《关于进一步提高首次公开发行股票公司财务信息披露质量有关问题的意见》(2012年5月)	发行人应建立健全财务报告内部控制制度,合理保证财务报告的可靠性、生产经营的合法性、营运的效率和效果

续　表

监管文件	涉及内部控制的内容
《上海证券交易所上市公司自律监管指引第1号》（2023年12月）	第五章　内部控制
《上海证券交易所科创板上市公司自律监管指引第1号》（2023年12月）	第三章　第五节　内部控制
《深圳证券交易所上市公司自律监管指引第1号》（2023年12月）	第五章　内部控制
《深圳证券交易所上市公司自律监管指引第2号》（2023年12月）	第五章　内部控制

六、函证流程及要求

（一）函证程序简介

1. 函证的定义

根据《中国注册会计师审计准则第1312号——函证》，函证是指注册会计师直接从第三方（被询证者）获取书面答复作为审计证据的过程。书面答复可以采用纸质、电子或其他介质等形式。

2. 函证范围及发函比例要求

函证范围基本涵盖了财务报表的所有重要领域。我们根据实务经验总结了不同循环系的主要函证内容、IPO阶段发函比例要求。具体如表3-24所示。

表 3-24　各业务循环下的函证内容及发函比例要求

业务循环	函证内容	发函比例要求
资金循环	银行存款、其他货币资金(包括零余额账户和在本期内注销的账户)、借款、担保、汇票、外汇合约产品、理财产品、资金池等与其他金融机构往来的重要信息	100%发函
收入循环	应收票据、应收账款、合同负债(预收款项)、营业收入、返利情况、施工型项目验收情况、第三方回款情况	一般而言，要求客户发函比例占报表项目比例的70%以上。针对样本选取，应当具备样本量计算及分层选择的思路，其中应涵盖主要客户(一般为前十大，如较为分散，则需进一步扩大范围)、报告期存在异常交易或特殊交易的客户
成本循环	应付票据、应付账款、预付款项、采购额、委托加工物资、施工型项目存货情况、第三方存放保管存货情况(如外仓存货、发出商品、存放至客户的样品等)	一般而言，要求供应商发函比例占报表项目比例的70%以上。针对样本选取，应当具备样本量计算及分层选择的思路，其中应涵盖主要供应商(一般为前十大，如较为分散，则需进一步扩大范围)、报告期存在异常交易或特殊交易的供应商
长期资产循环	工程相关信息(累计工程量、工程状态、当期完工工程量)、第三方存放保管资产情况	长期资产采购作为采购的类型，涵盖于供应商发函比例要求内，同时应当注意对当期主要建造商、设备供应商均有所覆盖
费用循环	比照一般性采购进行函证，如当期费用采购金额、应付预付余额	服务采购作为采购的类型，涵盖于供应商发函比例要求内，同时应当覆盖异常变动或提供特殊服务的供应商
其他	如其他往来款函证、关联方资金发生情况函证等	视性质、绝对值规模情况而定

3. 函证的方式

函证分为积极式函证与消极式函证，其中：积极式函证是指要求被询证者直接向注册会计师回复，表明是否同意询证函所列示的信息或填列所要求的信息的一种询证方式；消极式函证是指要求被询证者只有在不同意询证函所列示的信息时才直接向注册会计师回复的一种询证方式。消极式函证比积极式函证提供的审计证据的说服力弱，需满足多项特定条件。因此，就应对监管审核的充分性而言，应当采取积极式函证方式。

4. 函证的重要性

函证作为注册会计师直接从外部（即被询证单位）获取审计证据的方式，其可靠性相较企业自主生成之审计证据更高。作为注册会计师对财务报告发表审计意见的重要程序、监管机构审核关注的重点内容，函证程序是否合规、回函情况是否良好的重要性不言而喻。

就责任及分工层面，注册会计师对询证保持全流程控制，包括选择函证对象、设计询证函、信息数据确认、寄发与回收等；企业则应在会计师进行控制的前提下配合完成函证信息提供、数据核对的前置工作以及回函差异查找、佐证资料备查的后续工作。

本小节拟对函证过程进行线性展开，力求让企业明晰流程、明确职责，合力助推函证程序顺利落地。

（二）流程实操及注意事项

1. 发函前准备流程

询证函是与外部单位对接的书面文件，不准确的询证函往往给函证对象带来核对困难并留下不佳印象，同时由于错误修正引起的重复性发函势必耽误IPO的进程。因此，发函前的准备工作需妥善、认真地执行，确保询证函信息完备、正确、重点明确。我们根据实务经验，对发函前流程任务及各方职责进行了总结说明，具体如表3-25所示。

表3-25 发函前的准备工作及各方职责

流程任务	各方职责	
	会计师（或其他中介机构）	公司配合事项
确认函证范围及样本	依据审计准则要求及审计需求进行函证范围的确定及样本选取	
设计询证函	针对函证对象，结合准则要求、审核关注、审计需求等对询证函所包含的信息要素进行设计、确认	
函证取数	基于被审计单位提供的财务数据进行取数，完成询证函制作	提供相关底层数据

续 表

流程任务	各方职责	
	会计师(或其他中介机构)	公司配合事项
函证数据核对	发函前再行核对确认	明确会计师函证取数逻辑并进行核对,否则容易导致后续回函出现不符,与被询证单位对账时不知来源、不明就里
函证对象联络信息提供	向公司获取函证对象的寄件信息,包括但不限于联系人、联系地址、联系电话、邮箱等	向会计师提供函证对象的信息
函证对象联络信息检查	查证、复核公司提供的函证对象地址信息等与公开查询渠道如官网、地图软件等是否一致,如不一致需查实原因	针对会计师整理的信息不一致情况逐一确认原因,并提供相关佐证、说明资料
函证发出	由会计师亲自点对点发送至函证对象——具备相关综合实力和资质的事务所,应当通过函证中心统一寄发	

2. 发函后跟函流程

注册会计师应当对函证保持全流程控制,针对发函后跟函、关注事项,归纳总结如表 3-26 所示。

表 3-26 发函后的跟函流程及各方职责

流程任务	各方职责	
	会计师(或其他中介机构)	公司配合事项
实时查询物流信息	确认函证对象是否收到函件,如未收到或拒收,主动联系确认、说明情况	针对未收到、拒收、会计师联络无果的情况,公司介入确认信息是否有误,强化沟通
及时统计、更新回函情况	回函情况决定了相关科目审计效果甚至审计报告意见的发表,由于其时效性较强,函证催收应当日常化,保持回函情况的及时登记确认,包括是否收到、是否相符等	同上
沟通答疑	耐心回复被询证方的疑问,如函证数据来源等	如函证差异涉及公司双方日常账务逻辑及对账的,予以配合解答

3. 回函与未回函处理流程

针对未收到回函、已回函但回函信息不符的情况,应做以下把握与处理:

(1)未回函:评估影响、查证替代

未回函,是指询证函因未被送达而退回或被询证者对积极式询证函未予回复、回复信息不完整(举例:客户回函仅对余额发表了核对意见,则销售额视同未回函)的情况,应采取的应对措施具体如表 3-27 所示。

表 3-27　未回函的应对措施说明

应对措施	具体处理	企业配合事项
确认未回函原因并评估影响	确保物流无误。会计师应当针对物流信息进行查证,确认询证对象是否因物流影响未收到函件,如是则应积极联络物流单位明确原因,确保函件准确送达	协同查实信息提供是否有误
	主动联络沟通。如询证对象拒收函件或已收到函件但迟未回复、明确表明不回复,则应当主动与其联络沟通,说明询证背景及工作需求	与询证对象的业务对接人员、财务人员或管理层进行接洽,说明工作需要
	影响评估。如经沟通确认,询证对象明确标识不会进行回复,就前文所述函证之重要性,不回函单位如是公司重要业务往来之单位,将引发外部对公司与其合作情况是否稳定、经营数据是否真实准确的疑虑,同时需进行审计证据获取等大量耗时、费力之替代工作。此外,应明确替代措施系兜底选择而非充分应对之举,如果注册会计师认为取得积极式函证回函是获取充分、适当的审计证据的必要程序,则视为替代程序不能提供注册会计师所需要的审计证据,须按照《中国注册会计师审计准则第 1502 号——在审计报告中发表非无保留意见》的规定,确定其对审计工作和审计意见的影响	根据中介机构要求及审核标准辅助沟通催收,同时做好未回函的替代准备
	回函比例要求。就 IPO 实务情况而言,资金类函证需 100%发函并回函,收入采购类函证回函比例应当占报表项目比例的 70%以上且主要①客户、供应商等合作单位无特殊情况②均需回函。如申报期内函证回函比例持续较低,审核回复较难应对说明	

---

① 一般为前十大,如较为分散,则需进一步扩大范围。

② 询证对象为行业巨头且公司在其交易额中占比极低;询证对象为军事涉密企业等存在沟通对接困难的情况。

续　表

应对措施	具体处理	企业配合事项
实施替代程序	在未回函的情况下，注册会计师应当实施替代程序以获取相关联的可靠审计证据 就实务情况而言，原则上应确保所有项目"回函＋替代"均达发函数量的100％。具体执行思路分循环及科目说明如下： ●资金循环 同前所述，需100％发函并回函，不允许替代 ●收入循环 ——应收账款 期后回款若可覆盖期末余额，可完整获取期后回款回单进行余额替代；期后回款若无法覆盖期末余额，则需获取形成应收余额的全套销售资料（合同、出库单、发货单、签收单/验收单/报关单/提单、发票、回款单等） ——合同负债、预收款项 获取形成期末预收余额的合同、收款回单。同时应进一步获取对应的预估交期清单，查证期后实现销售的情况，如发货记录、到货签收记录、出口报关记录、验收服务记录等 ——营业收入 针对未回函客户报告期的收入金额，完整获取销售明细清单，基于清单按照细节测试的思路，逐笔获取销售证据链资料即合同、出库单、物流单、签收单/验收单/报关单/提单、发票、回款单等 ●成本循环 ——应付账款 期后付款若可覆盖期末余额，可完整获取期后付款回单进行余额替代；期后回款若无法覆盖期末余额，则需获取应付余额的全套采购资料（合同、到货签收单、入库单、发票、付款单等） ——预付款项 获取形成期末预付余额的合同、付款回单。同时应进一步获取对应的预估到货清单，查证期后到货或完成服务的情况，如到货签收记录、验收服务记录等 ——采购额 针对未回函供应商报告期的采购金额，完整获取采购入库清单，按照细节测试的思路，逐笔获取采购记录的证据链资料（合同、送货签收单、入库单、发票、付款单等） ——发出商品 根据发出商品清单，获取对应合同、发货记录及期后签收/出口/验收等佐证应于期后确认收入的资料 ●工程项目 获取未回函工程单位报告期建造相关施工日志、监理报告、请款单、竣工报告、决算报告、发票、付款回单等	针对会计师所抽取的替代样本清单及要求完整提供相关业务资料

续 表

应对措施	具体处理	企业配合事项
实施替代程序	●其他往来款 ——其他应收款:获取其他应收款余额对应的合同(或同类业务资料)、付款单	针对会计师所抽取的替代样本清单及要求完整提供相关业务资料

(2)回函信息不符:差异查找、调节处理

不符事项,是指被询证者提供的信息与询证函要求确认的信息不一致,或与被审计单位记录的信息不一致的情况。注册会计师应当调查不符事项以确定是否存在错报。本小节以资金循环、收入循环、成本循环三大主要函证模块为例,进行回函不符情形的应对措施说明,具体如表 3-28 所示。

表 3-28　回函不符情形的应对措施

循环	不符情形	应对措施	企业配合事项
资金循环	余额不符、账号遗漏	若存在未达事项,确认原因,评估是否存在系统性报表错误影响	协助联络、查找原因,针对不符调节所需业务资料进行完整提供
	资金受限	确认受限原因,是否影响企业经营;修改财务报告中受限制的货币资金的披露、现金表中现金及现金等价物金额	
	担保情况不符	确认担保类型,如存在对外担保需评估对企业经营风险的影响;修改财务报告中承诺事项段的披露	
	利率差异	如系借款利率因时点不同浮动产生不符,实际企业付息合规、计息匡算不存在较大差异,则拟认可	
收入循环、成本循环	小额差异	如系明显低于微小错报的小额差异可不做审计调整处理,但应确认原因	
	税差	部分客户(供应商)针对销售额(采购额)函证回复口径为含税口径,应当与对方进行确认,了解其回复口径并留痕沟通记录。如剔除增值税税差影响几无差异,则可认可发函结果并注明计算过程	

续 表

循环	不符情形	应对措施	企业配合事项
收入循环、成本循环	除小额差异或税差外的其他大额差异	需通过编制不符调节表、整理核对调节过程中的差异清单、抽取样本进行佐证三个环节进行应对： ●调节表。调节表为反映回函数据如何调整至发函数据的汇总性表格，亦可说是由拆借回函金额与发函金额差异事项构成的表格。以销售额差异举例：如存在回函差异100万元，已查明原因系公司按签收确认而对方按开票确认，签收为当期开票后，故产生差异。应当在调节表详细备注差异原因及金额影响 ●差异清单。只有差异大类说明效力不足且难以应对审核。以前述100万元差异为例，应获取列明货品明细、金额、公司收入确认口径与时点、对方确认收入口径与时点的明细清单 ●资料佐证。仅有差异清单仍未触及真实业务或实质情况。以前述100万元差异为例，需基于差异清单，按照一定方法及比例抽取对应业务资料，证明公司收入确认时点无误 通过上述程序不符事项可得到有效调节应对，针对调节结果中除口径外的会计差错，应根据重要性确认是否更正调整	

(3) 回函地址或联系人不符：原因查实，或需执行函证程序

我们已在发函阶段对函证对象的联络信息进行了检查，并将函证发送至与公开信息渠道查询一致（除非有特殊原因并有合理解释）的地址及联络人处。函证回函后，则应当关注回函寄送人、寄送地址是否与发函联络信息一致，如不一致应当查明原因，着重关注是否存在被审计单位经手、转寄等可能影响函件控制独立性、造成函件效力降低或无效的情形。

此外，还应当关注以下异常情形：无关联关系的多个函证对象收件信息或回寄信息相同；回函非中介机构寄出之原件、函证签章处存在修改或PS痕迹；等等。

七、走访流程及要求

(一)走访程序简介

1. 走访的定义

走访(又称实地访谈)作为访谈形式的一种,系 IPO 申报阶段中介机构的重要核查手段。针对申报期内的重要客户、重要供应商、重要关联方或需特殊关注单位等对象,通过走访进行实地排查,眼见为实地了解企业业务链条中各重要合作单位的经营情况,以夯实申报材料的准确性与可信度。企业完成上市后,仍应结合实际情况对访谈、走访这类风险识别的重要手段加以合理运用。

2. 走访参与人员

就报会前的全面走访阶段而言,参与人员及职责具体如表 3-29 所示。

表 3-29　走访参与人员与职责

参与人员	职责
券商	牵头统筹确定走访时间段及范围、搭建走访提纲
会计师	提供数据完成走访对象样本的框定
律师	针对走访提纲提出相关修改意见
企业	进行路线安排及规划、知会走访对象相关事宜(主要系联络告知其需配合进行走访,不进行其他信息交流)、陪同走访

需要强调的是,企业陪同人员主要系为提高走访效率进行如交通、食宿等规划陪同引导,正式访谈时企业陪同人员应当予以回避。

3. 走访的范围及比例要求

不同阶段,走访的范围、比例有所区别,具体如表 3-30 所示。

表 3-30　不同阶段的走访范围及比例要求

阶段	走访范围	比例
IPO 报会前的核查阶段	全面走访。涵盖销售、采购、关联方、特殊关注单位等多个领域	一般要求客户、供应商走访比例占报表项目比例的 70% 以上，主要客户、供应商（界定一般为前十大，如较为分散，则需进一步扩大比例）均应涵盖。同函证程序，如申报期内走访比例持续较低，审核回复较难应对说明
报会后申报期内	特定走访。针对报会后新增的主要客户、主要供应商或特殊、异常业务交易往来的单位进行补充走访	无特定要求，"主要"的定义同前所述
上市后	特定走访。针对上市后财务年度新增主要客户、主要供应商或特殊、异常业务交易往来的单位进行补充走访	无特定要求，"主要"的定义同前所述

4. 访谈形式及穿透要求

(1) 访谈形式

访谈可采取实地访谈、视频访谈、电话访谈、邮件访谈等多种形式。其中实地访谈因其可提供丰富的临场信息、可观察多样的场景内容、具备较强互动性及随机性而效力最高，应当作为 IPO 企业访谈的首选形式。

如无法进行实地走访，应当在充分说明理由、留存与访谈对象的沟通记录予以备查后方可采取其他效力相对较低的访谈形式。

(2) 穿透性要求

走访对象不仅仅局限在与公司直接展开业务合作的单位，就销售领域而言，对于具备以下经营模式特点的公司，审核层面一般要求进行穿透走访与核查：①公司销售模式以经销为主的，需实地走访终端客户；②公司销售地区以境外销售为主的，需实地走访终端客户；③公司销售客户中贸易商客户占比较高的，需实地走访终端客户。

如上所述，需进行终端穿透走访的企业主要是因其间接销售、跨地区销售占比较高，对其终端情况的查证有利于进一步排除与中间商串通的可能，夯实销售业务的真实性。

(二)流程实操及注意事项

1.走访前的工作准备

类似函证程序,走访作为与外部单位对接的重要环节,不准确的访谈清单往往给走访对象带来确认困难并留下不佳印象,不合理的路线等规划安排也势必耽误 IPO 进程。因此,走访前的准备工作需妥善、认真执行,确保走访路线安排合理,访谈清单完备、正确、重点明确。我们根据实务经验,对走访前的流程任务及各方职责进行总结说明,具体如表 3-31 所示。

表 3-31　走访前的流程任务及各方职责

流程任务	各方职责	
	中介机构	公司配合事项
确认走访范围及样本	根据前文所述比例要求,确定走访对象选样标准,应当具备分层选择思路并留底选取过程、形成走访清单 以客户走访为例,可选取的标准参考如下: ●报告期各期销售额前 X 大的客户 ●当期新增的销售额在绝对值 XX 万元以上的客户 ●报告期各期销售额在绝对值 XX 万元以上的关联方客户 ●存在异常交易或特殊交易的客户 ●其他情形	
走访路线的制定与评估	检视企业所安排的路线及提供之信息: ●针对企业提供之联络信息、联络人,与公开查询渠道如官网、地图软件等是否一致,如不一致需查实原因 ●确认被访谈单位是否为总部、是否经总部授权、被访谈人员是否为管理层等有权回复人员 ●评估走访时间安排是否合理,是否存在明显压缩时间导致无法进行有效访谈的情况	企业根据中介机构所圈定的访谈对象清单,进行联络沟通确认走访对象所在地市区域(应当为总部地区或总部正式授权处理地区)、可访谈的时间等,将相邻地区、相近时间单位安排组合,作为一条线路进行串联走访,有效节约走访成本,提高走访效率

续　表

流程任务	各方职责	
	中介机构	公司配合事项
访谈问卷制定	围绕IPO核查需要,制定包括但不限于如下内容的访谈问卷: ● 被访谈人基本情况介绍 ● 业务合作背景及基本情况 ● 交易情况(含财务数据) ● 签订合同、开票、货款结算情况 ● 竞争情况 ● 关联情况 ● 其他情况	为优化现场访谈效果,一般不事先提供已制定的提纲给访谈单位。如对方要求先行了解访谈内容的,可提供提纲进行预先查看,针对其可能产生的疑问由中介机构人员直接对接说明
访谈问卷取数	对被审计单位提供的财务数据进行复核填列,注意应当与函证口径保持一致	提供相关底层数据
问卷内容核对	正式访谈前再行核对确认所有信息是否准确	

2. 走访过程中的操作指引

以客户、供应商两大走访对象为例,说明一般性走访过程中的要点,具体如表3-32、表3-33所示。

表3-32　客户走访操作指引

重要节点	指引说明
行程前准备	● 访谈人员需将亲自前往的行程记录相关资料如交通记录(如出租车票、高铁票、机票登机牌等)、住宿记录(预订记录、住宿水单等)进行留档 ● 访谈出行前,走访人员应确认是否携带访谈问卷、相机或手机、纸、黑色签字笔等访谈配套用具 ● 访谈问卷等资料如无特殊情况应于现场完成签章确认后带走,但部分企业由于盖章流程较慢,或提出完成后邮寄的需求。针对此情形,应当先行复印扫描件备份带走,并要求其直接邮寄至中介机构,收回后访谈人员应当检查是否为原件
走访中	● 访谈交流。根据访谈问卷与受访人员逐项访谈,如有必要可以追问问题并增补记录,最后双方签字并由客户盖章确认。原则上受访人员应为公司负责人(实际控制人或法定代表人),或至少为采购被审计单位产品的最高级别负责人 ● 拍照留影。全体走访人员与受访人员应当在可体现有客户名称、门牌号的地方进行合影(如公司、工厂正门) ● 亲自参观客户办公区域、仓库(如有),观察客户经营情况是否与规模匹配,公司产品库存情况、到货签收情况等是否与了解的一致,不涉及保密的前提下亦应拍照留影

续　表

重要节点	指引说明
访谈后资料收集	收集范围如下： ●针对IPO公司及其子公司有关的大额采购合同、订单及对应对账单等单据 ●营业执照副本复印件（加盖公章） ●实际控制人、法定代表人身份证复印件，被访谈人员的名片及身份证复印件 ●无关联确认函（签名盖章） ●最近一期财务报表及审计报告（如无法获取，不强制要求）

表3-33　供应商走访操作指引

重要节点	指引说明
行程前准备	●访谈人员需将自己的行程记录相关资料如交通记录（出租车票、高铁票、机票登机牌等）、住宿记录（预订记录、住宿水单等）进行留档 ●访谈出行前，走访人员应确认是否携带访谈问卷、相机或手机、纸、黑色签字笔等访谈配套用具 ●访谈问卷等资料如无特殊情况应于现场完成签章确认后带走，但部分企业由于盖章流程较慢，或提出完成后邮寄的需求。针对此情形，应当先行复印扫描件备份带走，并要求其直接邮寄至中介机构，收回后访谈人员应当检查是否为原件
走访中	●访谈交流。根据访谈问卷与受访人员逐项访谈，如有必要可以追问问题并增补记录，最后双方签字并由供应商盖章确认。原则上受访人员应为公司负责人（实际控制人或法定代表人），或至少为其销售部门的最高负责人 ●拍照留影。全体走访人员与受访人员应当在可体现有供应商名称、门牌号的地方进行合影（如公司、工厂正门）；不涉及保密的前提下应当对供应商车间和仓库中生产、存储公司部分相关货品进行拍照 ●亲自参观供应商办公区域、生产车间、仓库，观察供应商经营情况是否与规模匹配、供货模式等情况是否与了解到的一致，不涉及保密的前提下亦应拍照留档
访谈后资料收集	收集范围如下： ●针对IPO公司及其子公司有关的大额销售合同、订单及对应对账单等单据 ●营业执照副本复印件（加盖公章） ●实际控制人、法定代表人身份证复印件，被访谈人员的名片及身份证复印件 ●无关联确认函（签名盖章） ●最近一期财务报表及审计报告（如无法获取，不强制要求）

3.走访完成后的整理工作

走访完成后，应当对以下事项进行整理、汇总、复盘：

（1）访谈资料归整，登记访谈情况控制汇总表

完成访谈后，访谈人员应将行程记录、合照拍照影像记录、访谈问卷原件、受

访对象等资料按单位规整成型,并将相关信息按照访谈情况控制表进行填列登记,标注索引后附订成册,形成走访底稿。客户、供应商访谈情况控制汇总表参考格式如表 3-34、表 3-35 所示。

表 3-34　客户访谈情况控制汇总

客户名称	会计期间	审定交易情况		走访情况												已获取资料情况
^	^	产品类型	销售额	走访人员	走访时间	地市	交通工具	受访者姓名	受访者职务	主营业务	业务规模	向发行人采购额占同类采购的比例	走访确认销售额	与审定差异	是否与发行人存在关联关系、关联关系类型	是否与发行人其他客户或供应商存在关联关系或业务往来	是否存在补充协议	走访索引	^

表 3-35　供应商访谈情况控制汇总

供应商名称	会计期间	审定交易情况		走访情况												已获取资料情况
^	^	采购类型	采购额	走访人员	走访时间	地市	交通工具	受访者姓名	受访者职务	主营业务	业务规模	向发行人销售额占同类销售的比例	走访确认采购额	与审定差异	是否与发行人存在关联关系、关联关系类型	是否与发行人其他客户或供应商存在关联关系或业务往来	是否存在补充协议	走访索引	^

(2)访谈差异解决

针对访谈对象回复内容与现有数据或已知情况存在较大出入的,中介机构应当场进行充分沟通,尽量将差异疑问在现场解决。

如出现现场无法即刻处理或存在较大风险、影响审核判断的情况,应当妥善留底沟通记录,后续进一步获取证据进行查实处理。

八、募集资金置换与使用

（一）指导文件

募集资金来源于社会公众投资者的投入,与公众利益息息相关。公司需严格遵照各板块文件规定进行资金置换与日常使用,具体如表 3-36 所示。

表 3-36　各板块募集资金相关指导文件

所属板块	指导文件
上交所主板	《上市公司监管指引第 2 号——上市公司募集资金管理和使用的监管要求》(2022 年 1 月)、《上海证券交易所上市公司自律监管指引第 1 号——规范运作》(2023 年 8 月)、《上海证券交易所上市公司自律监管指南第 1 号——公告格式》(2024 年 5 月)
上交所科创板	《上市公司监管指引第 2 号——上市公司募集资金管理和使用的监管要求》(2022 年 1 月)、《上海证券交易所科创板上市公司自律监管指引第 1 号——规范运作》(2023 年 8 月)、《上海证券交易所上市公司自律监管指南第 1 号——公告格式》(2024 年 5 月)
深交所主板	《上市公司监管指引第 2 号——上市公司募集资金管理和使用的监管要求》(2022 年 1 月)、《深圳证券交易所上市公司自律监管指引第 1 号——主板上市公司规范运作》(2023 年 12 月)、《深圳证券交易所上市公司自律监管指南第 2 号——公告格式》(2023 年 8 月)
深交所创业板	《上市公司监管指引第 2 号——上市公司募集资金管理和使用的监管要求》(2022 年 1 月)、《深圳证券交易所上市公司自律监管指引第 2 号——创业板上市公司规范运作》(2023 年 12 月)、《深圳证券交易所创业板上市公司自律监管指南第 2 号——公告格式》(2023 年 8 月)
北交所	《上市公司监管指引第 2 号——上市公司募集资金管理和使用的监管要求》(2022 年 1 月)、《北京证券交易所股票上市规则》(2023 年 8 月)、《北京证券交易所上市公司持续监管临时公告格式模板》(2022 年 1 月)

（二）募集资金置换规则及要求

1. 首次置换

关于募集资金置换,我们综合证监会及各交易所规则要求及实务经验进行了归纳整理,具体如下。

(1)置换的定义

置换是指募集资金到位前,公司以自筹资金预先投入募集资金投资项目,可以在募集资金到账后以募集资金置换自筹资金。

(2)置换的时间范围

可置换的资金支出时间范围为:①自发行人申请公开发行股票并上市的董事会议案通过日至募集资金到位时点;②需于募集资金到账后6个月内完成置换;③置换的支出需发生于募投项目立项后;④置换的支出需发生于相关主体成为募投项目实施主体后(适用:集团内部实施主体转换情形)。

(3)置换的内容范围

可置换的资金用途主要为:①发行费用;②募投项目中拟使用募投资金的支出(如立项时属于拟用自筹资金投资的,不得置换),注意支出内容及规模应当与可行性研究报告中的投资预算、支出类型、支出明细一致;③补充流动资金项目用于满足公司日常营运资金需求,如人员薪资支出及公司运营支出等,一般不进行置换,募集资金到位后直接按需使用;④就置换金额而言,发行费用一般为不含税金额置换,设备建造等一般为含税金额(需与立项预算投入口径是否含税确认一致)。

(4)置换的审议流程

应当经董事会审议通过,并由独立董事、监事会以及保荐人或者独立财务顾问发表明确同意意见;应当由会计师事务所出具鉴证报告。

2.后续等额置换

(1)等额置换背景需求

就募集资金到位后的实施使用而言,所有相关支出均从募集专户点对点划转存在一定操作难度,故需使用自有资金进行垫付后进行等额置换。主要适用情形如下:

①员工薪酬支出。

募投项目支出涉及相关员工的工资、社会保险、住房公积金等费用。根据相关规定,员工薪酬不能经由公司专用账户代发,同时考虑到公司员工的社会保险、住房公积金等由公司或子公司基本账户、一般账户统一划转,因此由募集资金专户直接支付募投项目相关人员薪酬的可操作性较差,需以自有资金先行垫付。

②进口设备购买。

部分募投项目需要购买部分进口设备:根据海关的操作要求,对于购置进口设备支付的关税、增值税等相关税费,应当从海关、公司以及银行三方签订的资金账户中统一支付,已签约账户为公司自有资金账户;根据国外设备供应商要求,进口设备购置款需要使用外币资金支付,外币户为公司自有资金账户。

③承兑汇票支付。

为提高资金使用效率、节约财务费用,在募集资金投资项目实施期间,根据实际需要公司先以承兑汇票(包括开立的承兑汇票、背书转让的承兑汇票)、信用证、供应链账单等方式支付募投项目所需资金。

针对上述合理的情形,证监会、交易所支持公司先以自有资金支付募投项目所需资金,后续以募集资金进行等额置换。

(2)等额置换的审议及信息披露要求

针对等额置换事项,应当经董事会审议通过相关议案,并由监事会、独立董事、保荐机构发表同意意见。同时在日常使用过程中,务必于先行垫付阶段执行完备的审批流程及统计备查。

(三)募集资金使用规则及要求

关于募集资金的使用,本小节从证监会发布的《上市公司监管指引第2号——上市公司募集资金管理和使用的监管要求》(2022年1月)及各板块规范运作指引、上市规则出发进行提炼,对普遍适用性的项目进行说明。不同板块适用的具体规则及条款间差异,请参照相关文件。

1. 资金使用的前置环节

(1)制度先行

上市公司应当建立并完善募集资金存储、使用、变更、监督和责任追究的内部控制制度,明确募集资金使用的分级审批权限、决策程序、风险控制措施及信息披露要求。

(2)专户使用,多方监管

上市公司应当将募集资金存放于经董事会批准设立的专项账户加以集中管理和使用,并在募集资金到位后一个月内与保荐机构、存放募集资金的商业银行签订三方监管协议。

2. 资金使用过程中的要求

(1)资金用途与日常管理

①资金用途。

上市公司募集资金原则上应当用于主营业务。除金融类企业外,募集资金投资项目不得为持有交易性金融资产和可供出售的金融资产、借予他人或委托理财等财务性投资,不得将募集资金直接或间接投资于以买卖有价证券为主要业务的公司。

②日常管理。

募集资金的日常管理强调流程化并强化审批牵制,各部门职责要求如表3-37所示。

表3-37 募集资金日常管理各部门职责要求

部门	职责要求
使用资金的业务部门	根据募投项目实施情况提出资金支取需求,发起用款申请时明确支出对应的募投项目、费用类型并经主管人员、部门经理审批
财务部门	根据经审批的付款申请单,比照募集资金使用计划对付款申请进行进一步复核,包括用途、支出规模、收款单位等,同时建立募集资金使用台账,定期汇总支出明细表,同时抄送保荐代表人供留底
管理层	财务部门完成复核后,根据公司内部制度的要求确认是否需进一步审批审议,确认无误合规后方可发起支付流程

此外,提示两个日常管理需额外关注的场景,具体如表3-38所示。

表3-38 自建设备投入、向关联方支付募集资金的把控要求

场景	把控要求
自建设备投入	针对募投项目为自建设备投入,由于设备或生产线的建造需采购组件、零件、配件,支出内容与募投项目披露的设备清单内容存在形态转换,应当从以下方面出发进行审核把握: ●以立项及公开披露的募投项目设备清单为"纲",针对其中非成品设备采购、需建造的设备,制定类似产品BOM的组件构成清单 ●后续组件采购申请时,采购部门应当备注所属募投项目、对应成品设备名称。财务部门及主管部门则需根据组件构成清单核实是否系募投项目设备所需部件、是否超过限额等 ●由于设备本身更新换代速率较高,针对已披露的设备内容,并非需完全一致进行投入采购,但如涉及不同于募投清单中的设备投入使用募集资金的,应当具备内部论证可替换、功能相近、用途相同的技术说明、参数说明并经适当审批后进行替换支出

续　表

场景	把控要求
向关联方（含合并范围内主体）支付募集资金	应明确的是，如具备选择余地，募集资金的支出对象应当为非关联方的供应商，不应通过关联方代为采购或直接向关联方采购，如确系需向关联方采购，则应当事先确认： ● 交易具备必要性与合理背景。即代为采购或直接向其采购的原因是否合理 ● 交易完成具备及时性。如关联方代为采购事项已发生，务必确保关联方对外采购、募集资金向关联方采购的业务时点基本不存在时间差，不应通过关联交易进行时限调节 ● 交易具备公允性。向关联方采购的定价是否合理，不得通过显示公允的关联交易定价进行募集资金套出

（2）现金管理

对暂时闲置的募集资金可进行现金管理，其投资的产品须符合以下条件：结构性存款、大额存单等安全性高的保本型产品；流动性好，不得影响募集资金投资计划正常进行。投资产品不得质押，产品专用结算账户（如适用）不得存放非募集资金或用作其他用途。

针对现金管理产品的进一步界定，可参考《中国人民银行关于规范现金管理类理财产品管理有关事项的通知》（2021年5月）规定："现金管理类产品应当投资于以下金融工具：现金；期限在1年以内（含1年）的银行存款、债券回购、中央银行票据、同业存单；剩余期限在397天以内（含397天）的债券、在银行间市场和证券交易所市场发行的资产支持证券；银保监会、中国人民银行认可的其他具有良好流动性的货币市场工具。现金管理类产品不得投资于以下金融工具：股票；可转换债券、可交换债券；以定期存款利率为基准利率的浮动利率债券，已进入最后一个利率调整期的除外；信用等级在AA＋以下的债券、资产支持证券；银保监会、中国人民银行禁止投资的其他金融工具。"

（3）补充流动资金

①暂时补充流动资金。

暂时闲置的募集资金可暂时用于补充流动资金。暂时补充流动资金，仅限于与主营业务相关的生产经营使用，不得直接或间接用于新股配售、申购，或用于股票及其衍生品种、可转换公司债券等的交易。单次补充流动资金最长不得超过12个月。补充流动资金到期日之前，发行人应将该部分资金归还至募集资金专户，并在资金全部归还后及时公告。

②永久性补充流动资金。

上市公司实际募集资金净额超过计划募集资金金额的部分（以下简称"超募

资金")可用于永久补充流动资金或归还银行借款,每十二个月内累计金额不得超过超募资金总额的30%。上市公司应当承诺在补充流动资金后的十二个月内不进行高风险投资以及为他人提供财务资助并披露。

(4)募投项目用途变更

①属于变更的情形。

以下情形属于募投项目用途的变更:取消或者终止原募集资金项目,实施新项目;变更募集资金投资项目实施主体;变更募集资金投资项目实施方式;其他情况。

应当注意的是,募集资金投资项目实施主体在上市公司及全资子公司之间进行变更,或者仅涉及变更募投项目实施地点,不视为对募集资金用途的变更。

②需重新论证项目可行性的情形。

当出现如下情形,应当对项目的可行性进行重新论证:募集资金投资项目涉及的市场环境发生重大变化;募集资金投资项目搁置时间超过一年;超过最近一次募集资金投资计划的完成期限且募集资金投入金额未达到相关计划金额的50%;其他情况。

(5)效益测算

①是否需要效益测算的判定。

并非所有募投项目均需进行效益测算,如其为不直接带来经济效益、偏辅助性的项目,则不适用于效益测算。类型归纳如表3-39所示。

表3-39 是否需进行效益测算的判定

项目类型	特点	是否适用效益测算
生产性项目投入、技术改造	产能提升型,直接带来经济效益	是
营销中心、品牌建设	品牌形象提升型,不直接带来经济效益	否
信息系统改造、研发中心建设	通用性职能提升型,不直接带来经济效益	否

②效益测算的依据。

针对存在经济效益基础的募投项目,其立项时即已确定其效益来源方式,具体需获取可行性研究报告或相关决策性文件,查看其确立的效益预测的假设条件、计算基础、计算过程及结果,作为募投项目产生效益后测算对照的依据。

③效益测算的思路。

针对募投项目所对应的业务单元、所附着的主体较单一的情况,其用于计算效益的指标可近似等同于某一集团主体的财务指标情况,效益计算的取数相对简单。

针对募投项目所对应的业务单元、受益主体较多的情况,不适用单一主体报表数据等同效益指标,则应当对募投项目的受益范围进行框定,包括但不限于其形成业务收入的换算、费用率的换算、现金流量项目的厘定、关联交易毛利剔除等。需要形成一套完整的数据厘定逻辑,并形成模板,保持口径统一。

3. 审议及信息披露要求

我们归纳并整理了募集资金使用过程中常见的事项,以及其审议及披露的相关要求。具体如表 3-40 所示。

表 3-40　募集资金使用过程中常见事项对应的审议及披露要求

事项	审议及披露要求
现金管理	●开立或注销现金管理产品专用结算账户的,应当及时报证券交易所备案并公告 ●使用闲置募集资金投资产品的,应当经上市公司董事会审议通过,独立董事、监事会、保荐机构发表明确同意意见。上市公司应当在董事会会议后两个交易日内公告
闲置募集资金暂时用于补充流动资金	经上市公司董事会审议通过,独立董事、监事会、保荐机构发表明确同意意见并披露。补充流动资金到期日之前,发行人应当将该部分资金归还至募集资金专户,并在资金全部归还后及时公告
超募资金的使用	●用于永久补充流动资金和归还银行借款。应当经上市公司股东大会审议批准,并提供网络投票表决方式,独立董事、保荐机构应当发表明确同意意见并披露。上市公司应当承诺在补充流动资金后的十二个月内不进行高风险投资以及为他人提供财务资助并披露 ●用于在建项目及新项目应当经董事会审议通过,并由监事会以及保荐机构或者独立财务顾问发表明确同意意见,并及时履行信息披露义务
募投项目用途变更	应当经董事会审议通过,并由监事会以及保荐人或者独立财务顾问发表明确同意意见,还应当经股东大会审议通过
募投项目实施主体在上市公司及其全资子公司之间变更、实施地点变更	应当经董事会审议通过,并及时公告变更实施主体或地点的原因及保荐人意见
使用节余募集资金	使用节余募集资金(包括利息收入)应当经董事会审议通过,且经保荐人、监事会发表明确同意意见。公司应当在董事会审议后及时公告。节余募集资金(包括利息收入)占募集资金净额 10% 以上的,还应当经股东大会审议通过

4. 自查与外部监督要求

对募集资金存放与使用的有效监督为上市主体及相关公众利益提供有力保障，不同主体需进行的自查与监督内容、频次有所不同，具体如表 3-41 所示。

表 3-41 不同主体对募集资金自查与监督的要求

主体	周期	需完成检查事项
上市公司	半年度	全面核查募集资金投资项目的进展情况，出具《公司募集资金存放与实际使用情况的专项报告》并披露
	半年度、季度	公司内部审计部门应当至少每半年（上交所主板）、每季度（深交所主板）对募集资金的存放与使用情况检查一次，并及时向审计委员会报告检查结果
	不定期	若公司一次或者十二个月内累计从专户中支取的金额超过 5000 万元或者募集资金净额的 20%，则公司及商业银行应当及时通知保荐机构或者独立财务顾问（上交所、深交所）
募集资金监管银行	每月	向公司提供募集资金专户银行对账单，并抄送保荐人或者独立财务顾问（上交所、深交所）
保荐机构	至少半年度	对上市公司募集资金的存放与使用情况进行一次现场核查
	年度	每个会计年度结束后，保荐机构应当对上市公司年度募集资金存放与使用情况出具专项核查报告并披露
会计师事务所	年度	年度审计时对募集资金存放与使用情况出具鉴证报告

第四章　上市后财务信息披露相关实务流程指引

信息披露既是企业与社会公众、利益相关方建立透明互信关系的渠道,又是监管机构规定的义务,其对于企业融资活动的达成、公信力的建立、投资者的决策、社会责任的履行、公众利益的保护均具有重要作用。落点到财务工作,对内做到报表产出自主把控、对外做到财报披露按时保质,已为底线要求、必然要求。

针对IPO企业,由于审计机构在申报期间全流程辅导、督导,并至少以半年度为周期出具审计报告,外部相对较多的介入,在一定程度上导致部分企业依赖中介机构对财务工作进行把关,对出具一份准确财务数据的前置环节、关键环节了解不深、把握不足,不具备完全自主完成的能力。成功上市后,就财务数据而言,企业需进行季报[①]、半年度报告[②]、年度报告的定期报送与披露;就日常经营而言,企业需定期、不定期地针对各类事项议程进行统计与公告。此时审计期间已变成以一年为期的年度审计,保荐机构由辅导改为持续督导,离开两大机构长期驻场式的高频率关注,企业将在财务信息报出层面、对外性事务公告披露层面"面临大考"。

本章旨在结合IPO过程中会计师的工作经验,转换视角,对企业夯实财务数据、编制所得税费用计算表、复核现金流量表、编制合并财务报表、统计报告附注项目、撰写报告等关键环节模块进行讲解,力求使企业明晰相关工作流程,显著提高财务工作效率。同时,提请企业务必于各环节上手实操,在干中学的过程中吸收、反馈、纠错、完善。

---

① 以报表为主,需披露信息内容相对简化。
② 比照年度报告要求,需披露信息内容较为完备、丰富。

一、财务信息披露流程概览

从日常核算记账到财务报表及报告的批准报出,企业应当对其中的工作环节进行梳理,明确各环节的轻重缓急、衔接要点及工作重点。根据实务经验,我们归纳了财务信息披露工作需经历的一般流程,具体如图 4-1 所示。

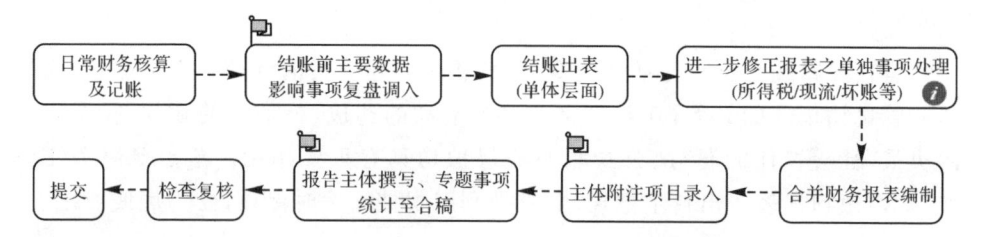

```
日常财务核算   →   结账前主要数据      →   结账出表        →   进一步修正报表之单独事项处理
及记账             影响事项复盘调入        (单体层面)          (所得税/现流/坏账等)
                                                                    ↓
提交   ←   检查复核   ←   报告主体撰写、专题事项  ←   主体附注项目录入   ←   合并财务报表编制
                         统计至合稿
```

▶ : 旗标流程为工作量较为集中之流程。
ⓘ : 其置于结账出表后,主要系较为独立之事项,涉及科目内容较少且对整体报表影响较小,单独处理考量。

图 4-1 财务信息披露流程概览

二、前置工作准备及注意事项

(一)明确内部分工

针对前述各项财务工作,企业应当于团队内部明确工作职责,对细化分工进行拆解,做到职责明确、各司其职。建议的内部分工具体如表 4-1 所示。

表 4-1 财务信息披露流程的内部分工

模块	内部分工
结账前主要数据影响事项复盘	按核算主体及会计职责进行分工,以历年审计主要调整事项为参考,复盘、识别、统计可能存在的数据问题,完成先行修正处理
结账出表(单体)	各核算主体委派一名主管人员,汇总并检查前述数据复盘内容,统筹负责该公司资产负债及利润表结表、现金流表编制(复核)、所得税项计算表编制(复核)
合并报表编制	财务经理或总账负责人

续 表

模块	内部分工
主体附注项目统计	主体附注分为资产类项目附注、负债类项目附注、损益类相关项目附注、现金流量项目附注四大类。按核算主体及会计职责进行分工填列模板对应项目内容,各类附注指定一名人员汇总检查与报表的一致性等相关的内容
专项内容统计	系主体附注项目外的专项内容,其并不与某一报表科目完全挂钩,可按内容与工作职责的关联度或工作量情况进行自主安排调匀
报告合稿	财务经理进行前述内容合稿及检查复核,提交
检查复核	财务经理将合稿复核后的财务报告,提交财务总监、内审部门、董事会及其他管理层人员进行交叉审核

(二)留存工作底稿

财务信息披露是企业上市后的常态化事项。针对各环节的工作,企业务必留存好对应模板、资料,避免每次更新披露无可参考或查实的记录时需另起炉灶。

工作底稿成型并加以整理留档,一是利于后续常规化更新的取用参考,提高工作效率;二是公司上市后时刻面临监管机构问询检查,工作底稿是否留存到位决定数据来源是否可查询、可追溯,事关上市企业财务工作质量。企业应当根据信息披露期间进行规整留档的资料有各核算主体财务报表、主要修正事项的数据明细及配套资料、合并报表相关底稿、主体附注项目统计底稿、专项内容统计底稿、报告复核记录及各版本报告。

(三)熟悉系统规则

各交易所不同板块下的信息披露有其特定的模板要求,企业需对其构成内容、填列规则、格式要求等进行熟悉,会同董事会秘书、证券事务代表等保持与辖管交易所的有效沟通。

(四)树立保密意识

上市企业作为公众利益实体,其经营发展的动向暴露在聚光灯下,对投资者尤其是中小股民产生间接或直接的影响。财务数据、财务指标是经营业绩这一市场核心关注点的直接反馈,相关涉及、接触人员务必于信息披露前做好保密工作,对内注意相关文档的隔离及保管,对外严控任何渠道的流露与公开。

三、各环节实务处理指引

(一)结账前主要数据影响事项复盘

我们已在第一章着重强调了企业自我纠偏的重要性,落点到报表产出这一阶段,企业应当比照会计准则要求、结合报表调整的历史情况进行数据影响事项的预先识别与处理。

1. 导出或编制各项目核心表单

不同循环模块的数据影响事项需依赖不同的业务单据、数据表单进行识别判断。特整理各科目核心明细表,供企业数据影响事项的预先识别、财务报表附注填列取数使用,参见本指南配套文档《各科目夯实数据及附注编制核心用表》。

2. 数据影响事项的识别与处理

基于各项目整理的核心表单,我们根据实务经验,对需进行数据差错识别及处理的常见事项进行归纳。具体如表 4-2 所示。

表 4-2 常见的数据影响事项

类型	事项说明	优先级	所依赖核心表单、资料	责任模块
常规列报调整事项	负数重分类:应收账款与预收款项、合同负债	常规	往来明细表	收入
	税金重分类:合同负债与其他流动负债	常规	往来明细表	收入
	负数重分类:应付账款与预付款项	常规	往来明细表	成本
	流动性重分类:预付款项与其他非流动资产	常规	往来明细表	成本
	负数重分类:其他应收款与其他应付款	常规	往来明细表	其他
	销售业务分类:其他应收款与应收账款	常规	往来明细表	收入

第四章　上市后财务信息披露相关实务流程指引

续 表

类型	事项说明	优先级	所依赖核心表单、资料	责任模块
常规列报调整事项	采购业务分类：其他应付款与应付账款	常规	往来明细表	成本
	负数重分类：应交税费与其他流动资产	常规	应交税金明细表	成本
	资产状态重分类：其他非流动资产与在建工程	高	资产入库清单、验收运行记录	长期资产
	费用部门归属错误重分类	高	费用明细表	费用
	薪酬部门归属错误重分类	高	含部门及费用归属的工资表	工薪
	劳务工核算重分类：劳务派遣计入应付职工薪酬、劳务外包计入应付账款	高	劳务工工资表、结算单	工薪
	汇兑损益匡算重分类	常规	汇兑损益匡算表	资金
	主营业务收入与其他业务收入重分类	常规	明晰企业主营范围	收入
	固定资产与投资性房地产重分类①	常规	租赁台账	长期资产
	政府补助列报重分类	常规	政府补助明细表	其他
常规利润表影响事项	收入、成本跨期情况	高	收入成本大表	收入、成本
	存货跌价计提准确性与充分性	高	存货跌价计提表	成本
	大额或长账龄应收账款原因分析、可回收性评估及减值计提	高	应收账款明细表、账龄统计表、信用期逾期情况及客户财务情况	收入
	大额或长账龄其他应收款原因分析、是否存在费用未及时列报、可回收性评估及减值计提	高	其他应收款明细表、账龄统计表、合同逾期情况及债务人财务情况	其他
	大额或长账龄预收款项原因分析，是否未结转收入复核	高	预收款项明细表、期末预收订单构成情况及条款匹配性分析表、期后签收或其他履约记录	收入

① 根据《企业会计准则第3号——投资性房地产》，投资性房地产应当能够单独计量和出售。针对部分企业将一幢办公楼中部分楼层予以出租的情况，若所租赁楼层无法划分单独产证、不可单独出售，则不应作为投资性房地产进行计量列报。

续 表

类型	事项说明	优先级	所依赖核心表单、资料	责任模块
常规利润表影响事项	大额或长账龄预付款项未结转存货、成本、费用复核	高	预付款项明细表、期末预付订单构成情况及条款匹配性分析表、期后到货或其他服务记录	成本、费用
	大额或长周期在建工程未结转固定资产复核	高	在建工程台账、建造记录、调试记录	长期资产
	理财产品、远期外汇产品、低比例外部投资公允价值的确认	常规	理财及投资台账、外部估值资料	资金、长期资产
	费用跨期情况、完整性情况	高	跨期费用统计表、重要费用结算明细	费用
	所得税费用计提	高	所得税费用计算表	收入或单体报表统筹
	期末薪酬余额保留情况	高	经审批的工资表、年终奖清单	工薪
	期末应付劳务外包保留情况	高	经审批的结算单	工薪
	与资产相关的政府补助递延分期处理	常规	补助文件、关联资产清单	其他
	折旧摊销匡算差异	常规	折旧摊销匡算表	长期资产
其他涉及报表完整性事项	票据列报及终止确认的判定	常规	票据备查簿	收入、成本
	收入净额法的适用确认	常规	同为客户及供应商销售采购情况表	收入、成本
	在建工程、固定资产完整性确认	高	监理报告、竣工决算资料	长期资产
	出口退税准确性确认	常规	出口退税申报表	收入人员
	非短期或低价值租赁的使用权资产确认	常规	租赁台账	长期资产

首次进行自查梳理的企业，如对上述确认事项存在疑问，应与会计师团队充分交流，明确资料来源，计算底表使用方法，确认数据逻辑。

(二)专项数据的确认

各核算主体完成结账前主要数据影响事项复盘后，已能基本掌握资产负债表、利润表数据。此时应当基于梳理后的各科目数据，对具备系统性计算逻辑的

第四章 上市后财务信息披露相关实务流程指引

专门事项进行确认,方能得出完整、准确的报表。本小节主要针对坏账准备计提、所得税费用计算、现金流量表编制三个典型事项进行讲解说明。

1. 坏账准备计提

应收款项账龄信息一般可反映相关债权到期时的偿付可能性,企业可以按照账龄来评估应收款项预期信用损失,并按照业务的区域和对象确认风险特征,将其划分为不同的组合类别。同一组合内应包含具有相同风险特征的应收单位。

假设同一业务的应收单位具有相同的风险特征,可参照一定的逻辑于系统层面设置计算模块或自行计算,以确认应计提坏账准备金额。具体如表 4-3 所示。

表 4-3 坏账准备计提逻辑

项目	期末余额	信用特征 信用等级	信用特征 账龄(以自然账龄组合法为例)	单独计提	计提坏账准备比例	期末坏账余额	期初坏账余额	当期应计提坏账准备金额
应收账款	A		1年(含1年)以内		a%	A1=A×a%	A2	A1-A2
	B		1—2年(含2年)		b%	B1=B×b%	B2	B1-B2
	C		2—3年(含3年)		c%	C1=C×c%	C2	C1-C2
	D		3—4年(含4年)		d%	D1=D×d%	D2	D1-D2
	E		4—5年(含5年)		e%	E1=E×e%	E2	E1-E2
	F		5年以上		f%	F1=F×f%	F2	F1-F2
	G				g	G1=g	G2	G1-G2
应收票据	A	信用等级一般的银行承兑汇票			可不计提或低比例计提	A1=0 或 A1=A×a%	A2	A1-A2
	B	商业承兑汇票	比照应收账款计提政策进行计提计算					
应收款项融资	A	信用等级较高的银行承兑汇票	一般无须计提					
其他应收款	A		1年(含1年)以内		a%	A1=A×a%	A2	A1-A2
	B		1—2年(含2年)		b%	B1=B×b%	B2	B1-B2
	C		2—3年(含3年)		c%	C1=C×c%	C2	C1-C2
	D		3—4年(含4年)		d%	D1=D×d%	D2	D1-D2

续 表

项目	期末余额	信用特征			计提坏账准备比例	期末坏账余额	期初坏账余额	当期应计提坏账准备金额
		信用等级	账龄（以自然账龄组合法为例）	单独计提				
其他应收款	E		4—5年(含5年)		e%	E1=E×e%	E2	E1-E2
	F		5年以上		f%	F1=F×f%	F2	F1-F2
	G			g		G1=g	G2	G1-G2

2.所得税费用计算

所得税费用的计算取数于各报表科目并具备完善的逻辑顺序，流程如图 4-2 所示。

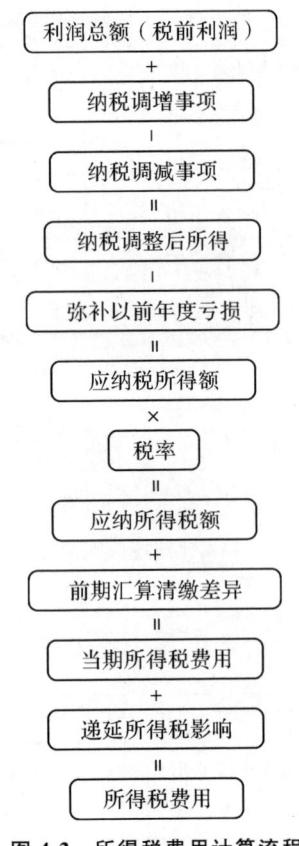

利润总额（税前利润）
+
纳税调增事项
-
纳税调减事项
=
纳税调整后所得
-
弥补以前年度亏损
=
应纳税所得额
×
税率
=
应纳所得税额
+
前期汇算清缴差异
=
当期所得税费用
+
递延所得税影响
=
所得税费用

图 4-2 所得税费用计算流程

第四章 上市后财务信息披露相关实务流程指引

为了更好地理解该计算逻辑,我们针对计算链路中的各项内容做进一步提示说明。具体如表 4-4 所示。

表 4-4 所得税计算链路中各项内容提示说明

逻辑顺序	是否涉及递延所得税事项	提示说明
利润总额(即税前利润)		
加:纳税调增事项		
——信用减值损失调增	是	税会差异是所得税计算的常态主题。就信用减值损失而言,因未实际发生、税务口径不认可,故纳税调增,需增加应交税费、所得税费用。而会计角度认可其对利润的影响,故通过递延所得税科目进行调节处理,即调增递延所得税资产、调减所得税费用,故报表层面呈现的最终结果是所得税费用不变,应交税费增加,此结果既满足税务层面保留纳税义务的需要,又符合会计层面对利润表的确认逻辑 纳税调增、调减均是税务层面的考量,其每笔调整必然带来所得税费用、应交税费的同步调整。应交税费为法定义务,故会计层面不会进行处理修正。针对所得税费用,会计层面,从权责发生制义务出发通过递延所得税资产或负债科目进行修正,此即递延所得税事项产生的原理性背景,后续不再赘述
——存货跌价调增(=当期计提资产减值损失金额-转销金额=存货跌价准备期末余额-期初余额)	是	当期计提调增系未实际发生损失,逻辑同上,当期转销作为减项
——公允价值变动损失	是	
——股权激励 1	是	可税前扣除的股权激励费用如上市公司限制性股票,如为非立即可行权需分期摊销的股权激励,在尚未行权前计提的费用,应先纳税调增,待行权后税前扣除,当期纳税调减
——股权激励 2	否	永久性差异,部分税法未明确规定可税前扣除的金额,如一次性计入费用的股权激励金额
——业务招待费超支	否	
——罚款、滞纳金	否	
——无票支出	否	

续 表

逻辑顺序	是否涉及递延所得税事项	提示说明
减：纳税调减事项		
——研发加计扣除	否	研发加计扣除产生的可弥补亏损则涉及递延所得税事项的考虑
——居民企业股息红利等投资收益	否	
等于：纳税调整后所得		
减：弥补以前年度亏损	是	● 取自上年度汇算报告，注意一般型企业可弥补时间范围为五年，高新技术企业或科技型中小企业为十年，即数据会随纳税年度的变化而变化 ● 针对尚未盈利、预计可盈利、目前可弥补亏损金额较大的企业，需在可弥补亏损时效到期年度转回相应金额的已提递延所得税资产
等于：应纳税所得额		
乘：税率		
等于：应纳所得税额		
加：计入本期的以前年度所得税清算补（退）数	否	一般包含两项内容： ● 以前年度报表报出后报税数据又发生变化。报表报出时点一般早于汇算清缴完成时点，部分企业于报表报出后汇算清缴完成前会因审口径的调整或事项的补充考虑等导致增加、减少应纳税额，由于事项的影响未体现在上期报出报表中，故需在本期计入所得税费用 ● 税务机关的稽查征缴
等于：当期所得税费用		
加：递延所得税影响		对表中列举的递延所得税影响事项，逐一基于相关科目的定稿金额汇总税会差异金额，适用相应税率进行递延所得税影响计算
等于：所得税费用		

综上，从税前利润如何得出所得税费用流程已明晰。关于递延所得税事项，进一步提示如下：

①什么情况需要计提递延所得税？

递延所得税是由于资产负债表上资产、负债的账面价值与计税基础存在差异产生,一般递延所得税负债表示相应的利润已体现在本期报表上,但相应的缴税义务在以后期间会产生,递延所得税资产表示相应的损失已体现在本期报表上,只是税前还不能扣除,在以后期间可扣除时可减少纳税义务的金额。无论是增加还是减少,都需要基于企业将来会纳税,故针对长期亏损企业、初创企业,如无明确的盈利计划或盈利可能性,则不应当计提递延所得税。

②递延所得税适用什么税率?

由于递延所得税是未来纳税义务的增减项,其计提所选取的税率至少应当为下年度的税率。如公司当年度作为一般性企业适用25%的税率,下一年度预期获得高新技术企业资格可享受15%的税率,则递延所得税计算时应选用15%的税率。

③合并报表抵消的同步处理。

对合并关联方间的交易进行抵消时,需同步考虑其伴生的递延所得税抵消,如合并产生的应收款项坏账准备、未实现毛利,如单体已确认递延所得税项目,合并需进行抵消处理。应当注意的是,需选择购买方税率进行计算抵消。

3. 现金流量表的编制

(1)编制步骤

首先,集团公司应当统一现金流量表各构成项目的编制口径,在统一的口径下完成单体现金流量表的编制;其次,对单体数据进行加计汇总;再次,基于合并关联方间的交易与往来,于合并报表层面对相关现金流量项目进行抵消处理并得出合并现金流量表;最后,对现金流量表进行检查复核。

(2)编制目标

①两个一致。

现金流量表主表、附表得出的经营活动现金流量净额应当一致;现金流量表主表经营、筹资、投资活动加计得出的现金及现金等价物的净增加额与附表从资金项目出发得出的现金及现金等价物的净增加额应当一致。

②科目勾稽准确。

现金流量表项目按照一定的逻辑取数自报表科目,其可从报表层面进行勾稽检视。就审核案例来看,要求企业说明经营活动现金流量主要项目与资产负债表、利润表中相关项目的勾稽关系是否相符的问询较为普遍。

③反映业务变动。

现金流量表应当能反映业务动向,与业务变动情况一致。就审核案例来看,要求企业说明现金流量波动与利润表、资产负债表是否匹配的问询较为普遍。

(3)编制过程与取数口径

①编制过程。

不同企业财务系统的成熟度及自动化程度存在差异,拟分不同情形进行编制过程与方式的适用说明,具体如表4-5所示。

表4-5 不同情形下现金流量表编制方式

适用情形	编制方式
财务系统成熟,可生成现金流量表及配套附注项目	在以下事项得到确认的前提下,可使用系统生成的报表及配套附注结果:明确系统取数及计算逻辑,确认其逻辑正确;根据其逻辑挑选主要项目、随机项目进行取数计算,复核检查;如系统计算所依赖的数据发生变动,需对现金流量表进行同步更正
系统功能不完善,所生成现流表不够精细准确,无配套附注项目数据	需自行完成编制,我们整理了现金流量编制审核表及相关附表,其链接取数自相关报表科目并具备完善、高度模板化的逻辑顺序,几乎适用于所有类型的企业。可参见本指南配套文档《现金流量编制用表》

②取数口径。

现金流量表分为由经营活动、投资活动、筹资活动正向加计构成的主表及由净利润出发调整为经营活动现金流量的附表。主表和附表的构成项目及取数说明如表4-6、表4-7所示。

表4-6 现金流量表主表构成项目及取数说明

构成项目	取数说明
经营活动产生的现金流量:	
——销售商品、提供劳务收到的现金	=营业收入+增值税销项税额+(应收账款期初余额-期末余额)+(应收票据期初余额-期末余额)+(应收款项融资期初余额-期末余额)+(预收款项期末余额-期初余额)+(合同负债期末余额-期初余额)
——收到的税费返还	据实填列,同时应等于当期出口退税收到现金流和留抵退税之和
——收到的其他与经营活动有关的现金	=收到的政府补助①+其他营业外收入+财务费用利息收入+(经营性其他应付款期末余额-期初余额)+(经营性其他应收款期初余额-期末余额)

---

① 包含与收益相关、与资产相关的全部政府补助。

第四章　上市后财务信息披露相关实务流程指引

续　表

构成项目	取数说明
——购买商品、接受劳务支付的现金	＝营业成本＋增值税进项税＋(应付账款期初余额－期末余额)＋(应付票据期初余额－期末余额)＋(预付款项期末余额－期初余额)＋(存货期末余额－期初余额)＋存货跌价准备当期转销金额
——支付给职工以及为职工支付的现金	据实填列，一般为应付职工薪酬减少数
——支付的各项税费	＝应交税费各税种当期减少数①
——支付的其他与经营活动有关的现金	＝销售费用(不含人工成本、折旧摊销)＋管理费用(不含人工成本、折旧摊销)＋研发费用(不含人工成本、折旧摊销)＋财务费用(手续费及其他)＋营业外支出(除资产报废)＋(经营性其他应付款期初余额－期末余额)＋(经营性其他应收款期末余额－期初余额)
投资活动产生的现金流量:	
——收回投资所得到的现金	出售、转让或到期收回交易性金融资产、长期股权投资等收回的现金，如理财等赎回金额，需按实际发生额列示
——取得投资收益所收到的现金	据实填列，主要为股权性投资取得的现金股利或利润
——处置固定资产、无形资产和其他长期资产而收回的现金净额	出售固定资产、无形资产和其他长期资产收到的现金净额。一般为:处置资产净值＋资产处置收益＋营业外收入之报废收益－营业外支出之报废损失。一般按向处置活动支付的现金净额列示。如处置净额为负数，则列报于支付的其他与投资活动有关的现金
——处置子公司及其他营业单位收到的现金净额	＝处置子公司收到转让款－子公司账面现金及现金等价物金额
——收到的其他与投资活动有关的现金	如远期外汇合约等投资性交易对应保证金收回
——购建固定资产、无形资产和其他长期资产所支付的现金	为购置固定资产、无形资产等长期资产当期支付金额，可根据相关资产科目增加金额的含税金额，并考虑其他流动资产、应付账款相关款项的期初期末情况，注意不包括资本化的利息
——投资所支付的现金	企业权益性和债权性投资支付的现金，如理财等购买金额，需按实际发生额列示

---

①　个税除外，个税作为工资发放的代扣代缴项目，其主体已被涵盖于"支付给职工以及为职工支付的现金"，本项目仅包括应交个税期初减期末的金额。

续 表

构成项目	取数说明
——取得子公司及其他营业单位支付的现金净额	=取得子公司支付转让款-子公司账面现金及现金等价物金额
——支付的其他与投资活动有关的现金	支付的其他与投资活动有关的现金,如远期外汇合约等投资性交易对应保证金支付、非合并关联方之资金拆出金额
筹资活动产生的现金流量:	
——吸收投资所收到的现金	外部投资者入股投入资金
——借款所收到的现金	据实填列,同时应注意:借款收到现金金额-偿还债务支付金额=短期借款与长期借款期末余额-期初余额
——收到的其他与筹资活动有关的现金	主要为非合并关联方之资金拆入金额
——偿还债务所支付的现金	据实填列
——分配股利或利润或偿付利息所支付的现金	=未分配利润本期分配数+财务费用利息支出+本期资本化的利息+(应付利息期初余额-期末余额)+(应付股利期初余额-期末余额)
——支付的其他与筹资活动有关的现金	如为租赁使用权资产付款额,以发行股票、债券等方式筹集资金,由企业直接支付的中介机构费用,等等
汇率变动对现金的影响	可根据货币资金产生财务费用汇兑损益金额列报
现金及现金等价物净增加额	=期末余额-期初余额
期初现金及现金等价物余额	取上期末报表数据
期末现金及现金等价物余额	=期末货币资金金额-受限制的货币资金金额

表 4-7 现金流量表附表(补充资料)构成项目及取数说明

构成项目	取数说明
将净利润调节为经营活动的现金流量:	
——净利润	=净利润
——资产减值准备	=损益表中资产减值损失的负值
——固定资产折旧、油气资产折耗、生产性生物资产折旧	=附注中固定资产、油气资产折耗、生产性生物资产折旧计提金额
——使用权资产折旧	=附注中使用权资产折旧计提金额
——无形资产摊销	=附注中无形资产摊销计提金额

第四章　上市后财务信息披露相关实务流程指引

续　表

构成项目	取数说明
——长期待摊费用摊销	＝附注中长期待摊费用计提金额
——处置固定资产、无形资产和其他长期资产的损失	＝损益表中资产处置收益金额的负值
——固定资产报废损失	＝附注中营业外支出报废损失－营业外收入报废收入
——公允价值变动损失	＝损益表中公允价值变动收益的负值
——财务费用	＝附注中财务费用利息支出＋汇兑损益
——投资损失	＝损益表中投资收益的负值
——递延所得税资产减少	＝递延所得税资产期初余额－期末余额
——递延所得税负债增加	＝递延所得税负债期末余额－期初余额
——存货的减少	＝（存货期初余额－期末余额）－本期存货跌价转销金额
——经营性应收项目的减少	＝（应收账款期初余额－期末余额）＋（应收票据期初余额－期末余额）＋（应收款项融资期初余额－期末余额）＋（预付款项期末余额－期初余额）＋（经营性其他应收款期初余额－期末余额）
——经营性应付项目的增加	＝（应付账款期末余额－期初余额）＋（应付票据期末余额－期初余额）＋（预收款项期末余额－期初余额）＋（合同负债期末余额－期初余额）＋（应付职工薪酬期末余额－期初余额）＋（应交税费期末余额－期初余额）＋（其他流动资产期初税金金额－期末税金金额）＋（经营性其他应付款期末余额－期初余额）
——其他	＝递延收益当期摊销金额＋递延所得税资产、负债增减变动中对方科目为资本公积的金额
不涉及现金收支的投资和筹资活动：	一般不适用
——债务转为资本	一般不适用
——一年内到期的可转换公司债券	一般不适用
——融资租入固定资产	一般不适用
现金及现金等价物净增加情况：	
——现金的期末余额	＝期末货币资金金额－受限制的货币资金金额
——现金的期初余额	取报表上期末数据

续 表

构成项目	取数说明
——现金等价物的期末余额	＝期末现金等价物金额－受限制的现金等价物金额
——现金等价物的期初余额	取报表上期末数据
——现金及现金等价物净增加额	＝期末余额－期初余额

(三)合并报表编制

部分财务人员对合并报表编制谈之色变。实际上,合并报表的编制有其既定的程式,并非难以逾越之高山。我们根据实务经验,针对一般情形下的合并报表编制方法提示如下。

1. 用于合并的关键性文档

(1)单体试算平衡表

单体试算平衡表即根据前文指引完成梳理后的单体报表。

(2)合并链接模板

合并链接模板包含:链接至各单体试算科目数据的资产、负债、损益、现金流量、所有者权益合并底稿;抵消分录形成及检查底稿;抵消分录汇总底稿;长期股权投资及投资收益检查底稿。具体可参见本书配套文档《合并试算模板》。

财务系统成熟、可生成合并数据的企业,无须自行编制,只需明确其系统逻辑进行复核、检查即可。

(3)关联交易表

关联交易表系记录合并关联方间关联采购、交易、往来的底表,为抵消分录数据的重要来源。具体参见本书配套文档《合并关联交易统计模板》。

2. 合并流程

(1)单体试算平衡数据完成确认

根据前文指引完成合并范围内合并表主体的试算报表数据。

(2)合并链接取数

将合并链接数据源更新为最新的单体试算报表数据。

(3)抵消分录编制

①权益项目抵消,即将成本法还原为权益法,长期股权投资与子公司净资产进行抵消,等等。合并报表模板针对此项内容的设置已较为成熟,根据现有链接

第四章　上市后财务信息披露相关实务流程指引

更新为当年度情况,并考虑新增、减少的并表主体影响即可。

②往来项目抵消,即关联方交易产生之应收应付、预收预付、其他往来款科目的抵消,数据取自关联交易表。

③坏账准备抵消,即根据关联方往来余额结合坏账政策计算相关应收款项的坏账准备金额,得出坏账准备、资产减值损失金额的抵消数据。

④收入、成本、费用等损益项目抵消,即各关联主体交易产生的收入、成本、费用等抵消,数据取自关联交易表。

⑤资产转让抵消,即各关联主体资产互售产生之抵消,抵消原因系就单体而言,资产销售方按净值处置,购买方按净值入账,而合并层面视同为一个主体,不存在资产减少、增加的情形。故应当对净值进行还原,调增资产原值,累计折旧余额。同时购买方按净值入账,对剩余年限计提折旧,也会与按原值入账、原使用寿命计提折旧存在差异,需一并考虑。取数及逻辑链接可参考本书配套文档《合并关联方资产转让统计表》。

⑥未实现利润抵消。未实现利润的典型示例为:A 公司销售至合并关联方 B 公司,产生毛利 100 万元,B 尚未实现对外销售,A 公司毛利蕴含于 B 公司存货成本中。从合并角度看,存货高估、利润高估,未产生毛利。应对该金额进行测算,于合并角度对收入、存货科目进行抵消。

⑦递延项目抵消。对合并关联方间的交易进行抵消时,需同步考虑其相应的递延所得税抵消,如合并交易抵消中存货的未实现毛利,会导致存货的账面价值小于其计税基础,合并需确认相应的递延所得税。应当注意的是,需选择购买方税率进行计算抵消。

⑧票据流转抵消。关联方票据流转的抵销,应遵循的处理原则具体如表 4-8 所示。

表 4-8　关联方票据流转抵消处理原则

A 公司	B 公司	流转情况	子公司是否可终止确认(根据信用等级)	会计处理 A 公司	会计处理 B 公司	合并
出票方	收票方	B 公司已背书未到期	可终止	仍挂账应付票据,无须处理	借:应付账款—外单位 贷:应收票据	无须处理
			不可终止	仍挂账应付票据,无须处理	原应收票据仍挂账,同时 借:应付账款 贷:其他流动负债	应付票据应收票据对抵

续 表

A公司	B公司	流转情况	子公司是否可终止确认（根据信用等级）	会计处理 A公司	会计处理 B公司	合并
出票方	收票方	B公司已贴现未到期	可终止	仍挂账应付票据，无须处理	借：银行存款 贷：应收票据	将应付票据分类至短期借款
出票方	收票方	B公司已贴现未到期	不可终止	仍挂账应付票据，无须处理	原应收票据仍挂账，同时 借：银行存款 贷：短期借款	应付票据应收票据对抵

3. 其他注意事项

(1) 基础的平衡要求

编制完成后的合并报表，应满足以下基础的平衡要求：①资产余额＝负债余额；②所有者权益表各项目等于负债表中权益科目金额；③期初未分配利润＋本期净利润－分红等减少未分配利润的分配事项＝期末未分配利润；④现金流量表做到"两个一致"。

(2) 关键指标的检查

① 长期股权投资。

一般情况下抵消后金额等于对非纳入控制范围的外单位投资金额，如均为控股子公司，则应当为零。

② 投资收益。

一般情况下抵消后金额等于外部性投资收益金额，如理财收益、权益法核算投资收益、远期外汇合约交割到期投资收益、其他非流动金融资产在持有期间的投资收益（即分红）及处置子公司等长期股权投资金额。

(3) 进阶情形

针对报告期内存在子公司收购事项、转让事项、资产业务剥离事项的企业，可参考《企业会计准则》中关于同一控制下企业合并、非同一控制下企业合并、吸收合并等的指引内容进行处理，此为相对进阶的阶段，但同样具备较为丰富的模板案例可供参考，本书不赘述。

(四)主体附注项目录入

针对报表构成的所有科目,我们根据实务经验设计适配的附注填列模板,并按资产类附注、负债类附注、损益类附注、现金流附注进行汇集,以期能在最大程度上满足报告披露的要求,请参见本书配套文档《合并附注模板》。关于其具体使用,提示如下。

1. 必要的更新事项

附注填列录入前,需对模板中的如下内容进行更新确认,以确保其符合企业现时经营情况及最新的会计准则或会计政策要求:

(1)合并范围及数据时点更新

①合并范围更新。

如报告期存在并表公司的新增或减少,需于修改汇总表中进行填列主体的增添或删除,同步修改已链接的各科目附表。

②数据时点更新。

为避免录入时项目抬头仍为老时点造成数据理解错乱,需修改汇总表中的期间,同步修改已链接的各科目附表。

(2)科目增添

公司经营情况的变化、准则报表格式的更新将产生新的核算项目,需设计增添新科目对应的附注内容。

(3)链接更新

附注于合并报表数据初步定稿时进行填列,填列前务必将附注模板中链接的合并报表源更新,确保各科目有最新的目标数据用于校验参考。

2. 各科目填列提示

我们整理提供的附注模板已历经大量使用与迭代优化,体系与结构较为成熟,其中多数附注项目可按其内容的字面理解进行填列,故此处主要针对初次使用存在一定理解门槛的项目进行提示说明,分为资产类、负债及权益类、损益类、现金流量类,以期提高使用效率、减少返工损失。具体如表4-9—表4-12所示。

表 4-9　资产类附注项目填列提示

项目	填列提示
通用	●期初金额确定。确保需披露发生额情况的固定资产、无形资产、在建工程、使用权资产、长期待摊费用等科目，期初数与已披露的上期期末数一致 ●不允许存在科目、科目中项目为负数的情况，如存在则说明科目未重分类到位，需进行修正处理 ●抵消数据基本来源于合并抵消分录相关项目或其对应的关联交易情况表，理解关联交易逻辑更新链接即可 ●所有检查链接均无差异，方可说明附注填列数据与合并报表一致
货币资金	●汇率更新。应将附注中列示的外币汇率更新为外汇管理局公布的期末汇率并确认币种是否存在遗漏。如出现汇率校验不一致，则判定是否需进行数据修正 ●受限项目披露。受限制的货币资金与承诺事项、现金流量表勾稽关系明确，应在附注中进行分类①统计，准确填列 ●存放在境外的款项。企业如有存放在境外款项②也要单独统计并在附注中填列，并且要关注境外款项是否受限 ●外币货币性项目。勿忘填列，优先确保原币金额准确
交易性金融资产	公允价值及受限情况的确认。公司应当向银行等金融机构获取各产品项目的对应估值记录，并确认是否存在受限的情况
应收票据/应收款融资	●填列需区分原值、坏账准备 ●需确保票据备查簿相关信息③完备方可取值准确 ●坏账准备增减变动。除坏账核销需单独列示金额外，同一类型的应收票据坏账变动可合并列示；期末余额大于期初余额则差额列报计提处、期末余额小于期初余额则差额列报转回处

---

① 余额较小的限制性资金可视情况在最终披露时合并归类为"其他"项，但一般建议将其充分展开。

② 指境外子公司的资金或境内公司存放于海外的资金，但一般不包括境内开设的离岸户资金余额。

③ 如银票/商票的类型划分、质押与否、信用等级，字段要求详见"第二章'二、收入循环模块'下'(五)票据的管理与列报'中的'1.票据台账的建立与完善'"相关内容。

第四章　上市后财务信息披露相关实务流程指引

续　表

项目	填列提示
应收账款	●账龄准确及递进关系。账龄划分应当准确,较上期末数据不应出现账龄迁徙错误,如:上年年末账龄为1—2年的应收账款100万元,本年年末账龄2—3年的应收账款300万。同时应当关注,长账龄应收账款的减值计提是否充分、是否系串户等挂账所致 ●外币货币性项目。勿忘填列,确保原币金额准确 ●坏账准备增减变动。除坏账核销需单独列示金额外,同一组合的应收账款坏账变动可合并列示:若期末余额大于期初余额,则差额列报计提处;若期末余额小于期初余额,则差额列报转回处 ●核销的应收账款,应当列表披露单位①、核销金额、核销原因、审批程序 ●因金融资产转移而终止确认的应收账款。与应收票据附注中已背书或贴现未到期期末终止确认的披露类似,应收票据有背书、贴现等手段,应收账款则有保理等手段 ●转移应收账款且继续涉入形成的资产、负债金额。与应收票据附注中已背书或贴现尚未到期期末未终止的披露类似。有追索权的保理,相当于将应收账款质押获取借款
预付款项	账龄准确及递进关系。注意账龄划分的准确性,较上期末数据不应出现账龄迁徙错误,如:上年年末1—2年100万元,本年末2—3年300万元。关注长账龄预付款可回收或未转销情况
其他应收款	●账龄准确及账龄迁徙无误。账龄划分应当准确,较上期末数据不应出现账龄迁徙错误,如:上年年末账龄为1—2年的其他应收款100万元,本年年末账龄2—3年的其他应收款300万元。同时应当关注,长账龄其他应收款的减值计提是否充分、是否系串户等挂账所致 ●性质分类。性质分类需与历史披露的统计口径一致,公司应从核算层面开始规范,避免记账与披露统计口径不一致情况,例如:纯资金性往来如借款归入"往来、代垫款"。同时作为列举不尽、合并不重要项的"其他"金额不宜过大。此外,公司应关注纯资金往来的内控风险及资金占用风险 ●坏账准备增减变动。除坏账核销需单独列示金额外,同一组合的应收账款坏账变动可合并列示:若期末余额大于期初余额,则差额列报计提处;若期末余额小于期初余额,则差额列报转回处 ●核销的其他应收款,应当列表披露单位②、核销金额、核销原因、审批程序
存货	●存货类别。注意合并报表的重分类,例如:母公司委托子公司生产,母公司为委托加工物资,合并报表应根据实际物料形态如原材料、生产成本、库存商品等进行还原 ●委外加工物资。此项目余额提请公司获取委外加工商期末库存情况进行复核确认 ●存货跌价准备。对于转销金额,根据实际销售情况进行整理,注意整体计提、转回规模是否明显不合理等

---

① 如单位较多可合并披露为"各单位"。
② 如单位较多可合并披露为"各单位"。

续　表

项目	填列提示
其他流动资产	如"未交增值税",即增值税进项税大于销项税形成的期末留抵税额、"待抵扣进项税"等
其他非流动金融资产	详见"第二章'一、资金循环模块'下'(六)常见金融资产的关注'中的'3.不具备控制或重大影响的低比例外部投资'"相关说明,此外,对于指定为以公允价值计量且其变动计入其他综合收益的非交易性权益工具投资计入"其他权益工具投资"项目
长期股权投资	●余额准确性。如无特殊情况,抵消后金额应等于对非纳入并表范围的对外投资金额,若无控股子公司外的其他投资,则应当为零 ●发生额披露。如增加或减少投资,则应添加注解说明变动的背景、情况 ●勾稽。"权益法下的投资收益"应与投资收益"权益法核算的长期股权投资收益"、利润表"其中:对联营企业和合营企业的投资收益""在合营安排或联营企业中的权益"数据一致
投资性房地产	勾稽。注意当期转入、转出金额是否与对应固定资产、无形资产转出、转入金额一致
固定资产	●勾稽。注意当期转入、转出金额是否与对应投资性房地产、在建工程转出、转入金额一致 ●未办妥权证情况。关注期末是否存在未办妥权证的房屋建筑物或重大关键设备,如是则需披露原因、账面净值
在建工程	●披露项目的细化程度。初步填列时可按最细化项目进行列示以便于核对、纠错,最终披露时可进行一定程度的合并归类① ●重要在建工程项目变动情况。是否需要披露,余额、发生额均应作为判别标准,即当期新增当期转固的大型工程也需披露;利息资本化金额需与计入在建工程的利息支出规模一致;资金来源根据是否适用募集资金分为自有资金、募集资金两类;本期转入固定资产金额不得小于固定资产中在建工程转入的金额;预算数取数应当相对准确,如可行性研究报告、合同等,实际支出偏离预算较大应当补充说明
无形资产	●勾稽。注意当期转入、转出金额,是否与对应投资性房地产、在建工程转出、转入金额一致 ●未办妥权证情况。关注期末是否存在未办妥权证的土地或重大关键软件专利,如是则需披露原因、账面净值
长期待摊费用	构成项目的范围。应主要为装修费等资本性支出,规模较小、摊销年限低于1年的支出不应在长期待摊费用中列示,可于预付款项中核算摊销或一次性损益化处理

---

①　建造调试的设备项目如较多且单条金额不重大、非关键性设备,在不影响报表使用者阅读、理解的前提下可合并披露为"待安装设备";围绕同一募投项目开展的不同类型建造内容,可按募投项目名称合并披露。

第四章　上市后财务信息披露相关实务流程指引

表 4-10　负债及权益类附注项目填列提示

项目	填列提示
通用	●期初金额确定。确保需披露发生额情况的应付职工薪酬、递延收益等科目的期初数与已披露的上期期末数一致 ●不允许存在科目或科目中项目为负数的情况，如是则说明科目未重分类到位，需进行修正处理 ●抵消数据基本来源于合并抵消分录相关项目或其对应的关联交易情况表，理解关联交易逻辑更新链接即可 ●所有检查链接均无差异，方可说明附注填列数据与合并报表一致
短期借款	●性质。短期借款的类型应根据借款合同的约定进行准确填列，如一项借款同时存在多种担保方式的应完整披露，而非只披露强担保项。举例：借款 100 万元，同时具备保证、抵押，应当披露为"保证、抵押借款"100 万元，而非只披露为"抵押借款"100 万元 ●已贴现未到期的应收票据金额在此科目列报，披露项目为"未到期票据等贴现"
应付票据	需确保票据备查簿相关信息完备方可取值准确
应付账款	应根据期末应付账款性质分为货款、设备工程款、费用款，现金流量表编制亦需取用此数据以厘定购买商品接受劳务支付的现金、购建固定资产无形资产和其他长期资产支付的现金及支付其他与经营活动有关的现金
合同负债	租赁收入于新租赁准则项下统辖，故预收房租列报预收款项科目
应付职工薪酬	●发生额完整性。部分未通过应付职工薪酬科目核算直接列支的人工成本，应当于发生额中同增同减 ●勾稽一致性。本期增加数与成本、费用①之人工成本合计需勾稽一致；本期减少数与本期实际支付数勾稽一致 ●劳务费。只体现劳务派遣人员的工资，劳务外包费用于应付账款中核算列报
其他应付款	性质分类。需与前期披露一致，应从核算层面开始规范，避免记账与披露统计口径不一致情况；纯资金性往来如借款放"往来、代垫款"，需关注纯资金往来的内控风险及计息完整性；作为列举不尽、合并不重要项的性质为"其他"的项目金额不宜过大
其他流动负债	●勾稽一致性。"未终止确认的票据"应当与应收票据附项下的期末已背书未到期不可终止确认金额一致 ●待转销项税额分为以下两部分：合同负债对应的销项税额、分期收款对应的销项税额
长期借款	●性质。同短期借款处相关提示，注意性质分类的准确性与披露完整 ●一年内到期的长期借款，应列报披露于"一年内到期的非流动负债"科目

① 薪酬同样存在资本化处理的情形，如工程建造期间建造人员的人工成本计入在建工程，项目实施阶段的实施人员人工成本计入合同履约成本等。

续　表

项目	填列提示
递延收益	一般性披露项目为与资产相关的政府补助,需列报补助项目并文字注释补助背景、收款情况与摊销情况
其他非流动负债	包含内容:分期收款待转销项税额;其他非金融机构的长期融资借款;搬迁补偿款①
权益类科目	●勾稽。数据及变动情况应与合并所有者权益报表一致 ●披露。主要净资产科目股本、资本公积、盈余公积、未分配利润变动反映了企业内、外部权益发生一定变化。就披露要求而言,应当于相关科目下加入变动情况、原因说明等段落进行事项描述,常规变动情形包括但不限于由增资、减资、股份回购导致的股本变动,由资本公积股本溢价变动、日常性盈余公积计提、分红等利润分配事项、股份制改制净资产折股事项(上市前)、股份支付事项导致的资本公积变动

表 4-11　损益类附注项目填列提示

项目	填列提示
通用	●抵消数据基本来源于合并抵消分录相关项目或其对应的关联交易情况表,理解关联交易逻辑更新链接即可 ●所有检查链接均无差异,方可说明附注填列数据与合并报表一致
营业收入 营业成本	营业收入和营业成本于财务报告附注中可按主营及其他、是否合同产生、按时段或时点确认进行区分披露。无论最终选取何口径,企业都应当具备完善的收入成本大表以便进行多维度数据产出,同时应当关注毛利率变化及异常、其他业务收入是否发生重大变动等
销售费用、管理费用、研发费用	●薪酬相关子项目应当合并披露为"人工成本" ●除非新增费用类型,费用口径应当严格保持统一以确保同期可比 ●披露应当按发生金额的重要性进行排序 ●研发用水电费、检测费等非材料性投入应单独列示或金额较小时合计入"其他"项,不可计入"直接投入"项 ●"其他"项金额不宜过大
财务费用	票据贴现费用②、租赁负债利息费用于"利息费用"而非"手续费"项目中列示

---

　　① 不符合政策性搬迁的搬迁事项,相关已收到的补偿款于搬迁完成前在此科目核算挂账,完成搬迁后应结转资产处置收益科目,同时需根据到期情况列报披露于"一年内到期的非流动负债"科目。

　　② 票据贴现费用是指未到期贴现不可终止确认的票据。如是可终止确认的票据贴现息,计入投资收益。

第四章　上市后财务信息披露相关实务流程指引

续　表

项目	填列提示
其他收益	●补助项目务必列示完整、名目清晰。基于此,同一补助分次收取的可合并披露,非同一补助但同类型小额补助亦可合并披露,如"稳岗类补贴" ●政府补助段落中补助名称须与本附注中名称一致,根据"列报项目"进行筛选加计,应与本附注中政府补助金额一致 ●针对IPO企业,需按一定重要性对政府补助明细表中的补助内容进行文字披露,应保证文字与表格情况的一致性
投资收益	●不具备控制或重大影响的低比例权益性投资对应分红,列示"其他非流动金融资产在持有期间的投资收益" ●远期外汇合约到期或交割收益,列示"处置交易性金融资产(负债)取得的投资收益" ●理财产品收益,应当列示"处置交易性金融资产(负债)取得的投资收益",但也有单独列示"理财产品收益"项以和远期外汇合伙收益进行区分的处理
公允价值变动收益	子项目严格根据其来源列示,区分为其他非流动金融资产、交易性金融资产、交易性金融负债
信用减值损失	子项目严格根据其来源列示,区分为应收票据、应收账款、其他应收款。需与相关科目的坏账准备变动情况勾稽一致
资产减值损失	子项目严格根据其来源列示,区分为存货、商誉、合同资产、长期股权投资、固定资产等
营业外收入	●补助项目务必列示完整、名目清晰。基于此,同一补助分次收取的可合并披露,非同一但同类型小额补助亦可合并披露 ●政府补助段落中补助名称须与本附注中名称一致,根据"列报项目"进行筛选加计,应与本附注中政府补助金额一致 ●针对IPO企业,需按一定重要性对政府补助明细表中的补助内容进行文字披露,应保证文字与表格情况的一致性 ●一般非流动资产报废利得应当单独列示 ●金额相对较大的明细均应该单独列报,不重要的明细可合并列报,不应有金额过大的"其他"项
营业外支出	●关注罚款支出较大的原因,是否涉及需披露的重大行政处罚 ●关注赔款支出较大的原因,是否涉及诉讼及或有负债、应收款项减值可能 ●一般非流动资产报废损失应当单独列示 ●金额相对较大的明细均应该单独列报,不重要的明细可合并列报,不应有金额过大的"其他"项

续　表

项目	填列提示
所得税费用	●递延所得税费用与当期所得税费用区分逻辑 详见"第四章'三、各环节实务处理指引'下'(二)专项数据确认'中的'2.所得税费用计算'"相关说明,可直接取数于各核算主体所得税计算表中计算结果并考虑抵消事项后得出 ●会计利润与所得税费用调整 ——计算结果应当等于报表所得税费用金额,即为当期所得税费用与递延所得税费用的合计 ——按法定税率还是适用税率。如公司不存在税率上的税收优惠,披露为"按法定税率(25%)计算的所得税费用";如存在税率上的税收优惠,如为高新技术企业,则披露为"按适用税率(15%)计算的所得税费用" ——调整以前年度所得税的影响。汇算清缴截止时间为报表年度次年的5月31日,一般早于财务报告披露时间。汇算结果如与已披露的历史数据存在差异,通常将该差异于此项目中填列 ——非应税收入。不征税收入包括财政拨款、依法收取并纳入财政管理的行政事业性收费、政府性基金、国务院规定的其他不征税收入。免税收入包括国债利息收入、符合条件的居民企业之间的股息及红利收入,在中国境内设立机构及场所的非居民企业从居民企业取得与该机构、场所有实际联系的股息及红利收入,符合条件的非营利公益组织的收入 ——不可抵扣成本费用,主要包括罚款、滞纳金、无票支出等 ——使用前期未确认递延所得税资产的可抵扣亏损的影响。以前年度因对后续是否产生足够多的应纳税所得额存在不确定性,谨慎性考虑未确认递延所得税资产。本期达到可以确认递延所得税资产的条件,在本期确认递延所得税资产 ——本期未确认递延所得税资产的可抵扣暂时性差异或可抵扣亏损的影响。本期产生的可抵扣暂时性差异和可抵扣亏损,因无法确定后续是否可产生足够多的应纳税所得额作为支撑,未确认递延所得税资产 ——其他。金额不应过大

表 4-12　现金流量类附注项目填列提示

项目	填列提示
通用	●抵消前数据的得出。现金流量表附注取数于单体试算平衡表并已高度模板化,完成各核算主体试算平衡表中的现流表编制,更新附注数据源链接即可得出抵消前汇总情况 ●链接更新与检查。由于现金流量表附注取数于单体试算平衡表,如支付其他与经营活动有关的现金中各明细项基本取数自单体试算平衡表中的配套"费用"表,故配套"费用"表中二级费用项名称与顺序不得随意更改,若有新增费用类型不得随意插入行,需在配套"费用"表的空白行中增加并新增链接至现流附注,以保证汇总情况不串行、不串明细 ●抵消项目。资产、负债、损益科目的抵消会产生相关的现金流量影响,合并报表模板中已设置现金流量表合并底稿进行链接处理 ●所有检查链接均无差异,方可说明附注填列数据与合并报表一致,也是最新的

续 表

项目	填列提示
收到其他与经营活动有关的现金	●非以对外租赁为主营业务的公司,房租收入应在此项目中列示 ●在此项目中列示的两项"税金":即征即退增值税属于其他收益之政府补助,列报于本项目之政府补助子项;以前期间多预缴的所得税本期退回,放本项目而非支付的税费抵减
支付其他与经营活动有关的现金	●除非新增支出类型,各支出口径应当严格保持统一以确保同期可比 ●披露应当按发生金额的重要性进行排序 ●金额较小且不重要明细项目可以合并列报于"其他",但"其他"项金额不宜过大
收到其他与投资活动有关的现金	如远期外汇合约等投资性交易对应保证金收回、搬迁补偿款列报此项目
支付其他与投资活动有关的现金	●归集与投资相关但非基础性的支出。如:理财为投资活动,理财产品购买的基础性本金支出列报"投资支付的现金",但相关的保证金缴付则应列报本项目。同理,设备购买开具信用证对应的保证金、远期外汇合约保证金等应列报本项目 ●与非合并关联方间往来款项一般列示于"非金融机构往来款"项目,且应以总额法列示,真实完整地反映公司的现金流动情况,同时可以同关联方资金拆借附注项目进行勾稽核对
收到其他与筹资活动有关的现金	与非合并关联方间往来款项一般列示于"非金融机构往来款"项目,且应以总额法列示,真实完整地反映公司的现金流动情况,同时可以同关联方资金拆借附注项目进行勾稽核对
支付其他与筹资活动有关的现金	●属于新租赁准则项下核算的房租支出,列示本项目之"租赁使用权资产付款"子项 ●企业在IPO过程中支付的中介机构费用未来可计入发行费用的,列示本项目之"上市费用"子项

(五)报告主体撰写及专题事项统计

财务报告以财务报表项目注释为主体,其内容基本来源于财务报表附注,附注项目录入阶段完成则报告主体内容已基本充实,进一步需完成的为各专题统计事项。

企业应当依据证监会发布的《公开发行证券的公司信息披露内容与格式准则第2号——年度报告的内容与格式》(2021年6月)、《公开发行证券的公司信息披露内容与格式准则第3号——半年度报告的内容与格式》(2021年6月)、《公开发行证券的公司信息披露编报规则第15号——财务报告的一般规定》(2023年12月)的文件要求进行报告撰写与披露。

1. 财务相关的单独统计内容

经整理，企业半年度报告中纯财务性单独统计内容及与财务信息密切相关的单独统计内容具体如表 4-13 所示。

表 4-13　企业半年度报告中与财务相关的单独统计内容

章节（不同公司可能序号有所差异，以标题为准）		单独统计内容	讲解索引
第二节	公司简介和主要财务指标	四、主要会计数据和财务指标	事项一
		六、非经常性损益项目及金额	事项二
第三节	管理层讨论与分析	三、主营业务分析	事项三
		四、非主营业务分析	事项四
		五、资产及负债状况分析	事项五
		六、投资情况分析：总体情况、股权投资情况、非股权投资情况、公允价值计量的金融资产情况	事项六
		六、投资情况分析：募集资金使用情况	事项七
		六、投资情况分析：委托理财、衍生品投资和委托贷款情况	事项八
第六节	重要事项	十一、重大关联交易	事项九
		十二、重大合同及其履行情况	事项十
第十节	财务报告	三、公司基本情况	事项十一
		五、重要会计政策及会计估计	事项十二
		六、税项	事项十三
		七、合并财务报表项目注释：使用受到限制的货币资金	事项十四
		七、合并财务报表项目注释：期末已质押的应收票据、已背书或贴现且在资产负债表日尚未到期的应收票据	事项十五
		七、合并财务报表项目注释：应收账款前五名	事项十六
		七、合并财务报表项目注释：预付款项前五名	事项十七
		七、合并财务报表项目注释：其他应收款三阶段	事项十八
		七、合并财务报表项目注释：其他应收款前五名	事项十九
		七、合并财务报表项目注释：递延所得税项目	事项二十

续　表

章节(不同公司可能序号有所差异,以标题为准)		单独统计内容	讲解索引
第十节	财务报告	七、合并财务报表项目注释:净资产的变动说明	事项二十一
		七、合并财务报表项目注释:营业收入与营业成本	事项二十二
		七、合并财务报表项目注释:会计利润与所得税费用调整过程	事项二十三
		七、合并财务报表项目注释:每股收益及净资产收益率	事项二十四
		七、合并财务报表项目注释:现金流量表项目	事项二十五
		七、合并财务报表项目注释:所有权或使用权受到限制的资产、承诺及或有事项	事项二十六
		七、合并财务报表项目注释:外币货币性项目	事项二十七
		七、合并财务报表项目注释:政府补助、递延收益中收到情况及摊销情况说明	事项二十八
		七、合并财务报表项目注释:合并范围的变更、在其他主体中的权益	事项二十九
		七、合并财务报表项目注释:与金融工具相关的风险	事项三十
		七、合并财务报表项目注释:关联方及关联交易	事项三十一

2. 各事项统计思路讲解

针对单独统计的项目,为更加直观地进行专题事项统计思路的展示,我们以深交所创业板知名上市公司公开披露的 2023 年半年度报告为例,采取左栏示例、右栏讲解的形式进行逐项说明,形式如图 4-3 所示。

考虑到部分示例信息截取于公开披露的年度报告,纸质印刷体对相关构成内容的清晰呈现存在一定困难,故该部分讲解内容作为配套文档予以提供阅读。详见本指南配套文档《报告专题事项详解》。

四、主要会计数据和财务指标

公司是否需追溯调整或重述以前年度会计数据

☑是 □否

追溯调整或重述原因：上年同期每股收益调整的原因系本公司 2023 年 4 月完成资本公积金转增股本，对上年同期指标进行重新计算。

	本报告期	上年同期		本报告期比上年同期增减
		调整前	调整后	调整后
营业收入（万元）	18,924,604.13	11,297,125.79	11,297,125.79	67.52%
归属于上市公司股东的净利润（万元）	2,071,726.45	816,803.46	816,803.46	153.64%
归属于上市公司股东的扣除非经常性损益的净利润（万元）	1,755,299.67	705,128.70	705,128.70	148.93%
经营活动产生的现金流量净额（万元）	3,707,036.98	1,868,234.30	1,868,234.30	98.42%
基本每股收益（元/股）	4.7201	3.5233	1.9574	141.14%
稀释每股收益（元/股）	4.7125	3.5047	1.9471	142.03%
加权平均净资产收益率	12.31%	9.11%	9.11%	3.20%
	本报告期末	上年度末		本报告期末比上年度末增减
		调整前	调整后	调整后
总资产（万元）	64,099,878.47	60,095,235.19	60,095,235.19	6.66%
归属于上市公司股东的净资产（万元）	17,021,913.94	16,448,125.16	16,448,125.16	3.49%

讲解

【内容数据基本来源】
- 财务报表科目数据
- 每股收益及净资产收益率
- 各类财务指标

【取数提示】
- 报表科目数据：取自财务报表
- 每股收益及净资产收益率：详见"第四章'三、各环节实务处理指引'下'（五）报告主体撰写及专题专项统计'中'1.财务相关的单独统计内容'"

图 4-3　财务相关单独统计事项讲解示例

（六）检查复核

应当明确，年度报告、半年度报告作为公司面向公众的"成果答卷"，无论日常工作中投入多少资源、耗费多少心力，如因报告撰写汇总环节之纰漏导致披露的信息出现错误，除却更正公告带来的工作量外，监管机构将对公司信息披露质量产生不利评价，报告使用者将对公司数据可信度产生怀疑。因此，检查复核是对外披露前的关键一环，公司应当高度重视并严格执行。

结合实务经验，特整理与财务报告相关的检查复核事项如表 4-14 所示。企业应做好核对分工，确保对报告初稿形成、定稿、报出等多个节点进行多轮次复核，及时纠错并留存核对记录。

表 4-14　财务报告检查复核事项表

模块	子项目	核对内容
财务报表	报表总体	所有合计、总计项是否正确
		资产＝负债＋所有者权益总额
		资产负债表中所有者权益科目是否与所有者权益变动表勾稽
		报表中序号是否连续、是否与附注的序号一一对应

第四章 上市后财务信息披露相关实务流程指引

续 表

模块	子项目	核对内容
财务报表	合并利润表、利润表	投资收益中"其中:对联营企业和合营企业的投资收益"是否与投资收益附注项目披露的明细金额一致
		利息费用与利息收入是否与财务费用附注项目披露的相关明细金额一致
		基本每股收益、净利润是否与每股收益附注项目、补充资料附注中净资产收益率及每股收益一致
	合并现金流量表	支付给职工以及为职工支付的现金是否与应付职工薪酬本期支付数勾稽一致
		处置固定资产、无形资产和其他长期资产收回的现金净额与固定资产、无形资产和其他长期资产减少的净值间差异一般等于资产处置收益与营业外收支附注项目中的长期处置损益
		取得或处置子公司及其他营业单位收到的现金净额是否与现金流量表补充资料附注中的披露数据勾稽一致
		取得借款与偿还债务现金差额是否与借款附注项目的期初、期末余额差异一致
		分配股利、利润或偿付利息支付的现金＝未分配利润附注项目中本期分配利润＋期初应付股利－期末应付股利＋财务费用附注项目中利息支出＋期初应付利息－期末应付利息
公司基本情况	公司概况	注册资本是否正确
		营业执照号码是否正确
		注册地址、经营范围是否与最新营业执照一致
		如披露说明股权结构,是否与股本附注项目中的期末余额及比例一致
	合并财务报表范围	合并范围是否与"合并范围的变更"附注项目及"在其他主体中的权益"附注项目相符以及衔接
重要会计政策及会计估计	整体各段落	序号是否连续;涉及索引的地方,索引号是否正确。如"具体会计政策和会计估计提示"中对收入与减值计提的索引、"合营安排分类及会计处理方法"中对长期股权投资的索引等
	遵循企业会计准则的声明	报告期是否正确

续 表

模块	子项目	核对内容
重要会计政策及会计估计	会计期间	报告期是否正确
	存货	存货类别是否与存货附注项目中披露的类别一致
	固定资产	固定资产的折旧政策是否正确；按政策计算出来的折旧率是否准确；资产类别与固定资产附注项目中披露的分类口径是否一致
	无形资产	无形资产的摊销年限是否正确；资产类别与无形资产附注项目中披露的分类口径是否一致
	重要会计政策和会计估计的变更：重要会计政策变更	会计政策影响涉及科目的数字是否与报表一致
	重要会计政策和会计估计的变更：重要会计估计变更	需要披露会计估计对应的影响，并计算影响数是否准确
	重要会计政策和会计估计的变更：2024年1月1日首次执行新XX准则，首次执行当年年初财务报表相关项目情况	报表检查：加计是否准确；相关科目2023年12月31日余额是否与报表一致
		涉及调整的科目，是否与重要会计政策变更中的金额、描述一致
税项		税率是否披露正确、是否涵盖所有并表公司情况；税收优惠政策是否最新、是否涵盖所有并表公司情况；如出具纳税鉴证报告(IPO企业)，是否与纳税鉴证报告对应内容一致
合并财务报表重要项目注释	基础性要求	各科目合计数以及比例是否正确、是否与报表科目一致
	货币资金	受限制的货币资金与其他货币资金一般应该相等，不相等时是否有合理解释
		货币资金—期末受限制的资金余额=期末现金余额，是否与现金流量表补充资料附注项目中的现金及现金等价物一致
	应收账款	按账龄披露的明细表中，账面余额乘以相应的计提比例是否等于坏账准备
		总体账龄迁徙逻辑是否正确
		如有单项计提，在区分单项金额重大与不重大时，是否按会计政策披露的区分方法执行
		应收账款、合同资产、其他应收款、存货等各项资产计提的减值准备是否与信用减值损失、资产减值损失勾稽

第四章　上市后财务信息披露相关实务流程指引

续　表

模块	子项目	核对内容
合并财务报表重要项目注释	预付账款	是否有长账龄的大额预付账款，是否符合业务逻辑
		总体账龄迁徙逻辑是否正确
	其他应收款	按账龄披露的明细表中账面余额乘以相应的计提比例是否等于坏账准备
		总体账龄迁徙逻辑是否正确
		如有单项计提，在区分单项金额重大与不重大时是否按会计政策披露的区分方法执行
		性质是否正确
		按性质区分时，口径是否与母公司财务报表附注一致
		按性质区分时，其他项金额是否过大
	固定资产	每期固定资产折旧额是否与现金流量表补充资料附注项目中相关披露金额相符
		是否存在未办妥权证情况未披露
		与在建工程转入是否逻辑通顺
	无形资产	每期无形资产摊销额是否与现金流量表补充资料附注项目中相关披露金额相符
		是否存在未办妥权证情况未披露
	长期待摊费用	每期摊销额是否与现金流量表补充资料附注项目中相关披露金额相符
	递延所得税资产和负债	计算递延所得税资产的相关基数如资产减值准备是否与相关科目相符
		计算时相关税率是否正确
		未确认递延所得税的基数是否正确，如信用减值损失考虑已计算的基数是否与应收账款、其他应收款等中的坏账准备相符
	短期借款	如涉及保证、质押、抵押等担保借款，确认是否与关联交易附注项目的关联担保、承诺及或有事项附注中披露内容核对一致，以验证披露完整性
	其他应付款	按性质分类披露是否存在较大金额的其他项，如存在应当单独列示说明
	净资产科目	文字注释项是否与表格中增减变动金额一致

253

续 表

模块	子项目	核对内容
合并财务报表重要项目注释	税金及附加	城建税、教育费附加按税率推算的基数是否一致。如不同并表主体间相同税种税率不同时,会存在一定差异
	销售费用、管理费用、研发费用	是否按费用发生频率、重要程序等进行排序
		是否存在较大金额的其他项,如存在,应当单独列示说明
		是否与现金流量表附注中披露的"支付的其他与经营活动相关的现金流量"项下明细名称、金额不符
	财务费用	利息费用、汇兑损益等是否与现金流量表补充资料附注项目中相关金额一致
		利息收入是否与现金流量表附注中"收到的其他与经营活动相关的现金"中利息收入一致
	信用减值损失、资产减值损失	是否与应收账款、合同资产、其他应收款、存货等各项资产科目附注中披露的本期计提的坏账、减值准备金额勾稽一致
	营业外收入、其他收益	政府补助合计数是否与政府补助附注项目数一致
		是否存在较大金额的其他项,如存在,应当单独列示说明
		与资产、收益相关的描述是否与政府补助附注项目中的划分一致
		计入当期非经常性损益金额是否正确,一般增值税即征即退不计入非经常性损益
		政府补助中如有退税,是否与现金流量表中"收到的税收返还"勾稽:如公司不存在出口退税,金额应一致;如公司存在出口退税,则差异为当期实际收到的出口退税金额
	所得税费用	递延所得税资产、负债的期末期初差额是否为所得税费用中的递延所得税费用金额;递延所得税资产、负债期初期末差额是否与现金流量表补充资料附注项目中相关金额一致
	现金流量表附注:收到的其他与经营活动有关的现金	利息收入:一般与财务费用附注中的利息收入金额一致
		政府补助:一般等于其他收益、营业外收入中政府补助金额减去退税额
		往来代垫款:收到与支付的往来、代垫款差额,与其他应收款和其他应付款附注项目中披露的经营性往来、代垫款差额是否存在较大差异
	现金流量表附注:支付的其他与经营活动有关的现金	是否与相关费用、损益类科目附注中披露的名称、金额勾稽一致

续　表

模块	子项目	核对内容
合并财务报表重要项目注释	现金流量表附注：收到、支付的其他与投资活动、筹资活动	保证金变动是否与货币资金中保证金存在勾稽关系
		如涉及非金融机构款项，与其他应收款和其他应付款附注项目中披露的筹资或投资性往来、代垫款差额是否存在较大差异
	现金流量表补充资料：	
	净利润	一般等于利润表中净利润金额
	加：信用减值损失、资产减值准备	一般等于利润表以及信用减值损失、资产减值准备附注项目对应金额
	固定资产折旧、油气资产折耗、生产性生物资产折旧	一般等于固定资产附注中的折旧金额
	无形资产摊销	一般等于无形资产附注中的摊销金额
	长期待摊费用摊销	一般等于长期待摊费用附注中的摊销金额
	处置固定资产、无形资产和其他长期资产的损失	一般等于资产处置收益科目金额的负值
	固定资产报废损失	一般等于营业外收支附注中相关项目金额
	公允价值变动损失	一般等于利润表中公允价值变动收益科目金额的负值
	财务费用	一般等于财务费用附注中利息费用、汇兑损益之加计金额
	投资损失	一般等于利润表中投资收益科目金额的负值
	递延所得税资产减少	一般等于递延所得税资产科目的期初期末差额
	递延所得税负债增加	一般等于递延所得税的期末期初差额
	存货的减少	一般等于存货附注项目中存货期初原值期末原值的差额
	经营性应收项目的减少	总体计算合理性：资产负债表中应收票据、应收账款（原值）、其他应收款（原值）、预付账款、其他流动资产等科目期初期末差额并考虑关联方往来计入筹资及投资的影响、预付工程设备款的影响
	经营性应付项目的增加	总体计算合理性：资产负债表中应付票据、应付账款、应付职工薪酬、应交税费、其他应付款、预收账款等科目期末期初差额并考虑关联方往来计入筹资及投资的影响、应付工程设备款的影响

续 表

模块	子项目	核对内容
合并财务报表重要项目注释	现金及现金等价物的构成	与货币资金科目余额扣除受限制的货币资金金额核对
	所有权或使用权受到限制的资产	与承诺事项及或有事项附注项目中披露的受限制资产金额加计是否一致
		货币资金:是否与货币资金附注中受限制货币资金一致
	外币货币性项目	同一年度同一币种折算汇率是否一致
		是否出现逻辑错误,即外币部分换算后本币大于整体报表科目金额等
	政府补助	政府补助明细是否与下列文字说明内容一致
		补助表格根据"计入当期损益或冲减相关成本费用损失的项目"列对应科目进行筛选加计,是否与营业外收入、其他收益政府补助金额一致
		补助表格中的补助名称是否与营业外收入、其他收益中补助名称一致
合并范围变更		若当期发生合并范围的变更,一般会披露对应公司的财务数据,应备查核对相应数字是否准确
在其他主体中的权益	在子公司中的权益	子公司名称是否全称、是否最新;公司基本情况与附注项目中"合并财务报表范围"披露内容是否一致
		注册地址、业务性质、持股比例是否准确
	其他	若涉及需披露财务报表数据的联营、合营企业,需备查相关财务数据是否准确、终稿;持股比例计算的数据是否与投资收益、长期股权投资附注项目中权益法变动影响金额一致
与金融工具相关的风险	汇率风险	涉及科目换算后本位币金额是否与外币性货币项目中金额一致
	流动性风险	相应科目与报表科目的一致性
公允价值披露	层次	各层次的划分是否准确
	科目金额	是否与报表金额一致
关联方及关联交易	本公司的母公司情况	相关工商信息、持股比例是否最新
	本公司的实际控制人情况	持股比例是否最新,与文字描述是否加计一致
	其他关联方情况表	名称是否全称,披露单位应为发生关联交易的单位,不可漏批或多批

续 表

模块	子项目	核对内容
承诺及或有事项	抵押担保、质押担保	各段落披露的抵押、质押物账面价值加计后是否与"所有权或使用权受到限制的资产"附注内容一致
		此处与关联方担保披露中涉及的借款汇总后是否与短期借款、长期借款附注中披露的种类、金额一致
	票据保证金情况	涉及的承兑汇票保证金是否与货币资金附注一致
		对应开立的应付票据金额及质押、抵押开具的应付票据金额合计是否与应付票据科目余额一致
	存单质押情况	是否与"使用受到限制的货币资金"附注项目相关金额一致
资产负债表日后事项		是否存在利润分配事项未披露
		是否存在重要的对外投资、外汇汇率重要变动及销售退回
其他重要事项	终止经营	利润项目是否与利润表一致
母公司财务报表重要项目注释	总体	各科目合计数以及比例是否正确、是否与报表科目一致
	应收账款	按账龄披露的明细表中账面余额乘以相应的计提比例是否等于坏账准备
		总体账龄迁徙逻辑是否正确
		如有单项计提,在区分单项金额重大与不重大时是否按会计政策披露的区分方法执行
		应收账款、合同资产、其他应收款、存货等各项资产计提的减值准备是否与信用减值损失、资产减值损失勾稽
		前五名情况是否与合并附注中应收账款前五名披露内容有冲突,如名称不一致、单体金额大于合并金额等
	其他应收款	按账龄披露的明细表中账面余额乘以相应的计提比例是否等于坏账准备
		总体账龄迁徙逻辑是否正确
		如有单项计提,在区分单项金额重大与不重大时是否按会计政策披露的区分方法执行
		性质是否正确
		按性质区分时,其他项金额是否过大
		前五名情况是否与合并附注中应收账款前五名披露内容有冲突,如名称不一致、单体金额大于合并金额、性质类型不一致等

续 表

模块	子项目	核对内容
补充资料	非经常性损益明细表	"非流动资产处置损益"与营业外收入、营业外支出、资产处置收益是否一致
		"计入当期损益的政府补助"与营业外收入、其他收益(不考虑增值税即征即退)是否一致
		"除同公司正常经营业务相关的有效套期保值业务外,持有交易性金融资产、交易性金融负债产生的公允价值变动损益,以及处置交易性金融资产、交易性金融负债和可供出售金融资产取得的投资收益"与公允价值变动损益、投资收益是否一致
		"除上述各项之外的其他营业外收入和支出"与营业外收入、营业外支出相关除外项目是否一致
		"委托他人投资或管理资产的损益"与理财产品投资收益是否一致
	净资产收益率与每股收益	与合并利润表、利润表中金额是否一致
		季度、半年度时,加权计算的公式是否同步更新
其他	总体	页眉包括名称、日期以及页脚的页码数是否正确

注:上述检查内容中,我们根据项目经验,总结搭建了进一步深化检查的现金流量检查表、报表加计检查表、承诺事项检查表、非经常性损益项目检查表等进行辅助使用,可参见本指南配套文档《报告核对检查表》。

(七)提交报出

报告的上传提交为程序性流程,但提请企业务必使用各交易所对应板块最新的模板进行编写,同时预留足够的时间进行系统填列、系统验证。在此过程中,财务部门应当与证券事务部门形成合力,加强联络与沟通。

四、总结与目标

财务信息披露是一个系统的流程,不同环节有其不同要求及应对策略。综合前述讲解内容,公司及财务团队在该过程中应做到的要求如表4-15所示。

第四章　上市后财务信息披露相关实务流程指引

表 4-15　财务信息披露过程中不同层面的要求

项目	要求
安排层面	有计划、有组织，有节点、有分工
切入层面	首次进行自主披露时，与审计机构、保荐机构保持实时沟通并善于参考同行业案例，对所有披露事项深入理解，做到能执行、会执行
描述层面	文字与数据的匹配性很重要。不属于披露范围的不应当信马由缰过度延展，该说清晰的应当详略得当、紧扣主题
留痕层面	对于相关工作的内容应当做到整理划段、清晰区分、保存完整、版本迭代可追溯
视角层面	应当学会转换视角，以投资者、社会公众等外部视角阅读汇总的报告内容，思考最终呈现的数据信息是否合理、逻辑是否通顺

上海证券交易所、深圳证券交易所分别依据《上海证券交易所上市公司自律监管指引第 9 号——信息披露工作评价》(2023 年 8 月)、《上市公司自律监管指引第 11 号——信息披露工作评价》(2023 年 8 月)，对上市公司信息披露工作进行评价计分，评价结果分为四类。具体如表 4-16 所示。

表 4-16　上市公司信息披露评价结果分类

类型	说明
A	公司信息披露工作优秀
B	公司信息披露工作良好
C	公司信息披露工作合格
D	公司信息披露工作不合格

作为公众利益实体，公司应常怀审慎、修炼内功，以 A 级信息披露评级为要求，保持与外部机构如监管层、审计机构、保荐督导机构之联系沟通，圆满地完成各期财务信息披露流程。

第五章 知己知彼、战线统一
——审计工作介绍及财务端需求

大多数企业在 IPO 前未接触过会计师事务所,对审计工作流程了解较少。部分企业将与事务所的对接工作视为"额外负担",导致双方在 IPO 过程中不能形成合力,极大地影响了工作效率。

本章主要针对审计业务的通用性流程、流程中的重点内容、企业的切入点及应配合事项进行介绍与展开,旨在让公司对会计师的工作形成更为全面、明晰的认识,提高双方合作的效率,有效缩短磨合期,降低磨合与沟通成本。

本章拟从财务报表审计这个通用性最强、接洽频次最高的场景出发,按照审计工作线性推进的流程,分如下四个阶段进行讲解。具体如图 5-1 所示。

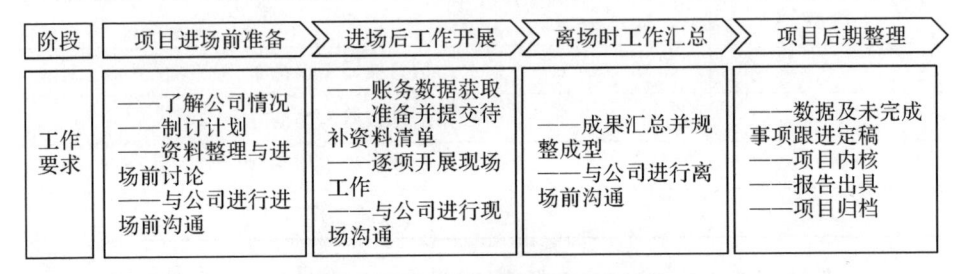

阶段	项目进场前准备	进场后工作开展	离场时工作汇总	项目后期整理
工作要求	——了解公司情况 ——制订计划 ——资料整理与进场前讨论 ——与公司进行进场前沟通	——账务数据获取 ——准备并提交待补资料清单 ——逐项开展现场工作 ——与公司进行现场沟通	——成果汇总并规整成型 ——与公司进行离场前沟通	——数据及未完成事项跟进定稿 ——项目内核 ——报告出具 ——项目归档

图 5-1 审计工作的阶段与内容概览

一、项目进场前准备阶段

(一)了解公司情况

1. 针对新承接的客户:尽职调查

(1)尽职调查开展的背景

新承接客户由于无可参考的前期工作档案积累,且其中多数未经过中介机

第五章　知己知彼、战线统一——审计工作介绍及财务端需求

构的辅导与规范,财务核算基础一般较为薄弱、规范程度不足。为正式工作前明确重点、更有效地分配审计资源并应对风险,需以尽职调查为手段,对企业情况进行全面摸底。

(2)尽职调查涵盖的内容

尽职调查是指采取最大努力以审慎的态度对公司的信息进行审查和调查。落点到会计师层面,尽职调查围绕财务、业务两大核心开展,同时兼具对其他事项的关注。涵盖内容如下:

①基本情况,即公司概况、股权及组织架构、历史沿革、人员情况、知识产权情况、经营场所情况。

②业务情况,即业务及产品、销售模式、销售分布及主要客户、采购情况及主要供应商、生产工艺与流程。

③公司主要财务信息,即合并报表范围、主要财务指标情况。

④公司各财务循环情况及问题建议,包括资金、收入、成本、费用、工薪、长期资产六大循环及非经、税项、关联交易、诉讼与担保等独立模块。

⑤其他财务相关事项说明。

(3)尽职调查采取的手段

①公开信息渠道查询资料,主要包括企业工商信息、企业官网、挂牌以来公开信息(适用上市公司)、行业信息(行业趋势、同行业上市公司、IPO审核问题)、行业政策法规、新闻舆情。

②沟通与访谈,主要包括与企业管理层沟通、与其他中介机构沟通、对企业不同业务部门进行访谈等。确认各方诉求,了解一线信息。

③获取账套数据并查阅企业提供的资料。

④实地观察与走访。察看企业经营情况、实物产品、生产工艺、设备情况、仓储物流收发管理等。

(4)尽职调查过程中企业应配合的重点事项

①团队接洽及合作安排。财务人员与审计人员应当在工作开展前进行各自团队分工介绍与知会,以便后续开展点对点工作对接。同时,充分交换需求,实现尽调工程中的有效合作安排。

②资料整理与提供。尽职调查期间涉及资料面较广,财务部门应当作为归口对接部门,进行资料的完整收集与提供。

2. 针对业务保持型客户：预查与温故

(1) 预查

①预查的概念与作用。

为保证年度审计的顺利、高效、有序进行，项目团队一般于自然年度尚未结束、企业年度财务报表尚未结账前的第四季度进驻公司现场对企业进行预先审查。预查为审计现场工作的重要一环。

②预查的工作内容。

了解梳理公司业务内容及模式，对比以前年度确认是否存在新型业务；通过数据对比分析、行业趋势情况变动、公司治理层面运行情况等多维度对公司进行风险评估；根据审计目标、结合风险评估情况等，针对各循环获取预查期间财务审计和内部控制运行的相关资料；建立工作底稿框架，结合进度情况完成部分底稿的编制；对预查期间发现的问题及风险点进行记录、沟通，形成解决方案。

(2) 温故

对重点项目、高风险项目应当进行预查，以便正式年审期间更为有针对性、高效地开展审计工作。对于其他低风险或体量较小的项目，情况允许的话也应当安排预查，但因时间、人员冲突等确实无法安排的，正式年审前应当做到：

①情况温故。对项目情况进行充分回顾，如被审计单位特点、前次审计重点、前次审计总结等。

②远程沟通。通过获取公司报表与账套数据、线上会议沟通等形式对报告期情况进行预览。

(3) 企业应配合的重点事项

①意见交换。及时解决预查过程中会计师提出的问题，满足其沟通需求，同时针对现有业务情况进行讨论以寻求意见。

②资料对接与提供。根据审计人员提出的待补资料清单进行对接提供。此处提示，预查资料为年度审计服务，已涵盖年度审计的主要期间，由于年度审计期间双方事务性工作较多、节奏较紧，企业应当于此阶段积极提供，以减轻年审期间压力。

（二）制订计划

1. 制订工作计划

（1）流程说明

工作计划主要是指项目管理计划。年度审计、IPO 审计现场工作节奏较为紧凑、时间较为紧张,要求项目负责人、现场负责人对于拟开展的工作做好合理的计划与安排。其具体包括:①项目工作目标,即需完成什么任务;②总体时间安排;③总体人员配备;④底稿具体分工,包括审计范围内的各主体相应循环科目完成人员、汇总人员;⑤报告及后期具体分工,包括附注负责人员、大模块负责人员、单独统计事项负责人员;⑥添加节点,即在总体时间安排下,对时段内重要事项如函证、盘点、初稿数据汇总等添加相对精确的完成时点需求;⑦其他安排。

（2）企业应配合的重点事项

事先与项目负责人进行沟通,知会其重大业务变化、合并范围变化、信息系统变化、重要人员变动、预计披露时间等可能影响会计师工作计划安排的事项。

2. 制订审计计划

（1）流程说明

审计计划是指适用审计准则、属于审计工作底稿构成的审计计划,包括初步业务活动、范围界定、风险识别与评估、设计审计应对措施、获取审计证据、形成意见等内容。对比项目管理计划,二者存在一定交叠与不同:前者侧重项目管理及进度把控;后者更侧重风险识别且贯穿于审计全流程。进场前项目负责人可根据现有资料及了解情况完成可完成的审计计划内容。

（2）企业应配合的重点事项

审计计划中存在多项涉及与公司沟通或需公司出具声明的工作底稿,企业应当配合完成梳理并签章确认,包括但不限于:①业务承接、保持面谈及记录;②业务约定书签订;③信息系统调查问卷;④错报汇总情况表;⑤管理层声明书;⑥与治理层的沟通函;⑦针对舞弊、持续经营能力、或有事项、期后事项、关联方情况及交易、会计政策变更和会计差错更正等声明承诺确认资料。

（三）资料整理与进场前讨论

1. 资料整理

对历史年度审计底稿等工作成果进行整理汇总为准备工作的重要一环。如临近项目进场节点甚至项目已进场时相关资料仍未完成系统收集,导致需要某些资料作为参考时难以找到,这将对现场的工作效率产生不利影响。

关于资料整理,项目负责人或现场负责人作为汇总人,应于项目完结定稿时完整收集所有审计相关资料并留存部门备份。根据经验,需要进行汇总整理的主要审计资料及要求如表 5-1 所示。

表 5-1 应汇总整理的主要审计资料及要求

资料	要求	备注
上年度/上期终稿报告	非常重要,提纲挈领。尤其对 IPO 项目来说,其涉及的报表期间跨度较长且申报前不存在对外披露的数据,检验前期相关工作成果是否终局、准确均以此为参照	
上年度/上期终稿试算		
财务审计具体各科目底稿	底稿应当为审定状态,该工作需在上年度/上期试算定稿后、底稿归档前完成	
内控审计/鉴证底稿	完整汇总	
审计计划底稿	完整汇总	
审计小结	完整汇总	
审计问题汇总	完整汇总	问题汇总涵盖上年度/上期的审计情况及风险提示,对当期审计重点的把握有较大的参考作用
函证配套资料	包括但不限于:发函清单、回函情况表、函证控制程序记录、电子版询证函及扫描件	上年度/上期的函证对象、函证模板设计及思路、回函情况对当期发函有较大的参考,务必留底最终稿
待补资料清单	完整汇总	同函证。上年度/上期获取了哪些资料、获取到什么程度、哪些为关键性核心资料,对当期工作的开展具有重要参考意义

2.进场前讨论

(1)讨论的必要性与持续性

项目负责人应当召开项目小组讨论会,提前沟通项目情况、工作任务,建立预期以减少工作执行中的不确定性。针对下述项目,讨论内容应当丰富全面,讨论过程应当充分并形成成果:①大型项目。此类项目通常涉及人员较多,须协同配合。②风险较高的项目。此类项目审计风险较大,对团队的专业胜任能力要求较高。③初次审计的项目。由于首次介入此类项目,不存在可直接参考的历史工作成果且客户规范度、核算基础或未达预期。

项目小组讨论是一个持续的过程,进场前、现场审计过程中、离场汇总时点侧重点各有不同,应建立工作方法和机制,利用好各类工作通信平台,保证内部沟通交流的通畅。

(2)讨论内容

讨论一般围绕项目概况、工作安排、风险及审计重点提示等内容展开,具体如表5-2所示。

表 5-2 项目讨论的内容

项目	内容
项目概况	项目所处区位、所属行业、业务情况介绍
工作安排	前文所述项目管理工作计划中的各项内容
风险及审计重点提示	结合历史经验及现时情况分析,对项目的风险所在、审计侧重点进行说明与讨论
其他或有内容	●项目如有较为特殊的业务模式(如 BOT 项目、电商平台业务),其核算方式、审计方法须借助项目讨论会进行专项讲解 ●在遵循职业道德、保密要求的基础上,如被审计单位有其自身的一套工作逻辑且须会计师严格配合的,应在会议中说明相应要求

(四)与公司进行进场前沟通

针对本阶段须企业配合的重点事项,事前与企业进行充分的沟通。与企业的沟通将贯穿整个审计过程的始终,双方应当开诚布公、明确需求、坦率交流,确保财务信息数据真实、完整、准确。

二、进场后工作开展阶段

(一)账务数据获取

会计师事务所一般配备特定的审计软件,用以对接企业财务及 ERP 系统进行数据抓取并形成便于从审计角度进行查看、分析、处理的数据库。针对该过程,我们区分两类情形进行提示说明。具体如表5-3所示。

表 5-3　账务数据流程对公司及审计人员的要求

情形	对公司的要求	对审计人员的要求
审计软件可适配取数	充分告知审计人员存储数据的服务器信息与地址；不得限制审计人员的取数方式、范围	审计人员亲自取数；获取数据时观察数据存储情况，确认是否存在：非合并关联单位数据与同一服务器管理的财务不独立情况；同名同期间多个数据源或存在内外账的异常情况
审计软件无法适配取数①	根据审计需要，充分开通相关权限，不得进行不合理限制	亲自登录系统导出相关数据

此外，就审核要求而言，在辅导验收阶段，证监局将于现场抽取财务、业务系统亲自登录查看。打铁还需自身硬，公司应做到内外一致、能经复核。

(二)准备并提交待补资料清单

1. 资料内容

审计人员基于分工与获取的账务数据，结合当期审计目标有针对性地进行各模块待补资料列示，提交企业安排提供。

待补资料清单一般包含必备的通用性资料及因公司业务变化、新增事项所增加的特定资料。由于每个公司情况不一，其所需资料体量、涉及内容、侧重点也有所不同。

根据实务经验，针对财务报表审计，特整理各循环较为通用的实质性程序待补资料。具体如表 5-4 所示。

表 5-4　各业务循环的通用审计待补资料示例

循环	项目	需提供资料内容
资金循环	货币资金	●各银行账号(含当期销户)报告期对账单原件 ●当期开、销户账号申请单 ●各主体银行账户开立清单、信用报告 ●银行存款、现金、其他货币资金大额查验细节测试资料 ●银行存款、现金、其他货币资金大额查验截止测试资料 ●与其他货币资金相关的如承兑协议、保证金协议

---

① 针对使用大型、复杂财务业务系统如 Oracle、SAP 的企业，部分审计软件无法进行端口对接取数。

第五章　知己知彼、战线统一——审计工作介绍及财务端需求

续　表

循环	项目	需提供资料内容
资金循环	借款筹资及财务费用	●借款台账 ●借款合同及对应的质押、抵押协议 ●到账及还款回单、利息及贴现息支付单据
	投资理财	●理财、远期合约工具等台账 ●理财、远期合约业务合同 ●期末时点投资产品之估值证据,如外汇合约估值通知书、理财净值记录 ●购买记录及银行回单、到期/交割记录及回单
	函证相关	提供所有银行对应函证联络信息,注意已推出函证业务集中处理中心的银行,函证应由会计师事务所函证中心寄送至该地址
收入循环	营业收入	●销售台账 ●基于销售台账抽取的细节测试资料 ●基于销售台账抽取的截止测试资料 ●海关统计数据、报告期产品报价汇率表(外销企业) ●电商销售完整流水清单(存在电商销售的企业)
	应收账款	●主要客户信用审批记录、新增客户档案与评估记录 ●回款测试资料
	预收款项/合同负债	主要预收单位期末余额对应合同及期后到货签收记录
	票据	应收票据备查簿及凭证测试资料
	税金	●增值税申报表(包括附表一、二、五)、外贸企业出口退税汇总申报表及附表、免抵退税申报表资料情况表、免抵退税审批表 ●地税申报表,包括城建税、教育费附加、地方教育费附加、土地使用税、房产税、印花税、残保金等 ●企业所得税申报表、上年度汇算清缴报告(税务正式出具的报告和税务系统申报稿) ●企业缴税凭证
	函证相关	根据发函清单,提供各客户对应函证联络信息
成本循环	采购	●采购台账 ●基于采购台账抽取的细节测试资料(含加工费查验) ●基于采购台账抽取的截止测试资料
	应付账款	●应付账款暂估清单 ●付款测试资料
	预付款项	主要预付单位期末余额对应合同及期后入库记录

续 表

循环	项目	需提供资料内容
成本循环	存货管理与成本核算	●全套成本核算资料：原材料、半成品、产成品收发存、领料明细表、工艺流程图、BOM表、生产成本计算表、委托加工物资收发明细、包装物及制造费用台账等 ●存货盘点资料，含原始盘点资料、盘点情况汇总、盘点差异分析及处理记录、盘点梳理匹配单价之结存金额表 ●全品类存货期末库龄情况表、呆滞物料清单、存货跌价计提表 ●生产能力调查表、存货情况说明书
	票据	应付票据备查簿、银行承兑汇票开立协议书及对应担保协议及凭证测试资料
	函证相关	根据发函清单，提供各供应商对应函证联络信息
薪酬循环	应付职工薪酬	●截至报告期末或最新的花名册 ●各月份电子工资表，需包含部门、人员名称、计入费用类型、应发工资计算过程等字段与信息 ●经审批的工资表及工资发放记录 ●12月经审批留痕的工资表及工资发放记录、经审批的年终奖清单及发放记录 ●关键管理人员薪酬统计表
费用循环	销售费用	●台账、后台清单类：佣金台账、保险费明细、运费台账、推广费明细 ●查验细节测试资料 ●截止测试资料
	管理费用	●台账、后台清单类：租赁台账、服务明细 ●查验细节测试资料 ●截止测试资料
	研发费用	●研发立项资料 ●研发人员工时记录清单 ●查验细节测试资料 ●截止测试资料
长期资产及净资产循环	固定资产	●固定资产卡片账 ●房屋及车辆权证 ●细节测试资料 ——资产新增相关：购销合同、到货单、验收单 ——资产减少相关：资产处置、报废审批记录及合同收款记录 ●日常维护及盘点记录
	无形资产	●无形资产明细账 ●不动产证、软件权属、商标专利权属证明 ●细节测试 ——资产新增相关：购销合同、安装调试记录、验收单 ——资产减少相关：资产处置、报废审批记录及合同收款记录

第五章 知己知彼、战线统一——审计工作介绍及财务端需求

续 表

循环	项目	需提供资料内容
长期资产及净资产循环	在建工程	●在建工程建造台账 ●建造与转固相关全套资料：合同、施工日志、监理报告、工程请款单、付款单、验收决算记录、造价审计报告等
	长期股权投资	●被投资单位工商资料、当期财务报表 ●新增投资相关内部审批决议、投资协议、投资单据、评估报告 ●减少投资相关内部审批决议、转让协议、银行回单、评估报告
	股本	●最新营业执照 ●中国证券登记结算有限责任公司出具的股东信息情况表（适用上市公司） ●当期存在工商变更的，当期变更相关工商记录、配套协议或机构报告（如增资协议、验资报告、评估报告等）
非经及其他循环	其他收益、资产处置收益、营业外收入	●政府补助台账、文件及收款单 ●其他项目如：资产处置、报废审批记录及合同收款记录；盘盈清单及审批；赔款相关业务资料
	营业外支出	●资产报废审批记录及合同收款记录；捐赠文件、收据；盘亏清单及审批；赔款相关业务资料
	其他应收款	●保证金、押金：合同及协议、付款记录 ●备用金：备用金领取审批资料、付款记录 ●出口退税：出口免抵退申报表及审批记录 ●资金往来：借款协议、审批记录、付款记录
	其他应付款	●保证金、押金：合同及协议、付款记录 ●代付代垫款：垫付记录、待报销清单及审批记录 ●资金往来：借款协议、审批记录、收款记录
	函证相关	根据发函清单，提供各往来单位对应函证联络信息

针对内控审计或鉴证，一般以控制节点及穿行作为基础进行资料获取，具体所需资料可参考"第三章'五、企业各业务模块内控的要求'下'（一）制度建立的前期准备'的'1.明确各业务循环关键控制节点、控制措施及风险所在'"中关键性资料相关说明。

由表5-4可见，各循环所需资料涉及面广、资料体量较大，为提高对接沟通效率，提请企业在资料对接、提供中与会计师团队建立如下工作机制：

①搭建点对点的沟通渠道。双方应当明确各项资料会计师负责人、企业对接人，建立资料沟通群等交流平台，及时答疑解惑，明确要什么资料、为什么要此资料，对部分特定资料、难点资料的获取渠道及所需形式等应沟通到位。

②跟踪控制。资料未提供或提供不到位，对审计而言似无根之木、无源之水，会导致后续工作难以推动。双方应实时跟进资料提供的及时性、准确性及完整性。提请企业强化节点意识，于待补清单要求的时间节点前完成对应资料的提供工作，如认为节点不合理或因突发事项导致资料提供迟滞的，亦应当实时知会审计人员，双方共同评估对后续工作的影响。

③姿态开放。除涉及国家核心机密或高能级商业秘密等需斟酌考量的情形外，在审计人员遵循职业道德及保密条款的前提下，企业应当向审计人员提供所需的一切必要资料，以确保审计程序的实施、审计意见的发表不受限制。

④利用好预查节点。预查资料为正式审计服务且涵盖审计的主要期间，企业应当于此阶段积极准备提供，以减轻正式审计时点的压力。

2. 资料形式

为使审计证据具备足够支撑力，企业所提供的业务资料尤其是查验类细节测试资料，应当形成"证据链条"而非单一节点、单一切面。以较为典型的境内直销产品型收入举例说明，具体如图 5-2 所示。

业务链条	洽谈开拓及引进客户	客户产生需求，磋商沟通	达成协议	订单生产完成	出库	发货	签收	开票	回款
配套资料	——客户评价表(内控) ——客户信用评价表(内控) ——框架协议	订单评审单(内控)	合同/订单	发货通知单(内控)	出库单	物流单	到货签收单	发票	银行回单、承兑汇票等

图 5-2　销售业务链条及配套资料（以境内直销产品型收入为例）

(1) 何为证据链

沿着如图 5-2 中环节逐项获取资料即可形成销售业务的证据链条。同时应当注意，各个节点资料之间应当相互勾稽印证，拒绝"各自为政"。

(2) 证据的侧重点

不同程序有着不同的关注重点：如执行内控测试，更关注客户评价表、订单评审单、销售通知单等内部审批资料；如评价收入确认，则更关注物流单，尤其是到货签收单等外部证据；如进行第三方回款核查，则更关注合同与银行回单是否一致。

(3) 发票的作用

发票作为税收征管凭据，其就证据链而言，是应当有的底线资料而非决定性的单据。对待发票的原则是，需要获取并关注开票名目是否清晰与合同订单一致、单位是否与合同订单单位一致、是否存在虚假开票的情形，但不应让其成为堆叠的主要资料。

第五章 知己知彼、战线统一——审计工作介绍及财务端需求

综上,IPO 审核过程中,对基础资料是否扎实完整、是否可有效反映业务一直保持较高的关注度与要求,企业在日常管理中应当强化资料留档意识、证据链意识,明确各业务链条对应的资料责任部门与责任人,确保能沿链条清晰、完整地提供资料。

3. 资料体量及选取

基于《中国注册会计师审计准则第 1314 号——审计抽样》的要求与实务经验,针对资料体量及选取的思路说明如下。

(1)资料体量
①样本量计算表。

一般而言,针对各循环测试所抽取的样本量,以科目业务量为基础,结合重要性水平标准、内控的执行情况等设定需满足的保证程度,运用样本量计算表确定应抽取的样本数量。

②灵活运用及扩大情形。

样本量计算表作为一般情形下样本数量的计算依据,其具备一定的理论性。项目组应当结合企业实际情况、特殊情形及审核需求进行判断,对样本的选取不得一刀切和机械运用,如 IPO 审核层面对细节性的业务资料如收入、采购查验类细节测试比例,截止测试比例以及监盘覆盖率等要求均较高。

(2)选取思路

通过样本量计算表可得出需抽取的样本数量,但在总体中如何锁定对应的样本,则需具备分层意识,确定样本的抽取标准。

一般而言,分层抽取标准有大额、重点、偶发关注、随机四个标准。建议先区分业务类型,再从不同业务类型出发适用前述标准进行抽样。以采购循环为例,应当先将采购分为生产性物料采购、长期资产建造采购、费用性采购,再行适用标准。具体如表 5-5 所示。

表 5-5 选样标准及选取说明(以采购业务为例)

选样标准	选取说明
大额	前 X 大供应商是哪些,是不是合计占比较高可界定为主要供应商,如是则前 X 大供应商是抽查需涵盖的范围
重点	●就资料体量而言,全部获取前 X 大供应商所有采购资料在工作执行层面并不现实,故应当有所侧重,比如前 X 大供应商当期订单金额相对较大的样本、分布状态较为集中的样本、价格较为异常的订单样本、随机样本等 ●非前 X 大供应商,但也应当关注报告期内单笔交易规模较大的对象

续　表

选样标准	选取说明
偶发与关注	●新增供应商 ●关联方供应商
随机	运用随机函数,于总体样本中随机抽取对象进行查证

(三)逐项开展现场工作

基于已获取的数据及资料内容,审计团队将逐项开展如下工作并形成对应底稿,以期对财务报表发表准确、恰当的审计意见。

1. 编制并形成审计工作底稿

(1)审计计划工作底稿

①工作内容简述。

审计计划工作内容包括初步业务活动范围界定、风险识别与评估、设计审计应对措施、获取审计证据、形成意见等。其随现场工作的推进、数据的进一步确认不断修改完善。

②企业需配合事项。

在此过程中,涉及承诺、声明、与公司沟通记录的工作底稿,企业应当配合完成梳理并签章确认。

(2)财务审计具体科目工作底稿

①工作内容简述。

以报表科目为载体对纳入审计范围的主体进行审计程序的选取、执行并得出结论,主要手段包括:分析性程序、查验类细节测试与截止测试等实质程序、函证、访谈、盘点、利用外部专家工作等。

②企业需配合事项。

针对审计人员提交的待补资料清单进行充分准备并配合提供;提供良好的沟通环境,包括日常的实时沟通、正式的访谈安排等;作为与外部单位沟通的媒介,在审计人员对流程保持控制的前提下,跟进函证、走访等相关事宜。

(3)内部控制审计或鉴证工作底稿

①工作内容简述。

以循环为载体对纳入审计或鉴证范围的主体进行内部控制的了解、节点测试与穿行测试,主要包括销售与收款循环、采购与付款循环、生产与仓储循环、筹

第五章　知己知彼、战线统一——审计工作介绍及财务端需求

资与投资循环、固定资产与其他长期资产循环、工薪与人事循环。

②企业需配合事项。

针对审计人员提交的待补资料清单进行充分准备并配合提供；提供良好的沟通环境，包括日常的实时沟通、正式的访谈安排等。

2. 函证的制作与发出

详见"第三章'六、函证流程及要求'"相关内容。

3. 关联交易的统计与复核

（1）内部关联交易

内部关联交易即合并范围内各主体间的关联交易。需明确关联交易路径、交易及定价策略并完整统计发生额及余额情况，用于抵消合并报表。

（2）外部关联交易

外部关联交易即与非合并关联方的关联交易。需获取完整的关联方名录，对交易发生情况、余额情况进行统计披露，对交易背景、业务合理性及必要性、定价公允性进行分析。

（3）企业需配合事项

在此过程中，企业应当：①会同公司法务、申报律师团队或法律顾问，确认关联方名录并实时更新；②从关联方名录及合并范围出发，做好关联交易的发生情况及余额情况的日常统计与备查；③针对内部关联交易，确认关联交易逻辑、定价策略，确认是否存在税务风险；④针对外部关联交易，非必要不发生，已发生者应具备业务合理性、必要性、定价公允性并控制总量。

4. 现场底稿复核

（1）工作内容简述

项目合伙人、签字注册会计师等项目负责人对已初步完成的工作成果进行复核，旨在发现数据问题、风险事项并夯实审计底稿质量。这属于审计质量控制的前端复核流程。

（2）企业需配合事项

复核过程中会进一步提出需落实的问题或补充提供的资料，其相较初次提供的待补资料更为特定及更有针对性，需企业配合提供解决方案。

5.数据汇总

(1)工作内容简述

基于审计程序执行的情况与结论,结合重要性水平等指标,对企业未审报表中的错误进行修正,即出具审计调整分录,得出初稿审定财务数据。

(2)企业需配合事项

针对各科目的错报情况及调整思路,企业相关负责人员应当与审计人员充分沟通、统一意见。

6.总结与报告

(1)审计总结

就项目组内部而言,撰写完毕审计小结;就外部沟通而言,形成与治理层离场时的沟通函件、管理建议书等。

(2)报告

我们已针对各板块上市前后需由会计师单独发表意见并出具的报告进行总结,具体如表5-6所示。

表5-6 会计师单独发表意见并定期出具的主要报告

阶段	板块	需出具的定期报告
IPO申报阶段	上交所主板	财务审计报告、内部控制鉴证报告、非经常性损益鉴证报告、纳税鉴证报告、原始财务报表与申报财务报表差异比较表及鉴证报告
	上交所科创板	财务审计报告、内部控制鉴证报告、非经常性损益鉴证报告、纳税鉴证报告、原始财务报表与申报财务报表差异比较表及鉴证报告
	深交所主板	财务审计报告、内部控制鉴证报告、非经常性损益鉴证报告、纳税鉴证报告、原始财务报表与申报财务报表差异比较表及鉴证报告
	深交所创业板	财务审计报告、内部控制鉴证报告、非经常性损益鉴证报告、纳税鉴证报告、原始财务报表与申报财务报表差异比较表及鉴证报告
	北交所	财务审计报告、内部控制鉴证报告、非经常性损益鉴证报告、前期会计差错更正报告(如有)、前次募集资金使用报告(如有)

续　表

阶段	板块	需出具的定期报告
上市公司阶段	上交所主板	财务审计报告、内部控制审计报告、非经营性资金占用及其他关联资金往来情况的专项报告、募集资金年度存放与使用情况鉴证报告
上市公司阶段	上交所科创板	财务审计报告、内部控制审计报告、非经营性资金占用及其他关联资金往来情况的专项报告、募集资金年度存放与使用情况鉴证报告
上市公司阶段	深交所主板	财务审计报告、内部控制审计报告、非经营性资金占用及其他关联资金往来情况的专项报告、募集资金年度存放与使用情况鉴证报告
上市公司阶段	深交所创业板	财务审计报告、非经营性资金占用及其他关联资金往来情况的专项报告、募集资金年度存放与使用情况鉴证报告
上市公司阶段	北交所	财务审计报告、非经营性资金占用及其他关联资金往来情况的专项报告、募集资金年度存放与使用情况鉴证报告

注1：根据《关于强化上市公司及拟上市企业内部控制建设推进内部控制评价和审计的通知》（财会〔2023〕30号）：尚未按照企业内部控制规范体系要求实施内部控制审计的创业板和北京证券交易所上市公司，应自披露公司2024年年报开始，披露经董事会批准的公司内部控制评价报告以及会计师事务所出具的财务报告内部控制审计报告；拟上市企业应自提交以2024年12月31日为审计截止日的申报材料开始，提供会计师事务所出具的无保留意见的财务报告内部控制审计报告。已经在审的拟上市企业，应于更新2024年年报材料时提供上述材料。

注2：涉及上述业务的会计师事务所需具备证券、期货业务资格。

注3：上市公司财务审计报告如为非标准意见的，会计师应当同时出具专项说明。

注4：上市公司拟进行资本公积转增股本或送股，如以半年度或季度为基准，则财务会计报告应当经审计。

注5：最近一个会计年度经审计归属于母公司所有者的净利润（以扣除非经常性损益前后孰低者为准，以下简称净利润）为负值的沪深上市公司，最近一个会计年度经审计净利润为负值且营业收入低于5000万元（净利润以扣非前后孰低者为准）的北交所上市公司，会计师应当就公司营业收入扣除事项是否符合规定及扣除后的营业收入金额出具专项说明。

注6：最近一个会计年度经审计营业收入低于1亿元但净利润为正值的沪深上市公司，会计师应当对非经常性损益出具专项说明。

（3）企业需配合事项

在此阶段，企业应当：①提供报告撰写中公司需辅助配合的专项数据与资料；②复核沟通函及报告内容，提出意见及建议。

（四）与公司进行现场沟通

就审计人员而言，现场工作的沟通应当以"推进"为重点，所沟通内容应当围绕进度推进、问题解决出发：涉及现场进度把握的前述各节点内容，一旦出现迟滞，应当积极协调各层面公司负责人帮助推进；涉及审计风险、重大数据或处理分歧的情况，应当充分获取证据并梳理思路，与企业进行多轮次讨论定调。

就企业层面而言，应当于审计人员现场工作阶段合理分配财务工作与审计对接工作的时间及权重。无论是资料提供还是沟通讨论，现场效果均远胜于远程联络，双方应紧抓现场节点做好相关工作，投入最大精力进行应对。

三、离场时工作汇总阶段

(一)成果汇总与规整成型

1. 成果汇总与检查

现场审计工作完成后、审计工作底稿提交复核前，项目组应对工作底稿等阶段性成果进行自查，对诸多事宜进行逐项确认，方可满足审计准则要求、内核送审标准。严格按照标准所形成的完善工作底稿，既能作为承做项目、识别风险的手段及媒介，又能较为扎实地应对监管与审核，该过程的落地离不开企业的配合与帮助。

2. 底稿资料归整成型

对成果进行自查落实后，应当注重底稿形态层面的归整，包括但不限于：①纸质底稿妥善留存、编排成册并于封面清楚书写底稿内容；电子底稿收集完整，进行备份。②编制工作底稿目录，以便后续借阅调取及使用查询。③检查索引关系，确保可于目录检索至对应底稿，可于底稿检索至对应程序、对应资料。

(二)与公司进行离场前沟通

离场前的沟通应当以"成果交流"为重点。项目组对工作成果进行汇总后，将初稿数据与报告、主要调整事项及判断依据、问题建议等内容与企业管理层进行逐项沟通、交换意见。

四、项目后期整理阶段

审计工作于项目离场后进入后期阶段，审计人员仍应当与企业保持如下事项的持续对接，直至完成报告出具及项目归档。

第五章　知己知彼、战线统一——审计工作介绍及财务端需求

(一)数据及未完成事项跟进定稿

由于以下因素,部分报表在项目现场审计时点未能定稿,需于离场后持续跟进确认。①固有的时间性影响。如:现场审计时期末工资尚未计算完毕、年终奖方案尚待管理层敲定确认;跨期事项需持续关注统计期后单据情况;股份支付的公允值确定需参考期后投资者入股情况;等等。②资料提供不充分。截至审计离场时点,影响数据确认的核心资料尚未提供。③新事项的产生。如:离场后产生或识别出前期未关注的新事项。④回函差异。询证函回函需要一定时间,部分回函不符事项可能证实企业数据存在错报。

项目负责人应当备查数据影响事项、解决方案、项目组跟进人员及企业责任人,及时沟通、逐项解决。

在此过程中,针对影响数据或披露的诸项事宜,企业应当根据审计人员的要求进行情况知会及资料提供。

(二)项目内核

根据《中国注册会计师审计准则第1121号——对财务报表审计实施的质量管理》的要求,会计师事务所应当建立和保持质量控制制度。项目质量控制复核,是指在审计报告日或审计报告日之前,项目质量控制复核人员对项目组做出的重大判断和在编制审计报告时对得出的结论进行客观评价的过程。项目质量控制复核适用于上市实体财务报表审计,以及会计师事务所确定需要实施项目质量控制复核的其他审计业务。

内核通常分为项目负责人复核、项目合伙人复核、质控部门复核、质量控制合伙人复核等多级次。不同角色复核的重心与关注点各有不同,其提出复核问题并要求项目组获取对应证据、深入分析以及进行书面回复,未妥善回复的项目无法通过内核流程,报告不得出具。通过不同级次复核的全流程介入,可对项目风险进行全面把控,以夯实项目质量。

在此过程中,审计人员会根据内核流程推进需求增补对应资料、证据以落实相关复核的问题,企业应当予以支持与配合。

(三)报告出具

项目完成内核流程、数据内容已定稿后即达到报告出具的标准。报告出具前,项目组应比照报告检查标准,对报告内容逐项进行细致的核对,力求出具的

报告准确、清晰,满足报表使用者的需求。

在此过程中,企业应当:安排报告核对复核;明确管理层批准报出的报告及披露时间;明确报告用途及所需份数;完成报告签章后寄送一份原件至会计师事务所作为底稿档案留存。

(四)项目归档

完成报告出具后,项目组应该对工作底稿进行整理,包括但不限于:①终稿比对:将所有底稿数据与出具版报告数据进行比对,确认是否为终稿。②电子资料汇总:如终稿报告、终稿合并试算、终稿审计计划底稿、终稿审计科目底稿及专项底稿、函证配套资料、待补清单资料等。完成汇总后,统一上传至云端或部门公共硬盘存储。③纸质底稿整理:由于项目离场后涉及审计资料的补充获取及函证持续回收等事宜,应注意新增资料的保管、存放及对目录与册数的重新编排。整理完毕后送档案处或仓库保管,后续使用时申请借阅调取。

综上,审计工作的推进离不开企业尤其是财务人员的配合与支持,双方关系应当建立在充分交流的基础之上。就目标而言,确保财务报表的准确性、财务工作的合规性为审计人员与财务人员的共同目标,审计人员为实现此目标获取相关审计证据、执行相关审计程序时,企业人员不应当因工作量的增加而将角色置于审计对立面,在以独立性及职业道德为底线的基础上,保持良性沟通与合作,方可使IPO财务工作行稳致远。

结　语

上市对企业而言是一项至关重要且振奋人心的战略决策,其涉及诸多领域的规划、准备与执行。我们衷心希望这份指南能助力企业厘清财务领域的整改思路,并明确合规的路径与方向。

"见之不若知之,知之不若行之。"[①]指南只是参考与起点,成功与否的关键在于是否实践及落地。实现上市对企业治理、决策规划、团队协同而言,是一次全方位的考验。唯有坚持初心与践行不辍,才能穿越繁复变化的环境周期,长风破浪,舟济沧海。

诚挚祝愿各企业在 IPO 之路上不断提升管理水平、取得优秀业绩、创造更多价值,以上市公司之姿参与资本市场的博弈,获得稳健长足的发展,实现更宏伟的企业愿景。

---

① 出自《荀子·儒效》。

附　录

一、相关指导文件汇总

(一)法律法规类

文件名称	规范指引内容	制定机构	颁布日期[①]
《中华人民共和国民法典》	包括总则和六编,即物权、合同、人格权、婚姻家庭、继承、侵权责任。涉及财产权、合同自由、婚姻家庭关系等多个民事领域	中华人民共和国全国人民代表大会	2020年5月28日
《中华人民共和国刑法》	包括对各类犯罪的定义、刑罚种类和适用条件、刑责追究的程序和死刑适用条件,涵盖危害国家安全、侵犯公民人身权利、破坏社会秩序等方面。2020年刑法修订强调打击腐败、网络犯罪等现代犯罪形式,同时关注环境保护和食品安全	中华人民共和国全国人民代表大会	2020年12月26日
《中华人民共和国证券法》	确定了证券的定义和发行、交易、上市、信息披露等方面的规则,规定了证券公司、证券投资基金、证券交易所等机构的设置与运作,以及对内幕交易、操纵市场等违法行为的惩处	中华人民共和国全国人民代表大会常务委员会	2019年12月28日
《中华人民共和国公司法》	规范公司组织与经营,确定了公司的设立、组织形式、经营管理、股东权益等方面的规则。强调公司的独立法人地位,规范了公司股权交易与转让,加强了公司信息披露和监管	中华人民共和国全国人民代表大会常务委员会	2023年12月29日

[①] 以最近一次的修订时间为准,下同。

续 表

文件名称	规范指引内容	制定机构	颁布日期
《中华人民共和国劳动法》	规范了劳动合同的订立、执行与解除,确保劳动者的基本工资、工时、休息休假等权益。明确了女工、未成年劳动者的保护措施,禁止性别歧视。规范了用人单位的劳动保护责任,明确了工伤赔偿和社会保险制度	全国人大常委会	2018年12月29日
《中华人民共和国票据法》	规定了汇票、本票及支票的定义,以及汇票的出票、背书、承兑、保证、付款、追索权等内容	全国人大常委会	2004年8月28日
《中华人民共和国工会法》	规定了工会组织建立制度、工会的权利与义务、工会的经费和财产、法律责任等内容	全国人大常委会	2021年12月24日
《中华人民共和国税收征收管理法》	规定了税务管理、税务登记、账簿与凭证管理、纳税申报、税款征收、税务检查、法律责任等内容	全国人大常委会	2015年4月24日
《中华人民共和国社会保险法》	规定了各类社会保险的征缴、经办、监督等内容	全国人大常委会	2018年12月29日
《中华人民共和国发票管理办法》	规定了发票的印制、领用、开具与保管、检查等相关内容	中华人民共和国财政部	2023年7月20日
《贷款通则》	规定了贷款种类、期限利率、借款人与贷款人条件、贷款程序、不良监管、贷款责任、贷款债权等内容	中国人民银行	1996年6月28日
《流动资金贷款管理办法》	规定了流动资金贷款申请条件、贷款的风险评价与审批、合同订立、发放与支付、贷后管理等内容	国家金融监督管理总局	2024年1月30日

(二)准则类

文件名称	规范指引内容	制定机构	颁布日期
《企业会计准则》	包括基本准则、具体准则和应用指南,是我国企业进行财务会计报告编制的规范。规定了会计要素的确认、计量、报告、揭示等原则,包括资产、负债、所有者权益、收入、费用等方面的规范。规范了会计核算方法,确保企业财务信息的准确性和可比性	中华人民共和国财政部	2014年7月23日

续　表

文件名称	规范指引内容	制定机构	颁布日期
《中国注册会计师执业准则》	规范了注册会计师的执业行为，包括中国注册会计师鉴证业务基本准则、审计准则、审阅业务准则、其他鉴证业务准则、相关服务准则、会计师事务所质量控制准则	中华人民共和国财政部	2010年11月1日

（三）上市规则

文件名称	规范指引内容	制定机构	颁布日期
《首次公开发行股票注册管理办法》	证监会规范首次公开发行股票并上市相关活动的指导文件，包括总则、发行条件、注册程序、信息披露、监督管理和法律责任、附则	中国证券监督管理委员会	2023年2月27日
《上海证券交易所股票上市规则》	规范在上海证券交易所主板上市的股票及其衍生品种的上市行为，以及发行人、上市公司及其他信息披露义务人的信息披露行为	上海证券交易所	2023年8月4日
《上海证券交易所科创板股票上市规则》	规范在上海证券交易所科创板上市的股票及其衍生品种的上市和持续监管事宜	上海证券交易所	2023年8月4日
《深圳证券交易所股票上市规则》	规范在深圳证券交易所主板上市的股票及其衍生品种的上市行为，以及发行人、上市公司及其他信息披露义务人的信息披露行为	深圳证券交易所	2023年8月4日
《深圳证券交易所创业板股票上市规则》	规范在深圳证券交易所创业板上市的股票及其衍生品种的上市行为，以及发行人、上市公司及其他信息披露义务人的信息披露行为	深圳证券交易所	2023年8月4日
《北京证券交易所股票上市规则》	规范在北京证券交易所上市的股票及其衍生品种的上市和持续监管事宜	北京证券交易所	2023年8月4日

（四）监管与审核指引

文件名称	规范指引内容	制定机构	颁布日期
《监管规则适用指引——发行类第2号》	证监会系统离职人员入股的核查要求	中国证券监督管理委员会	2021年5月28日

附 录

续 表

文件名称	规范指引内容	制定机构	颁布日期
《监管规则适用指引——发行类第3号》	保荐项目签字责任要求、中介机构签字人员变更处理、实施联合保荐的标准、会后重大事项的核查及承诺要求、再融资申请文件的更新及补正要求	中国证券监督管理委员会	2023年2月17日
《监管规则适用指引——发行类第4号》	《首发业务若干问题解答》(2020年6月修订,以下简称"首发问答54条")于2023年2月宣布废止,本指引主要对首发问答54条相关指引进行更新补充,主要内容包括历史股东人数较多的处理、申报前引入新股东的相关要求、对赌协议、出资瑕疵、股权质押、冻结或发生诉讼仲裁、境外控制架构等	中国证券监督管理委员会	2023年2月17日
《监管规则适用指引——发行类第5号》	本指引主要对首发问答54条相关指引中的财务与会计部分进行更新补充,主要内容包括增资或转让股份形成的股份支付、应收账款减值、客户资源或客户关系及企业合并涉及无形资产的判断、研发支出资本化、科研项目相关政府补助、有关涉税事项、持续经营能力、财务内控不规范情形、会计政策、会计估计变更和差错更正、现金交易核查、第三方回款核查、信息系统专项核查、资金流水核查、经销模式、尚未盈利或最近一期存在累计未弥补亏损、投资收益占比、在审期间分红及转增股本等	中国证券监督管理委员会	2023年2月17日
《监管规则适用指引——发行类第6号》	同业竞争、关联交易、承诺事项、土地问题、诉讼仲裁、对外担保、募集资金使用符合产业政策、募投项目实施方式、向特定对象发行股票、认购对象及其资金来源、股东大会决议有效期、股份质押、募集资金拟投资于PPP项目	中国证券监督管理委员会	2023年2月17日
《监管规则适用指引——发行类第7号》	类金融业务监管要求、按章程规定分红具体要求、重大资产重组后申报时点监管要求、募集资金投向监管要求、募投项目预计效益披露要求、前次募集资金使用情况、跨年审核和发行关注事项、收购资产信息披露要求、资产评估监管要求、商誉减值监管要求、会后事项报送具体要求	中国证券监督管理委员会	2023年2月17日
《监管规则适用指引——发行类第8号》	股票发行上市注册工作规程	中国证券监督管理委员会	2023年2月17日

283

续　表

文件名称	规范指引内容	制定机构	颁布日期
《监管规则适用指引——发行类第9号》	研发人员及研发投入	中国证券监督管理委员会	2023年11月24日
《监管规则适用指引——法律类第2号》	律师事务所从事首次公开发行股票并上市法律业务执业细则	中国证券监督管理委员会、司法部、中华全国律师协会	2022年1月28日
《监管规则适用指引——法律类第3号》	从事证券法律业务的律师事务所备案管理	中国证券监督管理委员会	2023年3月17日
《监管规则适用指引——非上市公众公司类第1号（2023年2月修订）》	行政许可申报材料公开的相关要求，定向发行申请材料中财务报告及其审计报告的具体要求，向持股平台、员工持股计划定向发行股份的具体要求，非上市商业银行发行优先股的相关要求	中国证券监督管理委员会	2023年2月17日
《监管规则适用指引——关于申请首发上市企业股东信息披露》	申请IPO企业股东信息披露	中国证券监督管理委员会	2021年2月9日
《监管规则适用指引——会计类第1号》	特殊股权投资的确认与分类、重大影响的判断、特殊事项下权益法的应用、子公司以未分配利润转增资本时母公司的会计处理、同一控制下企业合并的认定与会计处理、非同一控制下企业合并的或有对价、反向购买、控制的判断、集团内部交易的抵销、不丧失控制权情况下处置子公司部分股权计算子公司净资产份额时如何考虑商誉、集团内股份支付、一次授予、分期行权的股份支付计划、与股权激励计划相关的递延所得税、按总额或净额确认收入、重大融资成分的确定、区分合同负债和金融负债、风险投资机构对联营企业或合营企业投资的分类、嵌入衍生工具的分拆与计量、债务重组收益的确认、资产负债表日后事项的性质与分类、权益性交易、政府补贴收入的性质和确认条件、区分会计估计变更和差错更正、现金流量的分类、非经常性损益的认定	中国证券监督管理委员会	2020年11月13日

续 表

文件名称	规范指引内容	制定机构	颁布日期
《监管规则适用指引——会计类第2号》	识别履约义务时商品或服务是否具有高度关联性的判断、客户能够控制企业履约过程中在建商品或服务的判断、应付客户对价的判断、暂定价格销售合同中可变对价的判断、销售返利的会计处理、运输费用的确认与列报、授予知识产权许可收入确认时点的判断、定制化产品相关研发支出的会计处理、应收账款预期信用损失的计量、金融资产管理业务模式中"出售"的判断标准、业绩承诺期内修订业绩补偿条款的会计处理、一揽子交易分步实现非同一控制下企业合并的会计处理、购买少数股东权益后商誉减值的会计处理、与递延所得税适用税率相关的非经常性损益认定	中国证券监督管理委员会	2021年12月24日
《监管规则适用指引——会计类第3号》	权益法下顺流交易产生的未实现内部交易损益抵销相关会计处理,权益法下未确认投资净损失后续得到弥补的会计处理,母公司丧失控制权时对应收原子公司款项的会计处理,计算归属于母公司所有者的净利润时如何考虑应收子公司债权的影响,对少数股权远期收购义务的会计处理,租赁资产利息费用相关会计处理,承租人为使租赁资产达到企业计划用途所发生的运输、安装费用相关会计处理,租赁到期前购买租赁资产导致租赁终止的会计处理,对于职工提前离职按约定方式回售股份的会计处理,搬迁补偿事项的会计处理,固定资产达到预定可使用状态前试运行产品的会计处理	中国证券监督管理委员会	2023年2月3日
《监管规则适用指引——机构类第1号(2021年11月修订)》	证券发行上市保荐业务管理办法	中国证券监督管理委员会	2021年11月26日
《监管规则适用指引——机构类第2号》	财务顾问机构备案规定	中国证券监督管理委员会	2020年10月23日
《监管规则适用指引——境外发行上市类第1号》	不得境外发行上市的情形说明、境外发行备案程序和范围说明、境外发行对象规定、境外发行与境内企业的资产交易规定、境外发行控制权的认定、境外发行公司管理	中国证券监督管理委员会	2023年2月17日

续表

文件名称	规范指引内容	制定机构	颁布日期
《监管规则适用指引——境外发行上市类第2号:备案材料内容和格式指引》	境内企业境外发行上市备案材料的编制和报送	中国证券监督管理委员会	2023年2月17日
《监管规则适用指引——境外发行上市类第3号:报告内容指引》	境内企业境外发行上市报告内容规定	中国证券监督管理委员会	2023年2月17日
《监管规则适用指引——境外发行上市类第4号:备案沟通指引》	境内企业境外发行上市备案沟通规定	中国证券监督管理委员会	2023年2月17日
《监管规则适用指引——境外发行上市类第5号:境外证券公司备案指引》	境外证券公司备案指引	中国证券监督管理委员会	2023年2月17日
《监管规则适用指引——境外发行上市类第6号:境内上市公司境外发行全球存托凭证指引》	境内上市公司境外发行全球存托凭证指引	中国证券监督管理委员会	2023年5月16日
《监管规则适用指引——科技监管类第1号》	从事信息技术系统服务业务的证券服务机构备案指引	中国证券监督管理委员会	2020年10月23日
《监管规则适用指引——评估类第1号》	折现率测算涉及的关键参数的监管规范	中国证券监督管理委员会	2021年1月22日

续 表

文件名称	规范指引内容	制定机构	颁布日期
《监管规则适用指引——上市类第1号》	募集配套资金,业绩补偿及奖励,收购少数股权、资产净额的认定,发行对象,IPO被否企业参与重组,过渡期损益安排及相关时点认定,私募投资基金及资产管理计划,构成重大资产重组的再融资募投项目披露,VIE协议控制架构的信息披露,并购重组内幕交易核查要求,上市公司重组前业绩异常或拟置出资产的核查要求,分类审核安排,中介机构相关要求,重组被否后相关程序,上市公司收购相关事项,沪港通、深港通权益变动相关信息披露	中国证券监督管理委员会	2020年7月31日
《监管规则适用指引——审计类第1号》	注册会计师对上市公司财务报表发表非标准审计意见规范	中国证券监督管理委员会	2021年3月9日
《监管规则适用指引——审计类第2号》	注册会计师在收入审计中保持职业怀疑规范	中国证券监督管理委员会	2023年8月23日
《证券期货法律适用意见第17号》	对《首次公开发行股票注册管理办法》《公开发行证券的公司信息披露内容与格式准则第57号——招股说明书》中部分条文进行解释性说明,包括同业竞争、实际控制人、锁定期、涉及各类安全领域的重大违法行为、发行人提交申请材料后产生新股东属于终止审查的情形、期权激励计划与员工持股计划的监管要求、秘密信息豁免披露等方面	中国证券监督管理委员会	2023年2月17日
《上海证券交易所发行上市审核业务指南第1号》	审核系统业务办理	上海证券交易所	2023年2月17日
《上海证券交易所发行上市审核业务指南第2号》	发行上市申请文件	上海证券交易所	2023年2月17日
《上海证券交易所发行上市审核业务指南第3号》	业务咨询沟通	上海证券交易所	2023年2月17日

续 表

文件名称	规范指引内容	制定机构	颁布日期
《上海证券交易所发行上市审核业务指南第4号》	常见问题的信息披露和核查要求自查表	上海证券交易所	2023年3月17日
《深圳证券交易所股票发行上市审核业务指南第1号》	业务咨询沟通	深圳证券交易所	2023年2月17日
《深圳证券交易所股票发行上市审核业务指南第2号》	发行上市申请文件受理关注要点	深圳证券交易所	2023年2月17日
《深圳证券交易所股票发行上市审核业务指南第3号(2023年修订)》	首次公开发行审核关注要点	深圳证券交易所	2023年8月21日
《北京证券交易所向不特定合格投资者公开发行股票并上市业务办理指南第1号(2023年修订)》	申报与审核的要求与关注点	北京证券交易所	2023年2月17日
《北京证券交易所向不特定合格投资者公开发行股票并上市业务办理指南第2号(2023年第二次修订)》	发行与上市相关流程说明与要求	北京证券交易所	2023年8月21日
《北京证券交易所向不特定合格投资者公开发行股票并上市业务办理指南第3号》	申报前咨询沟通	北京证券交易所	2023年3月21日

（五）上市公司监管指引

文件名称	规范指引内容	制定机构	颁布日期
《上市公司监管指引第1号》	上市公司实施重大资产重组后存在未弥补亏损情形的监管要求	中国证券监督管理委员会	2012年3月23日
《上市公司监管指引第2号》	上市公司募集资金管理和使用的监管要求	中国证券监督管理委员会	2022年1月5日
《上市公司监管指引第3号》	上市公司现金分红	中国证券监督管理委员会	2022年1月5日
《上市公司监管指引第4号》	上市公司及其相关方承诺	中国证券监督管理委员会	2022年1月5日
《上市公司监管指引第5号》	上市公司内幕信息知情人登记管理制度	中国证券监督管理委员会	2022年1月5日
《上市公司监管指引第6号》	上市公司董事长谈话制度实施办法	中国证券监督管理委员会	2022年1月5日
《上市公司监管指引第7号》	上市公司重大资产重组相关股票异常交易监管	中国证券监督管理委员会	2023年2月17日
《上市公司监管指引第8号》	上市公司资金往来、对外担保的监管要求	中国证券监督管理委员会;公安部;国务院国有资产监督管理委员会;中国银行保险监督管理委员会(已撤销)	2022年1月28日
《上市公司监管指引第9号》	上市公司筹划和实施重大资产重组的监管要求	中国证券监督管理委员会	2023年2月17日

（六）会计监管风险提示

文件名称	规范指引内容	制定机构	颁布日期
《会计监管风险提示第1号》	政府补助	中国证券监督管理委员会	2012年3月13日
《会计监管风险提示第2号》	通过未披露关联方实施的舞弊风险	中国证券监督管理委员会	2012年3月13日
《会计监管风险提示第3号》	审计项目复核	中国证券监督管理委员会	2012年3月13日

续　表

文件名称	规范指引内容	制定机构	颁布日期
《会计监管风险提示第4号》	首次公开发行股票公司审计	中国证券监督管理委员会	2012年10月18日
《会计监管风险提示第5号》	上市公司股权交易资产评估	中国证券监督管理委员会	2013年2月6日
《会计监管风险提示第6号》	新三板挂牌公司审计	中国证券监督管理委员会	2017年6月5日
《会计监管风险提示第7号》	轻资产类公司收益法评估	中国证券监督管理委员会	2017年6月5日
《会计监管风险提示第8号》	商誉减值	中国证券监督管理委员会	2018年11月16日
《会计监管风险提示第9号》	上市公司控股股东资金占用及其审计	中国证券监督管理委员会	2019年12月24日

(七)信息披露与格式准则

文件名称	规范指引内容	制定机构	颁布日期
《非上市公众公司信息披露内容与格式准则第19号》	定向发行可转换公司债券申请文件	中国证券监督管理委员会	2023年2月17日
《非上市公众公司信息披露内容与格式准则第18号》	定向发行可转换公司债券说明书和发行情况报告书	中国证券监督管理委员会	2023年2月17日
《非上市公众公司信息披露内容与格式准则第8号》	定向发行优先股申请文件	中国证券监督管理委员会	2023年2月17日
《非上市公众公司信息披露内容与格式准则第7号》	定向发行优先股说明书和发行情况报告书	中国证券监督管理委员会	2023年2月17日
《非上市公众公司信息披露内容与格式准则第6号》	重大资产重组报告书	中国证券监督管理委员会	2023年2月17日
《非上市公众公司信息披露内容与格式准则第4号》	定向发行申请文件	中国证券监督管理委员会	2023年2月17日
《非上市公众公司信息披露内容与格式准则第3号》	定向发行说明书和发行情况报告书	中国证券监督管理委员会	2023年2月17日
《非上市公众公司信息披露内容与格式准则第2号》	公开转让股票申请文件	中国证券监督管理委员会	2023年2月17日

续 表

文件名称	规范指引内容	制定机构	颁布日期
《非上市公众公司信息披露内容与格式准则第1号》	公开转让说明书	中国证券监督管理委员会	2023年2月17日
《非上市公众公司信息披露内容与格式准则第16号》	基础层挂牌公司中期报告	中国证券监督管理委员会	2020年7月22日
《非上市公众公司信息披露内容与格式准则第15号》	创新层挂牌公司中期报告	中国证券监督管理委员会	2020年7月22日
《非上市公众公司信息披露内容与格式准则第5号》	权益变动报告书、收购报告书、要约收购报告书	中国证券监督管理委员会	2020年3月20日
《非上市公众公司信息披露内容与格式准则第10号》	基础层挂牌公司年度报告	中国证券监督管理委员会	2020年1月13日
《非上市公众公司信息披露内容与格式准则第9号》	创新层挂牌公司年度报告	中国证券监督管理委员会	2020年1月13日
《公开发行证券的公司信息披露内容与格式准则第2号》	年度报告的内容与格式	中国证券监督管理委员会	2021年6月28日
《公开发行证券的公司信息披露内容与格式准则第3号》	半年度报告的内容与格式	中国证券监督管理委员会	2021年6月28日
《公开发行证券的公司信息披露内容与格式准则第5号》	公司股份变动报告的内容与格式	中国证券监督管理委员会	2022年1月5日
《公开发行证券的公司信息披露内容与格式准则第9号》	上市公司股东持股变动报告	中国证券监督管理委员会	2001年12月7日
《公开发行证券的公司信息披露内容与格式准则第10号》	要约收购报告	中国证券监督管理委员会	2001年12月6日
《公开发行证券的公司信息披露内容与格式准则第11号》	要约收购中被收购公司董事会报告	中国证券监督管理委员会	2001年12月6日
《公开发行证券的公司信息披露内容与格式准则第15号》	权益变动报告书	中国证券监督管理委员会	2020年3月20日
《公开发行证券的公司信息披露内容与格式准则第16号》	上市公司收购报告书	中国证券监督管理委员会	2020年3月20日
《公开发行证券的公司信息披露内容与格式准则第17号》	要约收购报告书	中国证券监督管理委员会	2022年1月5日
《公开发行证券的公司信息披露内容与格式准则第18号》	被收购公司董事会报告书	中国证券监督管理委员会	2020年3月20日

续　表

文件名称	规范指引内容	制定机构	颁布日期
《公开发行证券的公司信息披露内容与格式准则第 20 号》	证券公司发行债券申请文件	中国证券监督管理委员会	2003 年 8 月 29 日
《公开发行证券的公司信息披露内容与格式准则第 21 号》	证券公司公开发行债券募集说明书	中国证券监督管理委员会	2003 年 8 月 29 日
《公开发行证券的公司信息披露内容与格式准则第 22 号》	证券公司债券上市公告书	中国证券监督管理委员会	2003 年 8 月 29 日
《公开发行证券的公司信息披露内容与格式准则第 24 号》	公开发行公司债券申请文件	中国证券监督管理委员会	2021 年 12 月 23 日
《公开发行证券的公司信息披露内容与格式准则第 26 号》	上市公司重大资产重组	中国证券监督管理委员会	2023 年 2 月 17 日
《公开发行证券的公司信息披露内容与格式准则第 32 号》	发行优先股申请文件	中国证券监督管理委员会	2023 年 2 月 17 日
《公开发行证券的公司信息披露内容与格式准则第 33 号》	发行优先股预案和发行情况报告书	中国证券监督管理委员会	2023 年 2 月 17 日
《公开发行证券的公司信息披露内容与格式准则第 34 号》	发行优先股募集说明书	中国证券监督管理委员会	2023 年 2 月 17 日
《公开发行证券的公司信息披露内容与格式准则第 40 号》	试点红筹企业公开发行存托凭证并上市申请文件	中国证券监督管理委员会	2023 年 2 月 17 日
《公开发行证券的公司信息披露内容与格式准则第 46 号》	北京证券交易所公司招股说明书	中国证券监督管理委员会	2023 年 2 月 17 日
《公开发行证券的公司信息披露内容与格式准则第 47 号》	向不特定合格投资者公开发行股票并在北京证券交易所上市申请文件	中国证券监督管理委员会	2023 年 2 月 17 日
《公开发行证券的公司信息披露内容与格式准则第 48 号》	北京证券交易所上市公司向不特定合格投资者公开发行股票募集说明书	中国证券监督管理委员会	2023 年 2 月 17 日
《公开发行证券的公司信息披露内容与格式准则第 49 号》	北京证券交易所上市公司向特定对象发行股票募集说明书和发行情况报告书	中国证券监督管理委员会	2023 年 2 月 17 日
《公开发行证券的公司信息披露内容与格式准则第 50 号》	北京证券交易所上市公司向特定对象发行可转换公司债券募集说明书和发行情况报告书	中国证券监督管理委员会	2023 年 2 月 17 日

续　表

文件名称	规范指引内容	制定机构	颁布日期
《公开发行证券的公司信息披露内容与格式准则第51号》	北京证券交易所上市公司向特定对象发行优先股募集说明书和发行情况报告书	中国证券监督管理委员会	2023年2月17日
《公开发行证券的公司信息披露内容与格式准则第52号》	北京证券交易所上市公司发行证券申请文件	中国证券监督管理委员会	2023年2月17日
《公开发行证券的公司信息披露内容与格式准则第53号》	北京证券交易所上市公司年度报告	中国证券监督管理委员会	2021年10月30日
《公开发行证券的公司信息披露内容与格式准则第54号》	北京证券交易所上市公司中期报告	中国证券监督管理委员会	2021年10月30日
《公开发行证券的公司信息披露内容与格式准则第55号》	北京证券交易所上市公司权益变动报告书、上市公司收购报告书、要约收购报告书、被收购公司董事会报告书	中国证券监督管理委员会	2021年10月30日
《公开发行证券的公司信息披露内容与格式准则第56号》	北京证券交易所上市公司重大资产重组（2023年修改）	中国证券监督管理委员会	2023年2月17日
《公开发行证券的公司信息披露内容与格式准则第57号》	招股说明书	中国证券监督管理委员会	2023年2月17日
《公开发行证券的公司信息披露内容与格式准则第58号》	首次公开发行股票并上市申请文件	中国证券监督管理委员会	2023年2月17日
《公开发行证券的公司信息披露内容与格式准则第59号》	上市公司发行证券申请文件	中国证券监督管理委员会	2023年2月17日
《公开发行证券的公司信息披露内容与格式准则第60号》	上市公司向不特定对象发行证券募集说明书	中国证券监督管理委员会	2023年2月17日
《公开发行证券的公司信息披露内容与格式准则第61号》	上市公司向特定对象发行证券募集说明书和发行情况报告书	中国证券监督管理委员会	2023年2月17日

（八）自律监管指引

文件名称	规范指引内容	制定机构	颁布日期
《上海证券交易所科创板上市公司自律监管指南》	科创板上市公司和相关信息披露义务人信息披露业务管理	上海证券交易所	2023年8月4日
《上海证券交易所科创板上市公司自律监管指引第1号》	规范运作	上海证券交易所	2023年8月4日

续 表

文件名称	规范指引内容	制定机构	颁布日期
《上海证券交易所上市公司自律监管指南第1号》	公告格式	上海证券交易所	2023年8月4日
《上海证券交易所上市公司自律监管指南第2号》	业务办理	上海证券交易所	2023年8月4日
《上海证券交易所上市公司自律监管指南第3号》	信息披露咨询、业绩说明会等服务	上海证券交易所	2022年1月12日
《上海证券交易所上市公司自律监管指引第1号》	规范运作	上海证券交易所	2023年8月4日
《上海证券交易所上市公司自律监管指引第2号》	信息披露事务管理	上海证券交易所	2022年1月7日
《上海证券交易所上市公司自律监管指引第3号》	行业信息披露	上海证券交易所	2022年1月7日
《上海证券交易所上市公司自律监管指引第4号》	停复牌	上海证券交易所	2022年1月7日
《上海证券交易所上市公司自律监管指引第5号》	交易与关联交易	上海证券交易所	2023年1月13日
《上海证券交易所上市公司自律监管指引第6号》	重大资产重组	上海证券交易所	2023年2月17日
《上海证券交易所上市公司自律监管指引第7号》	回购股份	上海证券交易所	2022年1月7日
《上海证券交易所上市公司自律监管指引第8号》	股份变动管理	上海证券交易所	2022年1月7日
《上海证券交易所上市公司自律监管指引第9号》	信息披露工作评价	上海证券交易所	2023年8月4日
《上海证券交易所上市公司自律监管指引第10号》	纪律处分实施标准	上海证券交易所	2022年1月7日
《上海证券交易所上市公司自律监管指引第11号》	持续督导	上海证券交易所	2022年1月7日
《上海证券交易所上市公司自律监管指引第12号》	可转换公司债券	上海证券交易所	2022年7月29日
《上海证券交易所上市公司自律监管指引第13号》	破产重整等事项	上海证券交易所	2022年3月31日
《上海证券交易所债券自律监管规则适用指引第1号》	公司债券持续信息披露	上海证券交易所	2023年5月5日

附 录

续 表

文件名称	规范指引内容	制定机构	颁布日期
《上海证券交易所债券自律监管规则适用指引第2号》	公司债券和资产支持证券信息披露直通车业务	上海证券交易所	2021年9月6日
《上海证券交易所债券自律监管规则适用指引第3号》	公司债券和资产支持证券自律监管措施实施标准（试行）	上海证券交易所	2022年8月12日
《深圳证券交易所上市公司自律监管指南第1号》	业务办理	深圳证券交易所	2023年8月4日
《深圳证券交易所上市公司自律监管指南第2号》	公告格式	深圳证券交易所	2023年8月4日
《深圳证券交易所上市公司自律监管指引第1号》	主板上市公司规范运作	深圳证券交易所	2023年8月4日
《深圳证券交易所上市公司自律监管指引第2号》	创业板上市公司规范运作	深圳证券交易所	2023年8月4日
《深圳证券交易所上市公司自律监管指引第3号》	行业信息披露	深圳证券交易所	2023年2月10日
《深圳证券交易所上市公司自律监管指引第4号》	创业板行业信息披露	深圳证券交易所	2023年2月10日
《深圳证券交易所上市公司自律监管指引第5号》	信息披露事务管理	深圳证券交易所	2022年1月7日
《深圳证券交易所上市公司自律监管指引第6号》	停复牌	深圳证券交易所	2023年8月25日
《深圳证券交易所上市公司自律监管指引第7号》	交易与关联交易	深圳证券交易所	2023年1月13日
《深圳证券交易所上市公司自律监管指引第8号》	重大资产重组	深圳证券交易所	2023年2月17日
《深圳证券交易所上市公司自律监管指引第9号》	回购股份	深圳证券交易所	2022年1月7日
《深圳证券交易所上市公司自律监管指引第10号》	股份变动管理	深圳证券交易所	2022年1月7日
《深圳证券交易所上市公司自律监管指引第11号》	信息披露工作评价	深圳证券交易所	2023年8月4日
《深圳证券交易所上市公司自律监管指引第12号》	纪律处分实施标准	深圳证券交易所	2022年1月7日
《深圳证券交易所上市公司自律监管指引第13号》	保荐业务	深圳证券交易所	2022年1月7日

续 表

文件名称	规范指引内容	制定机构	颁布日期
《深圳证券交易所上市公司自律监管指引第14号——股份减持和持股管理》	破产重整等事项	深圳证券交易所	2022年3月31日
《深圳证券交易所上市公司自律监管指引第15号》	可转换公司债券	深圳证券交易所	2022年7月29日
《北京证券交易所上市公司持续监管指引第1号》	独立董事	北京证券交易所	2023年8月4日
《北京证券交易所上市公司持续监管指引第2号》	季度报告	北京证券交易所	2021年11月2日
《北京证券交易所上市公司持续监管指引第3号》	股权激励和员工持股计划	北京证券交易所	2021年11月2日
《北京证券交易所上市公司持续监管指引第4号》	股份回购	北京证券交易所	2021年11月2日
《北京证券交易所上市公司持续监管指引第5号》	要约收购	北京证券交易所	2021年11月2日
《北京证券交易所上市公司持续监管指引第6号》	内幕信息知情人管理及报送	北京证券交易所	2021年11月2日
《北京证券交易所上市公司持续监管指引第7号》	转板	北京证券交易所	2022年3月4日
《北京证券交易所上市公司持续监管指引第8号》	股份减持和持股管理	北京证券交易所	2022年12月30日

(九)交易所审核动态

文件名称	规范指引内容	制定机构	颁布日期
《上交所发行上市审核动态》(累计19期,更新至2023年第6期)	包括上交所发行上市相关审核情况、政策动态、监管案例、现场督导案例、问题解答及案例分析	上海证券交易所	持续发布
《深交所发行上市审核动态》(累计40期,更新至2023年第10期)	包括深交所发行上市相关审核情况、政策动态、监管案例、现场督导案例、问题解答及案例分析	深圳证券交易所	持续发布
《北京证券交易所发行上市审核动态直联机制专刊》(累计5期,更新至第五期)	包括北交所发行上市审核情况、问题解答、案例分享、文件模板	北京证券交易所	持续发布

（十）上市公司年报会计监管报告

文件名称	规范指引内容	制定机构	颁布日期
《上市公司年报会计监管报告》	证监会组织专门力量抽样审阅了上市公司各年度财务报告，对上市公司执行《企业会计准则》和财务信息披露规则的情况及问题进行查实、说明与指引，在此基础上形成了会计监管报告	中国证券监督管理委员会	一般于次年8、9月进行发布

二、公开信息平台

网站	网址	主办单位	可查询内容
中华人民共和国财政部	http://www.mof.gov.cn	中华人民共和国财政部	政策发布、政策解读、财政数据等
中国证券监督管理委员会	http://www.csrc.gov.cn/	中国证券监督管理委员会	证监会公告、证监会令、监管规则适用指引、行政许可批复等情况、预先披露情况、发审委公告、重组委公告等
上海证券交易所	http://www.sse.com.cn/	上海证券交易所	上市公司公告、公开交易信息、监管信息、本所业务规则与指南等
深圳证券交易所	http://www.szse.cn/	深圳证券交易所	上市公司公告、公开交易信息、监管信息、本所业务规则与指南等
北京证券交易所	https://www.bse.cn/	北京证券交易所	上市公司公告、公开交易信息、监管信息、本所业务规则与指南等
国家法律法规数据库	https://flk.npc.gov.cn/index.html	全国人大常委会办公厅	宪法、法律、行政法规、监察法规、司法解释和地方性法规查询
巨潮资讯网	http://www.cninfo.com.cn/	深圳证券交易所	各板块上市公司公告、公司资讯、公司互动、股东大会网络投票等内容功能。非官方便捷查询渠道可选取见微数据、荣大二郎神等平台

续 表

网站	网址	主办单位	可查询内容
国家外汇管理局	http://www.safe.gov.cn/	国家外汇管理局	汇率情况、政策法规、统计数据
国家企业信用信息公示系统	https://www.gsxt.gov.cn/	国家市场监督管理总局	企业工商登记信息、信用信息、经营异常名录、严重违法失信名单。非官方便捷查询渠道可选取天眼查、企查查、爱企查等平台
香港交易所	https://sc.hkex.com.hk/	香港交易及结算所有限公司	上市监管、市场数据、上市公司报告等
公司注册处综合资讯系统（ICRIS）网上查册中心	https://www.icris.cr.gov.hk/csci	香港特别行政区政府公司注册处	查询香港公司的注册信息、股东信息、董事信息等
美国证券交易委员会	https://www.sec.gov/	美国证券交易委员会	在美国上市公司的注册文件和报告。也可按照上市平台，分别于纽交所或纳斯达克官网进行查询
中国裁判文书网	https://wenshu.court.gov.cn/	中华人民共和国最高人民法院	各类公开刑事、民事、行政、赔偿、执行等案件信息。非官方便捷查询渠道可选取openlaw、无讼案例等
中国人民银行征信中心动产融资统一登记公示系统	https://www.zhongdengwang.org.cn	中国人民银行征信中心	动产和权利担保查询，包括：生产设备、原材料、半成品、产品抵押；应收账款质押；存款单、仓单、提单质押；融资租赁；保理；所有权保留
中国结算网站	http://www.chinaclear.cn/	中国证券登记结算有限责任公司	股权、债券、基金份额质押。注意，如是非上市主体，则应通过当地市场监督管理部门进行查询
全国知识产权质押信息平台	https://zscq.creditchina.gov.cn/	国家公共信用信息中心	专利质押、商标质押

三、本指南配套台账模板及文档

文档类型	文档名称	所属循环及模块
台账类	银行账号管理台账	资金循环:资金账户记录与管理
	借款登记台账	资金循环:转贷行为的规范
	转贷统计台账	资金循环:转贷行为的规范
	远期外汇合约登记台账	资金循环:常见金融资产的关注
	理财产品台账	资金循环:常见金融资产的关注
	客户信息台账(客户档案)	销售循环:收入确认原则的确定与执行
	业务台账(收入成本大表)	销售循环:业务台账的搭建
	海关统计数据差异备查清单	销售循环:境外销售管理
	票据台账(备查簿)	销售循环、成本循环:票据的管理与列报
	回款台账	销售循环:第三方回款的规范
	采购入库表	成本循环:采购台账的搭建
	成本核算方法归纳示例	成本循环:成本核算规则的确定与执行
	运费台账	费用循环:合理性要求
	佣金台账	费用循环:合理性要求
	仓储费台账	费用循环:合理性要求
	保险费台账	费用循环:合理性要求
	固定资产明细账	长期资产循环:资产核算规范性指引
	在建工程建造台账	长期资产循环:资产核算规范性指引
	租赁台账	长期资产循环:租赁准则与使用权资产核算
	政府补助台账	非经常性项目循环模块:政府补助
	合同台账	流程性规范:凭证与档案管理
	股份支付情况登记台账	股份支付:股份支付计量及主要因素说明
	非合并关联交易统计台账	关联方及关注点:完整性识别及统计
	资金拆借台账	关联方及关注点:关联方资金拆借
	募集资金使用台账	募集资金置换与使用:募集资金使用规则及要求

续 表

文档类型	文档名称	所属循环及模块
计算表类	盈利预测计算表	各阶段财务工作重点:在会审核阶段
	利息收入与费用匡算表	资金循环:常见金融资产的关注
	预计负债计提匡算表	收入循环:维保支出的确定
	存货跌价计提复核表	成本循环:存货跌价准备计提规则的确立与执行
	折旧与摊销匡算复核表	长期资产循环:资产核算规范性指引
	使用权资产及租赁负债匡算表	长期资产循环:租赁准则与使用权资产核算
	募集资金效益测算表	募集资金置换与使用:募集资金使用规则及要求
	汇兑损益匡算表	财务信息披露各环节实务处理指引:结账前主要数据影响事项复盘
	所得税费用计算表	财务信息披露各环节实务处理指引:专项数据的确认
	现金流量编用表	财务信息披露各环节实务处理指引:专项数据的确认
内部控制类	各循环领域内部控制节点及要求汇总	企业各业务模块内控的要求:制度建立的前期准备
报告及披露类	各科目夯实数据及附注编制核心用表	财务信息披露各环节实务处理指引:结账前主要数据影响事项复盘
	合并试算模板	财务信息披露各环节实务处理指引:合并报表编制
	合并关联交易统计模板	财务信息披露各环节实务处理指引:合并报表编制
	合并关联方资产转让统计表	财务信息披露各环节实务处理指引:合并报表编制
	合并附注模板	财务信息披露各环节实务处理指引:主体附注项目录入
	报告专题事项详解	财务信息披露各环节实务处理指引:报告主体撰写及专题事项统计
	报告核对检查表	财务信息披露各环节实务处理指引:检查复核

业务交流及拓展

感谢阅读并使用本指南！我们致力于为使用者提供与实务贴近、可操作性强的财务规范化指导，以助力企业在 IPO 过程中做好财务工作的准备与决策。为了最大程度地利用本指南，建议将其视为框架工具逐步应用到公司的特定情况中。本指南中的模板、建议和最佳实践可以根据公司的具体需求进行调整和应用。

本指南主要基于作者多年 IPO 实务工作经验的积累而形成，在撰写过程中参考、吸取了行业内诸多优秀的案例及指引内容，其中若存重合但未尽标明的情况，请多宽涵。

我们同样非常重视使用者的反馈意见。如果在使用本指南过程中发现任何需要改进的地方，或者对特定主题存在疑问，欢迎随时联系我们，以便我们改善和完善本指南内容。

免责声明

　　本指南旨在供合作客户及其他专业人士参阅使用。未经事先书面明文批准,不得采取任何方式传送、复印或派发此指南的正本、复印本或相关配套资料予任何其他人。

　　本指南内容仅供参考,所载观点不代表作者任职机构及监管机构的立场,所含信息或所表达观点不构成咨询建议,不对因使用此指南的材料而引致的损失负任何责任。使用者不能仅以此指南取代独立判断。

　　A股市场的发展情况、不同板块的发行上市条件、上市规则往往受政策面的发布、更新影响较大,具备较强的时效性,请以相关机构公开的最新要求及信息为准进行把握。

　　我们可根据经验的进一步积累、政策变化、监管趋势变化及其他情势变化对本指南进行修订增补。修订增补内容或与现有材料不一致,并产生不同结论。